Tim Guénard

Boxerkind

Überleben in einer Welt
ohne Liebe

Tim Guénard

Boxerkind

Überleben in einer Welt ohne Liebe

Titel der französischen Originalausgabe:
Tim Guénard, Plus fort que la haine
Zuerst veröffentlicht 1999 von © Presses de la Renaissance

Übersetzung aus dem Französischen von Eliane Hagedorn
und Bettina Runge (Kollektiv Druck-Reif), München

Zuerst in deutscher Sprache veröffentlicht 2007 von
© Pattloch Verlag GmbH & Co. KG, München

1. Auflage 2011
© Fe-Medienverlags GmbH,
Hauptstraße 22, 88353 Kißlegg
www.fe-medien.de

Umschlaggestaltung: Manuel Kimmerle, Kißlegg
Umschlagfoto: istockphoto.com
Lektorat: Michael Schönberger
Satz und Herstellung: Hartmut Czauderna
Druck: CPI – Ebner & Spiegel, Ulm
Printed in Germany

ISBN 978-3-86357-023-1

Inhalt

Für all jene,
deren Erinnerung verletzt ist,
all jene,
die nicht verzeihen können,
und jene,
die leiden und sich nach Hoffnung verzehren.

Hinweis für den Leser

E s bedurfte vieler Jahre des Schweigens und der Liebe, um fast alles sagen zu können.

Was ich auf diesen Seiten berichte, habe ich erlebt. Es ist kein Roman. Man möge mir meinen oft einfachen Stil verzeihen, ich bin es nicht gewohnt zu schreiben. Ich erzähle lieber.

Um gewisse Personen nicht zu kompromittieren, habe ich absichtlich die Familien- und Ortsnamen geändert. Das ist die einzige Verzerrung, die ich mir erlaubt habe.

Man möge mir auch verzeihen, dass ich bei den Daten nicht immer präzise bin. Ich hatte mehrere Leben in einem. Die Erinnerungen überlagern sich manchmal. Sei's drum. Ich habe das Alter meiner Hoffnungen.

Aus Scham habe ich auch kaschiert, was nicht publik gemacht werden konnte, was allein in den Privatbereich gehört.

Ich habe geschwiegen, um gewisse Personen nicht öffentlich mit dem Unrecht zu konfrontieren, das sie mir angetan haben. Auch ihnen soll die Möglichkeit gegeben sein, sich zu ändern. Sie haben das Recht, mich positiv zu überraschen.

Ich lege dieses Zeugnis erst nach dem Tod meines Vaters ab, aus Respekt vor diesem Mann, den ich hatte umbringen wollen und den ich, als er die Tür zum Jenseits durchschritt, doch noch lieben gelernt habe.

MÖGE ER IN FRIEDEN RUHEN.

Vorwort

Mein Leben ist so lädiert wie mein Gesicht. Allein meine Nase weist siebenundzwanzig Brüche auf. Dreiundzwanzig rühren vom Boxen her; vier von meinem Vater.

Die schlimmsten Schläge habe ich von dem Mann bekommen, der mich hätte bei der Hand nehmen und mir sagen müssen: »Ich hab dich lieb.«

Er war Irokese, stammte von einem nordamerikanischen Indianerstamm ab. Nachdem meine Mutter ihn verlassen hatte, hat ihn das Gift des Alkohols in den Wahnsinn getrieben. Er hat mich halb zu Tode geprügelt, bevor das Leben das Massaker fortsetzte.

Drei Träume haben mir geholfen zu überleben: der erste war, aus der Erziehungsanstalt zu fliegen, in die man mich gesteckt hatte – eine bis dahin unerreichte Glanzleistung; der zweite, Bandenchef zu werden; und der dritte, meinen Vater umzubringen.

Die Träume habe ich auch verwirklicht. Bis auf den letzten. Viel aber hat nicht gefehlt.

Während all dieser Jahre hat mich die Flamme der Rache am Leben gehalten.

Im Gefängnis meines Hasses bekam ich Besuch von Menschen, in denen die Liebe wohnte. Sie haben mich in meinem Herzen einen Kniefall vollziehen lassen. Es sind die von der Gesellschaft Ausgestoßenen, die Zerbrochenen, die Verrückten, die Behinderten, die »Anomalen«, denen ich mein Leben verdanke. Und das ist eine wunderbare Liebeslektion. Ihnen widme ich dieses Buch. Sie haben mir erlaubt, neu geboren zu werden.

Diese unerwartete Begegnung mit der Liebe hat meine Existenz auf den Kopf gestellt.

Ich lebe heute in einem großen hellen Haus auf den Hügeln über Lourdes zusammen mit meiner Frau Martine und unseren Kindern Églantine, Lionel, Katerin und Timothée. Und einigen Personen, die so lange bei uns wohnen, bis sie sich wieder auf den Weg machen.

Heute in aller Frühe habe ich meine Bienenstöcke am Berghang aufgestellt. Morgen sollen sie bei anderen Blüten, anderen Düften stehen. Ich genieße die Stille der Hügel, die mich mit ihrem Wogen zum Horizont tragen.

Eine Biene umschwirrt mich, summt vor meinem Gesicht, kehrt zur Blüte zurück, schon schwer von Pollen. Ihr Leben ist geregelt, wie eine Partitur. Sie folgt den Noten ihres Erbguts, diesen jahrhundertealten Befehlen, übermittelt von ihrem genetischen Code. Wie jedes Tier kann die Biene nichts an ihrem programmierten Verhalten ändern.

Im Gegensatz zum Menschen.

Der Mensch besitzt die Freiheit, sein Schicksal zum Guten oder Schlechten zu beeinflussen.

Ich, Sohn eines Alkoholikers und einer Mutter, die ihr Kind ausgesetzt hat, habe dem Verhängnis den Hals umgedreht. Ich habe die Genetik Lügen gestraft. Das ist mein ganzer Stolz.

Mein Vorname ist Philippe, man nennt mich aber Tim, denn mein irokesischer Name ist Timidy. Er bedeutet »Herr der Pferde«. Meine verletzte Erinnerung war schwerer zu bändigen als ein wildes Vollblut.

Guénard lässt sich mit »stark in der Hoffnung« übersetzen. Ich habe immer an Wunder geglaubt. Diese Hoffnung, die mir nie gefehlt hat, selbst in der finstersten Nacht, die wünsche ich heute den anderen.

Wie meine indianischen Vorfahren kenne ich keine Schwindel-
gefühle. Ich fürchte nur einen Abgrund, den schlimmsten, und das
ist der des Selbsthasses.

Ich kenne nur eine Angst, die, nicht genug zu lieben.

Um ein Mann zu sein, braucht man Mut. Um ein Mann der
Liebe zu sein, braucht man noch mehr.

Nach Jahren der Kämpfe habe ich das Kriegsbeil zusammen
mit meinem Vater, mit mir selbst und meiner Vergangenheit begraben.

Manchmal setze ich mich ans Steuer meines Lieferwagens
und mache mich auf den Weg – um, auf Anfragen hin, etwas aus
meinem chaotischen Leben zu erzählen. Ich fahre in die nähere
Umgebung oder irgendwohin in Frankreich oder ins Ausland, um
Schulen und Gefängnisse, Kirchen und Tagungen, Stadien und öffentliche Plätze zu besuchen.

Ich erzähle, dass das Verzeihen der schwierigste Akt schlechthin
ist. Und der würdigste. Mein schönster Kampf.

Die Liebe ist mein Endkampf.
Seither schreite ich auf dem Friedenspfad.

Ausgesetzt in einem Straßengraben

Sie küsst mich nicht. Sie sagt nicht »auf Wiedersehen«. Kein einziges Wort. Die Frau entfernt sich. Sie trägt weiße Stiefel ... Ich bin drei Jahre alt, und meine Mutter hat mich an einen Strommast neben dieser einsamen Landstraße gebunden, die nirgendwohin führt. Sie kehrt zu ihrem Wagen zurück, der am Straßenrand abgestellt ist. Sie entfernt sich. Sie verschwindet. Ich sehe nur noch den Nebel. Ich strecke die Arme aus. Ich bin allein. Die Nacht senkt sich über den Wald, und seine Ungeheuer treten aus den Schatten.

Das ist die einzige präzise Erinnerung, die mir als Kind von meiner Mutter geblieben ist. Ein Rücken, der sich entfernt, und große weiße Stiefel. Jemand, der geht ...

Sie hat mich mit sechzehn Jahren zur Welt gebracht und drei Jahre später ausgesetzt, an dem Tag, als sie zu ihrem neuen Partner aufbricht. Ich habe keinen Platz mehr in ihrem Leben.

Die Polizisten finden mich am frühen Morgen, frierend und völlig verängstigt. Sie bringen mich zu meinem Vater. Ich weiß nicht, wie sie ihn aufgespürt haben, ich kann nicht mehr sprechen.

Mein Vater ist Leibwächter in einer Pariser Botschaft. Er ist schlank und hochgewachsen wie ein Baum, mit der Hakennase und den schwarzen Haaren seiner Vorfahren. Dieser wortkarge Athlet kann sein indianisches Blut nicht leugnen. Er ist ungewöhnlich stark. Seine Kraft entlädt sich urplötzlich, heftig, wie ein Blitz, ein Bogen, der zurückschnellt.

Meine Großmutter erzählte mir, sie hätte ihn eines Tages in einer Bar gesehen, wie er, ohne ein einziges Wort zu sagen, ja, ohne das Gesicht zu verziehen, Beleidigungen von drei Grünschnäbeln einsteckte. Als ihn einer am Ärmel zupfte, um ihn zu provozieren, fand der sich groggy am Boden wieder, seine beiden Kumpane ebenfalls, und das innerhalb von weniger Zeit, als man braucht, um die Geschichte zu erzählen. Und mein Vater soll daraufhin ein weiteres Bier bestellt haben, so als hätte er sich gerade den Staub von der Schulter geklopft oder eine Fliege verscheucht.

Er ist der Sohn eines Kriegers, den ich nicht gekannt habe, dessen Blut aber auch in meinen Adern fließt. Ich bin stolz auf meinen Großvater. Dieser indianische Künstler war im Zweiten Weltkrieg bei der kanadischen Luftwaffe als Pilot tätig. Er geriet in nationalsozialistische Gefangenschaft und wurde, weil er beschnitten war, für einen Juden gehalten. Sie schickten ihn nach Deutschland in ein KZ. Er empfand diesen Irrtum als eine Ehre und wollte seine Schlächter nicht eines Besseren belehren. Er starb wenige Monate vor Kriegsende nach drei Jahren unmenschlicher Behandlung. Meine Großmutter erhielt nur diese wenigen Worte: »Ich bin stolz, mit meinen jüdischen Brüdern zu sterben.«

Diese tapfere Frau wollte den Tod des Mannes, den sie leidenschaftlich liebte und den sie »Goldene Hand« nannte, einfach nicht wahrhaben. In einer Baracke im nördlichen Frankreich, einem ehemaligen Munitionslager, zog sie allein ihre dreizehn Kinder groß, hinzu kamen noch zwei kleine Enkel, deren Mutter wegen Aktivitäten in der Résistance, dem französischen Widerstand, standrechtlich erschossen worden war. Erst fünf Jahre nach der Befreiung durch die Alliierten erhielt sie ihre Witwenrente, und die wurde ihr in Dollar ausgezahlt. Mit dem Geld konnte sie Land kaufen, das sie an ihre Kinder verteilte.

Mein Vater, ebenfalls Kanadier, diente im Vietnamkrieg in der amerikanischen Marine. Er rettete seinem Kapitänleutnant das Leben, was dieser ihm nicht vergessen sollte. Nachdem er Jahre

später Diplomat geworden war, bot er ihm einen Posten als Leibwächter an.

Doch in dem Harnisch meines Vaters gibt es einen Riss. Der Aufbruch meiner Mutter trifft ihn wie ein Schlag, wie eine Maschinen-
gewehrsalve. Er bricht zusammen. Er hat nichts kommen sehen.

Unausgeglichen und unberechenbar trinkt er immer mehr und
vertraut mich schließlich einer seiner Schwestern an, die in der
Nähe wohnt. Bei dieser zärtlichen Frau erfahre ich zum ersten
Mal das Glück, geliebt zu werden. Ich lerne, auf beiden Füßen zu
stehen, dann zu laufen, den Stamm der Bäume, Hüter meiner Geheimnisse, zu streicheln. Und vor den Tapisserien des Mittelalters zu
träumen. Das Blut meiner kriegerischen Vorfahren gerät in Wallung beim Anblick der wilden Horden, der heftigen Gefechte. Dieses Glück, die sanfte Betäubung, ist nur von allzu kurzer Dauer.

Wenige Monate später kommt mein Vater und nimmt mich
wieder zu sich. Ich stelle fest, dass meine Familie gewachsen ist:
Vater lebt mit einer neuen Frau zusammen. Die ähnelt einer ita-
lienischen Mama, ist brünett und üppig. Sie hat fünf Kinder. Sie
haben sich bei uns eingenistet, als wären sie hier zu Hause.

»Das ist deine neue Mutter, gib ihr einen Kuss«, erklärt mein
Vater. »Du kannst Mama zu ihr sagen ...«

In meinem Innern brodelt es. Ich weigere mich, sie Mama zu
nennen, auch wenn ich mich danach sehne, eine neue zu finden.
Die Augen dieser Frau sind finster wie der Grund eines Brunnens.
Ich erblicke keinen Schimmer der Liebe darin. Sie küsst mich und
zwickt mir dabei in den Oberarm mit dem Lächeln einer Giftnatter, heuchlerisch und hinterlistig.

Ich weiß, dass sie niemals meine Mutter sein wird. Sie hat das
Herz meines Vaters erobert, wird aber niemals diejenige ersetzen,
die mich in sich getragen hat. Die mich eines Abends am Straßenrand ausgesetzt und mir den Rücken gekehrt hat, mit ihren weißen Stiefeln. Ich habe nie verstanden warum.

In einer Hundehütte

Ich wohne jetzt bei meiner falschen Familie, ich esse mit ihnen, ich schlafe bei ihnen. Aber ich teile ihr Leben nicht. Ich bin ein Fremder. Sie behandeln mich wie einen unerwünschten Schmarotzer.

Abends sehne ich meinen Vater herbei wie den Erlöser. Ich warte mit einer Ungeduld, die ich nicht verbergen kann, auf seine Rückkehr. Ich lausche auf seine Schritte im Treppenhaus. Der Schlüssel im Schloss öffnet für mich die Tore der Hoffnung. Ich drehe mich zu der mächtigen Gestalt um. Mein ganzes Wesen erbittet still einen Blick, ein Lächeln. Vergebens. Er stürzt auf meine falsche Mutter zu, auf meine falschen Brüder und Schwestern. Er nimmt sie in die Arme, herzt sie, küsst sie. Als wollte er mich verletzen, sich an mir rächen, mir bedeuten: »Genau das wirst du nie bekommen! Du erinnerst mich zu sehr an deine Mutter, diese Frau, die ich nicht habe halten, nicht habe glücklich machen können.«

Ich bin die Erinnerung an eine enttäuschte Liebe, an eine gescheiterte Ehe, das Symbol des verlorenen Glücks. Sein lebendes Schuldgefühl.

Meine falsche Mutter spürt diesen Groll mir gegenüber. Triumphierend stößt sie hervor:

»Dein Bastard hat sich heute wieder mal was geleistet!«

Mein Vater dreht sich – endlich – zu mir um, aber nicht, um mich in die Arme zu nehmen. Die Hoffnung schlägt in einen Alptraum um. Seine Augen sprühen von zornigen Blitzen; die Bestie knurrt und stürzt sich auf mich. Ich nehme meine Tracht Prügel entgegen und beiße mir auf die Lippen, um nicht zu schreien unter der Wucht von Vaters Schlägen. Klatsch, klatsch, klatsch!

Während dieses Gewitters grinst meine falsche Mutter hämisch. Sie genießt das Spektakel. Ich bin einer zu viel in ihrem Hühnerhof, nichts als ein kleines hässliches Entlein. Ihren eigenen Kindern ist sie eine gute Mutter, ich aber gehöre nicht zu ihrer Brut.

Als mein Vater für mehrere Wochen fort ist, sperrt sie mich ganze Nachmittage lang in den engen Hof hinter dem Haus ein. In dieser »Rumpelkammer«, umgeben von hohen Ziegelmauern wie in einem Gefängnis finde ich mir vertraute Gegenstände. Meine Exilkameraden sind verrostete Fahrräder, eine zerbrochene Schubkarre, eine umgekippte Tonne mit einer Kette. Am Ende der Kette ein Hund, ein braunweißer Bracke. Mein Freund Simla.

In der Mitte des Hofs thront eine große Wanne. Die Kinder meiner Stiefmutter ziehen sie in die Küche, um sich darin mit warmem Wasser zu waschen. Wenn alle fertig sind, stellt ihre Mutter mit Hilfe des Ältesten die Wanne zurück in den Hof und ruft:

»Dreckiger Bastard, wasch dich!«

Das Wasser ist schmutzig und eiskalt. Meine Halbgeschwister verspotten mich hinter dem Fenster, knabbern Süßigkeiten, lecken an Dauerlutschern. Ich sehe ihre höhnischen Grimassen durch die beschlagenen Scheiben hindurch. Ich bleibe schlotternd draußen, bis man mich holt. Diese Kälte sollte ich bis zum Alter von vierzehn Jahren ertragen müssen. Sie dringt bis ins Mark.

Manchmal ist mir so kalt, dass ich mich splitternackt in die Hütte von Simla flüchte. Mein Hundefreund heult, um zu protestieren, um die Menschen daran zu erinnern, dass man so keines seiner Kleinen behandeln darf.

Ich liebe diesen gutmütigen Bracken. Auch er kassiert regelmäßig Prügel. Das macht uns zu Komplizen. Ich habe den Eindruck, er versteht mich. Er jault leise, sobald ich mich in die Wanne mit eiskaltem Wasser setze, und ermuntert mich: »Bring's hinter dich, Tim, nur Mut, ich bin bei dir.« Sein Winseln ärgert meine Stiefmutter. Sie kommt in den Hof gerannt, um Simla zu schlagen, mich bei der Gelegenheit gleich mit zu versohlen und uns beide als dreckige Bastarde zu beschimpfen. Wir gehören derselben Rasse an, Simla und ich. Dieser Hund ist mein erster Freund.

Seit meine Mutter gegangen ist, trinkt mein Vater viel. Immer mehr. Sobald ich in sein Blickfeld gerate, erwachen seine toten Augen aus ihrer Erstarrung. Die bloße Tatsache, mich zu sehen, wirkt wie der Zünder einer Bombe. Er reckt seinen riesigen Körper und stürzt sich mit dem Keuchen eines Holzfällers auf mich, immer brutaler und ohne einen Anlass zu brauchen. Ich muss mich verstecken, um keine Explosion auszulösen.

Und doch hoffe ich immer noch jeden Abend, dass er mich in die Arme nimmt. Ein verzweifeltes Hoffen. Ich kann nicht auf dieses Bild verzichten, das mir das Überleben ermöglicht.

Am Wochenende, wenn meine falsche Familie aufs Land fährt, sperrt mich mein Vater in den Keller. Da ich mich weigere, die steile Treppe hinabzusteigen, schlägt er mich, bis ich runterfalle. Ich purzele über die Steinstufen bis an den Grund dieser finsteren, feuchten Höhle. Die Tür wird geschlossen, und es wird noch dunkler. Unten bleibe ich auf dem kalten Boden liegen und atme den üblen Geruch von Moder und Feuchtigkeit ein. Schlimmer noch, auch von Urin und Kot, da eine winzige Öffnung auf den Hof geht, dicht hinter Simlas Hundehütte. Ich stehe auf und stecke die Hand durch das Loch. Der Hund leckt winselnd meine Finger. Während dieser endlosen Stunden des Kummers leisten wir uns Gesellschaft.

Ich hänge an den dunklen Wänden meines Gefängnisses die imaginären Porträts der drei Menschen auf, von denen ich Glück und Zärtlichkeit erfahren habe: meine Tante, mein Großvater mütterlicherseits, den ich verehre, und meine Großmutter väterlicherseits. Ich rede zu ihnen in endlosen Selbstgesprächen und vertreibe sorgfältig den geringsten Staub, den kleinsten Schatten, der das Licht meiner inneren Sonnen trüben könnte.

Ich schimpfe auch mit ihnen. Ich werfe ihnen vor, mich bei meinem Vater zu lassen. Ich schreie sie in meinem Dunkel an: »Holt mich, so holt mich doch und nehmt mich mit!«

Meine Großmutter väterlicherseits nimmt mich manchmal für einen Tag zu sich. Sie ist freundlich und fröhlich, verwöhnt mich, wie Großmütter es tun. Sie kauft mir Kleidung, Lackschuhe und Lakritze. Doch die Stunden vergehen wie im Fluge, ich mache ein mürrisches Gesicht bei dem Gedanken, dass unsere Idylle bald ein Ende hat. Sie versteht nicht, warum ich so finster dreinblicke. Abends bringt sie mich nach Hause zurück. Mein Vater packt mich am Arm, ich schreie:

»Nein, nein, Oma, nimmt mich mit zu dir, bitte, bitte!«

Ich würde so gerne bei ihr bleiben. Doch sie geht ohne mich. Ich kann ihr nicht sagen, dass ihr Sohn mich schlägt. Ich bin allein mit meinem Geheimnis.

Bis zu dem Tag, als ein Freund der Familie auf ein Gläschen zu Besuch kommt. Mein Vater ist bereits betrunken. Als er mir seine tägliche Tracht Prügel verpassen will, greift dieser Mann ein. Rasend vor Wut versetzt ihm mein Vater einen Messerstich. Blutend gelingt dem Freund die Flucht. Er eilt ins Krankenhaus.

Am nächsten Tag läutet eine Dame an der Tür. Sie verlangt, mich zu sehen. Meine falsche Mutter lehnt ab. Die Dame beharrt mit ruhiger Autorität. Schließlich droht sie meiner Stiefmutter mit harten Strafen. Die gibt daraufhin nach und ruft mich. Die Dame lädt mich ein, und wir gehen zusammen spazieren. Sie ist hübsch und sehr sanft. Sie führt mich in ein Café, spendiert mir eine heiße Schokolade und stellt mir viele Fragen über diese Familie, über meinen Vater, ob er nett zu mir ist, ob er sich um mich kümmert. Ich antworte, ohne zu lügen. Aber ohne die ganze Wahrheit zu sagen. Sie würde mir sonst nicht glauben.

Dann sieht die freundliche Dame auf die Uhr und steht auf, um mich nach Hause zurückzubringen. Ich will nicht, ich klammere mich an sie: »Ich will bei Ihnen bleiben.« Sie erklärt mir, dass sie Sozialarbeiterin ist und dass sie dafür sorgen wird, dass ich nicht mehr geschlagen werde. Ich glaube ihr.

Sobald sich die Tür hinter ihr geschlossen hat, schreit mich mein Vater an:

»Was hast du ihr gesagt?«

Er nimmt einen Holzstock und drischt auf mich ein, hört gar nicht mehr auf. Ich breche am Boden zusammen. Meine Beine tun mir schrecklich weh. Sie tragen mich nicht länger. Er schlägt und schreit weiter:

»Antworte! Was hast du diesem Weibsstück gesagt?«

Klatsch! Klatsch!

»Raus damit! Was hast du dieser Schlampe gesagt?«

Er schlägt und schlägt auf mich ein. Ich bin völlig verwirrt im Kopf. Ich glaube dieser Dame noch immer. Und doch hätte sie mich niemals allein lassen dürfen. Ich verrate meinem Vater kein Wort. Klatsch! Ich stecke so viel Prügel ein, dass ich vor Schmerz bis zum Mond fliegen könnte!

Dann packt er mich am Hemdkragen, trägt mich wie einen Sack, öffnet die Kellertür, wirft mich die Treppe hinunter und brüllt:

»Dreckstück, krepier oder ich ...«

Das Ende des Satzes höre ich nicht. Ich tauche ab in das schwarze Loch. Sturzflug. Bruchlandung.

Wenige Sekunden später – oder sind es Minuten, ich weiß es nicht – tauche ich wieder daraus hervor und höre meine Stiefmutter durch den Nebel in meinem Kopf hindurch kreischen:

»Komm wieder rauf, Bastard! Los, komm!«

Ich kann nicht. Ich kann mich nicht mehr bewegen. Bei meinem Sturz habe ich mir Kiefer und Nase gebrochen. Meine Beine auch. Das widerwärtige Weib kommt die Treppe herunter, um jetzt ebenfalls auf mich einzudreschen.

»Los, beweg dich, rauf mit dir, Bastard!«

Klatsch, klatsch! Ich krieche Stufe für Stufe hinauf wie eine Schnecke. Klatsch, klatsch, auf meinen Rücken mit dem Gürtel. Ich spüre meine Beine nicht mehr.

Alles dreht sich um mich herum. Oben angekommen, sehe ich meinen Vater über mir stehen, ein Hüne. Ein Hagel von Schlägen geht auf mich nieder, auf die Braue, dass mein Auge rot anläuft, auf das Ohr, dass mir das Trommelfell platzt. Krach! Dunkel. Das schwarze Loch.

Danach erinnere ich mich an nichts mehr.

Es ist der Abend meines Geburtstags. Ich bin fünf geworden. Als Geschenk hat mich mein Vater tausend Sterne sehen lassen. Dann hat er das Licht gelöscht.

Stille, Krankenhaus

Drei Tage später tauche ich aus der Nacht des Komas auf. Ich erwache in einem hellen Zimmer. Wo bin ich? Ich kann mich nicht bewegen. Mein ganzer Körper ist wie gelähmt.

Ein Gesicht dicht vor meinem. Es lächelt. Ich erkenne es nach wenigen Sekunden. Es ist die Sozialarbeiterin. Sie sieht mich liebevoll an. Ich kann ihr nicht böse sein dafür, dass sie mich im Zentrum des Zyklons zurückgelassen hat. Sie hat Wort gehalten.

Sie sagt:

»Du bist im Krankenhaus, mach dir keine Sorgen, du wirst nie wieder Angst haben.«

Dieser Satz bleibt in meinem Gedächtnis eingraviert wie ein Rätsel. Welcher Mensch kann versprechen: Du wirst nie wieder Angst haben? Die Angst ist eine Ranke. Sie bohrt sich in den Körper, ins Herz, in die Seele, sie durchdringt jede Zelle. Man entscheidet nicht, dass man Angst hat oder nicht. Sie taucht unvermutet auf und springt einem an die Gurgel.

»Du wirst nie wieder Angst haben«, wiederholt sie.

Ich glaube ihr nur zur Hälfte. Der gebrannte Bastard scheut das Feuer.

Ich stelle ihr eine komische Frage:

»Und mein Vater, ist er tot?«

Die Dame antwortet: »Nein, aber man hat ihm das Sorgerecht entzogen.«

Über Jahre erkläre ich danach jedem, der sich nach meinem Vater erkundigt, man habe ihm das Sorgerecht entzogen, ohne eine Ahnung zu haben, was diese Worte bedeuten, wohl weil ich die Nebel der Unwissenheit einer allzu grausamen Wahrheit vorziehe.

Ich bleibe zweieinhalb Jahre in den Mauern dieses Krankenhauszimmers. Ein Arzt erklärt mir, dass meine Beine zertrümmert seien, dass man sie wieder zusammensetzen müsse, wie die Steinchen eines Puzzles. Das erfordere Monate der Geduld und mehrere Operationen. Dann müsse ich erneut laufen lernen mit meinen zusammengeflickten Beinen.

Mein Körper ist vollständig demoliert. Als ich schon im Koma lag, hat mir mein Vater die Hand verbrannt und mir die Stirn mit einem Messer geöffnet. Alles ist gebrochen, und ich bin ans Bett gefesselt mit Infusionen in alle Richtungen. Täglich bekomme ich Spritzen. Unbewegt liege ich in einem Zimmer mit vier Betten. Die Sozialarbeiterin kommt immer seltener, dann gar nicht mehr. Ich verstehe, sie hat andere Kinder ohne Kennnummer zu betreuen.

Ich spreche nicht mit meinen Zimmernachbarn, alles Jungen in meinem Alter. Ich habe nur wenige Worte in meinem Vokabular und will ihnen nicht erzählen, dass es mein Vater war, der mich in dieses weiße Gefängnis geschickt hat.

Meine einzigen Kameraden sind die Fliegen. Sie summen um mich herum. Ich folge ihnen mit den Blicken, ich spiele in Gedanken mit ihnen. Ich male mir aus, dass ich sie zähme, dass ich auf ihnen reite und dass ich, der Herr der Fliegen, geheimnisvolle Länder erforsche und versuche, den tödlichen Fallen der Menschen zu entkommen.

Die anderen Kinder erhalten Besuch. Ich nur täglich einen, den der Krankschwester mit den Spritzen. An meine Matratze gefesselt, nehme ich die Freude der anderen Kinder aus den Augenwinkeln wahr mit meiner inneren Kamera. Man küsst sie, liebkost sie, bringt ihnen Geschenke. Meinem Herzen entgeht nicht das geringste Detail. Ich beobachte alles genau. Es ist meine bevorzugte »Fernsehsendung«.

Nach zwei Jahren im Krankenhaus beginne ich, den Oberkörper zu bewegen. Meine Ängste lassen nach, meine Alpträume und nächtlichen Schreckensvisionen werden seltener. Ich träume nicht mehr so häufig von meinem Vater, der die Tür öffnet und sich auf mich stürzt, von dem Zimmer, das blutrot wird, und vom schwarzen Schleier, der sich über mich legt.

Ich beginne sogar, an einem anderen Traum zu basteln, diesmal im Wachzustand, einem herrlichen Traum, wie ein Spielzeug: Die Krankenschwester mit den Spritzen kündigt mir einen Besuch an. Sie macht jemandem, der auf dem Flur steht, ein Zeichen. Der tritt ein, es ist mein Vater, groß und eindrucksvoll. Er ist gut gekleidet, hat ein ganz neues Herz, ich kann es an seinem Blick sehen. Er tritt an mein Bett, um mich zu umarmen. Seine Augen leuchten. Er berührt mich, und der Kontakt mit seiner Haut ist zarter als die sanfteste aller Liebkosungen.

Wenn mich diese Bilder überkommen, kann ich nicht anders und wende den Kopf zur Tür. Sie geht auf. Die Krankenschwester tritt ein. »Es ist Zeit für die Spritze«, sagt sie.

Eines Tages bekommt mein direkter Bettnachbar, ein Junge mit Namen Tony, mehrere Geburtstagsgeschenke. Ich schalte meine unsichtbare Kamera ein, um mir nichts von seiner Aufregung und Freude entgehen zu lassen. Eifrig öffnet er die Verpackungen, die zu Boden fallen. Eines dieser Papiere fliegt bis an mein Bett. Ich stibitze es heimlich und verstecke es unter meinem Pyjama. Ich werde zum Dieb von Geschenkpapier.

In der Nacht lasse ich mich aus dem Bett gleiten. Ich krieche über den Boden. Draußen auf dem Flur klammere ich mich an dem Handlauf fest, der direkt an der Wand angebracht ist. Schwankend wie ein Betrunkener bewege ich mich vorwärts. Am Ende der Stange sinke ich zu Boden. Ich robbe bis zu den Toiletten und sperre mich darin ein. Dort ziehe ich das Papier unter der Schlafanzugjacke hervor und betrachte es in Freiheit: Es ist schöner als der Sternenhimmel – rot und goldfarben, übersät mit Zeichnungen von Zügen, von fröhlichen Kobolden und Pailletten. Die senden magische Blitze aus, die Kinder ohne Weihnachten und ohne Geschenke zum Träumen bringen.

Um meinen Schatz heimlich zu bewundern, schlüpfe ich jetzt jede Nacht aus dem Bett, krieche bis zum Handlauf auf dem Flur, richte mich auf und bewege mich, einen Fuß vor den anderen setzend, vorwärts. Meine Belohnung ist diese Toilettenpause. Außer Atem auf meinem Thron hockend, betrachte ich heimlich meinen Schatz.

Dank meines Diebesguts lerne ich schneller wieder zu gehen und fange sogar an zu zeichnen. Ich kopiere eifrig die Motive, die Züge, die Kobolde. Ich finde Gefallen an diesen Skizzen. Meine Spritzen-Schwester schenkt mir einen Stift. Sie ermutigt mich und bringt mir eines Tages ein Foto von ihrem kleinen Hund.

»Möchtest du versuchen, ihn zu zeichnen?«

Stolz male ich also das Hündchen und auch die Motive von Tonys Kartenspiel. Meine Werke werden im Stationszimmer herumgezeigt, man beglückwünscht mich. Ich erhalte mehrere »Aufträge«. Ich existiere endlich, werde anerkannt. Ich küsse mein magisches Papier, das mir Beine macht, mir Komplimente einträgt und mein verborgenes Talent ans Licht gebracht hat.

Das einzige Hindernis bei meiner Genesung sind die Treppen. Meine Horrorvision. Ich habe schreckliche Angst vor den Stufen, da mein rechter Fuß gefühllos ist. Ich ziehe das Bein nach, damit der Fuß in Kontakt mit dem Boden bleibt. Ich gehe die Stufen rückwärts hinunter, ans Geländer geklammert, den Blick auf den Treppenabsatz geheftet, um nicht der Panik zu verfallen, hintenüber zu stürzen.

Innerhalb der zweieinhalb Jahre Krankenhausaufenthalt bekomme ich keinen Besuch und keine Nachricht von meiner Familie. Ich bin allein auf der Welt. Ich weiß nicht, ob mein Vater noch lebt. Ich will es auch lieber nicht wissen.

Auf dem Waisenkindmarkt

Bei Verlassen des keimfreien Krankenhausuniversums mit seinem geregelten Leben, seinen festen Riten, in dem ich mir meinen schützenden Kokon gesponnen habe, bin ich siebeneinhalb Jahre alt. Inzwischen laufe ich wieder quasi normal. Dafür habe ich ein beschädigtes Auge, ein deformiertes Ohr, eine gebrochene Nase und eine wulstige Narbe auf der Stirn. Ich leide unter schrecklichen Kopfschmerzen, die mir das Hirn zermalmen, als steckte es in einem Schraubstock mit scharfen Klingen. Aber ich laufe und ich kann zeichnen.

Um meine volle Mobilität zurückzuerlangen, komme ich in ein Rehabilitationszentrum auf der Île de Ré. Ich werde sofort zurückgeschickt wegen extremer Nervosität. Selbes Strafmaß und selber Grund in Dax, im Südwesten des Landes. Schließlich strande ich in einem Nonnenheim in Arcachon. Diese Barmherzigen Schwestern vom Orden des Heiligen Vinzenz von Paul sind geduldig und aufmerksam. Ich erinnere mich an ihre weißen Flügelhauben und an ihr Abzeichen in Form eines Ankerkreuzes, das mir eine von ihnen bei einem Spaziergang auf der Mole schenkt – meine Kameraden kaufen Luftballons und Bonbons, ich habe nur Löcher in meinen Taschen –, an den duftenden Schatten der Pinien, in den ich mich flüchte, um der glühenden Sommerhitze zu entgehen, und an das Haus des Glücks. So nenne ich eine große weiße Villa, in der ich Kinder lachen, spielen und auf der Terrasse zwischen Meer und Himmel herumtollen sehe. Ich schwöre mir, später, wenn ich ein Mann bin, ein Mädchen von hier zu heiraten. Ein Mädchen aus dem weißen Haus des Glücks …

Als ich wieder vollständig genesen bin, stoße ich eine weitere Tür zur Welt der verlorenen Kinder ohne Halsband auf.

Nach einer langen Autoreise, bei der ich mich pausenlos übergebe, tauche ich vor einer Reihe finsterer Gebäude, die wenig dazu angetan sind, mich von meiner Übelkeit zu befreien, aus meiner Benommenheit auf. Es ist die staatliche Fürsorge einer nordfranzösischen Stadt. Geführt von einer Sozialarbeiterin trete ich in einen Flügel des Heims. Wir laufen durch endlose Gänge, bevölkert von alten Menschen, deren Kleider nach Urin riechen. Einige stoßen hysterische Schreie aus. Mit meinen Augen des Siebenjährigen beobachte ich erschrocken diese verborgene Welt von Männern und Frauen eines anderen Alters mit ihren verlorenen Blicken.

Eine kleine Alte packt mich mit ihrer grauen, von hervortretenden Adern durchzogenen Hand am Ärmel. Sie öffnet einen zahnlosen Mund, ein schwarzes Loch, gesäumt von rissigen Lippen, und streckt plötzlich ihre Zunge raus wie eine rosafarbene Schlange. Ihre hervorquellenden Augen fixieren mich, jederzeit bereit, aus ihren Höhlen herauszuspringen.

In der Mitte des Korridors sitzt ein beinloser Greis mit geöffnetem Mund unbewegt wie eine Statue in seinem Rollstuhl. Links in einer Ecke schlägt ein Mann mit zerzaustem schwarzem Haar immer wieder die Stirn gegen die Wand, dann dreht er sich mit einem seltsamen Lachen um, das aus der Nase zu kommen scheint. Das Leiden, der Kummer dieser elenden Leben, kunterbunt durcheinander auf einen Haufen geworfen, brechen mir das Herz.

Wir treten in einen großen Raum mit beigefarbenen Wänden. Der gleiche stickige Gestank nach Pipi und Wolken von Äther. Leute sitzen an Tischen und spielen Karten oder Domino. Eine alte Dame hält mich an. Sie legt ihre pergamentene Hand auf meinen Unterarm und bietet mir eine Vanillecreme an. Den Kopf zur Seite geneigt, sieht sie mich untröstlich an mit ihren kleinen schwarzen Augen, die wie zwei Knöpfe glänzen. Sie starrt mich an, und ihre Augen werden feucht. Sie macht mir ein Zeichen mit der Hand, um mir adieu zu sagen. Die Sozialarbeiterin ruft gereizt nach mir. Ich drehe mich ein letztes Mal nach der alten traurigen Dame um. Sie ist schön, die stille Großmama.

Manche Blicke sprechen von der Ewigkeit. Vergraben in unserem geheimen Inneren, erwachen diese vernachlässigten Schätze in der Stunde des Zweifels. Nie werde ich die außergewöhnliche und würdige Schönheit dieser Frau vergessen.

Am Ende eines Ganges deutet die Sozialarbeiterin auf eine rote Lederbank neben einer riesigen Treppe:

»Setz dich dahin.«

Ein anderer Junge sitzt schon dort.

»Bist du bei den Verrückten vorbeigekommen?«

Er bohrt seinen Zeigefinger in die Schläfe und stößt ein gemeines Lachen aus. Er macht sich über sie lustig, das tut mir weh.

Die Sozialarbeiterin kommt zurück. Mein Nachbar wirft mir einen verängstigten Seitenblick zu. Er kneift die Augen zusammen, spitzt die Lippen und bläst die Luft heraus. Mich packt die Angst. Was will er damit andeuten? Die Tür öffnet sich, die Dame spricht leise mit einer anderen, die nickt, und sieht mich dabei streng an. Sie gibt mir eine Nummer, die sich aus den Ziffern meines Geburtsdatums und des Départements zusammensetzt, in dem ich geboren bin. Ich muss mich ausziehen. Ich werde geimpft. Dann wird mein Schädel kahlgeschoren, mit einem stark riechenden Mittel eingerieben und mit einer Binde umwickelt. Ich finde mich schön als Ölscheich.

»Das tötet die Läuse ab«, erklärt die Frau.

Sie führt mich in einen noch größeren Raum. Etwa dreißig weitere Kinder mit rasierten Köpfen stehen dort in einer Reihe. Alle gleichgekleidet mit karierten Bermudashorts, unifarbenen Hemden und Schnürstiefeln. Wir starren uns an. Ich bitte um die Erlaubnis, noch einmal meine Dame mit den feuchten Augen zu sehen. Man verbietet es mir. »Du rührst dich nicht von der Stelle! Und du gehorchst!«

Man nimmt mir meine Mumienverkleidung ab, man befiehlt mir, mich zu den anderen zu stellen, ans Ende der Reihe, Seite an Seite, entlang der großen Treppe, in der Nähe der Haupttür. Es ist Donnerstag und schulfrei.

Plötzlich öffnet sich die Tür. Circa vierzig Männer und Frauen treten in den Raum. Die einen sind wie aus dem Ei gepellt, wie an einem Sonntag, die anderen haben Einkaufstaschen dabei. Sie kommen näher und mustern uns, als wären wir seltene Gegenstände, Wachsfiguren im Musée Grévin. Sie beobachten uns, mustern uns von Kopf bis Fuß. Einige rufen verzückt »Oh, ist der süß! Der gefällt mir sehr!«, andere verbergen ihre Gefühle, prüfen uns schweigend, geben nur bisweilen vor dem einen oder anderen ein zufriedenes Grunzen von sich. Wieder andere stellen Fragen. Die einen runzeln die Stirn, zwei Finger auf der Wange, der Blick nachdenklich, die Augen zusammengekniffen, so als stellten sie sich vor, was aus diesem Jungen in einigen Jahren werden könnte. Manche laufen hin und her wie Wetter vor einem Pferderennen und notieren sich die Kennnummern, die wir auf der Brust tragen.

Diese Leute sind da, um sich ein Kind auszusuchen.

Gegen Mittag verlassen alle den Ort, nachdem sie ihren Kinderhandel abgeschlossen haben. Nur zwei Jungen bleiben in dem großen, nackten Raum zurück, einer mit Namen Christian und ich. Die anderen sind adoptiert worden. Christian hatte schon zum zweiten Mal gehofft. Vergebens. Ihm bleibt nur noch eine Chance. Er erklärt mir die Spielregel:

»Wenn du beim dritten Mal nicht ausgewählt wirst, landest du in einer Erziehungsanstalt. Du hast insgesamt drei Chancen.«

Nach einer Weile fügt er hinzu:

»Weißt du, warum uns niemand genommen hat?«

»Nein ... Keine Ahnung.«

»Weil wir nicht schön sind. Die Leute wollen hübsche Kinder.«

Es stimmt, Christian ist nicht hübsch. Und ich muss so hässlich sein wie er, weil ich nicht ausgewählt wurde.

Am Abend kann ich nicht schlafen. Ich träume im Wachzustand, dass eine schöne Dame und ein netter Herr, beide gutgekleidet, auf mich zusteuern und mich aus der Reihe ziehen: »Komm mit uns.« Sie nehmen mich bei der Hand, und ich sehe mich zwischen ihnen beiden durch das Tor der Staatlichen Fürsorge hinaus in die Sonne treten.

Das ist ein Traum, der mich am Schlafen hindert. Ich lasse ihn immer wieder vor mir ablaufen, während ich auf den Tag der Erlösung warte.

Am folgenden Donnerstag die gleiche Zeremonie mit zehn neuen Jungen. Ich bin der Gegenstand von Raunen und Getuschel. Ich werde nicht ausgewählt. Die hübsche Dame und der freundliche Herr sind nicht gekommen. Christian und ich bleiben wieder zurück, wie angewelktes Gemüse, das der Händler nicht verkaufen konnte und nach dem Markt einfach liegen lässt. Wir sind geschlagene und lädierte Kinder.

Ein trübseliger Nachmittag. Am Abend finden wir uns allein, tieftraurig im Herzen, in dem trostlosen Schlafsaal wieder. Christian hat seine letzte Chance verpasst. Er kommt in die Erziehungsanstalt. Ich will nicht, dass er mich verlässt, dieser Leidensgenosse.

Die anderen Jungen schlafen in einem großen Bett mit sauberen Laken in einem hübschen Haus mit einem Papa und einer Mama, die ihnen jeden Wunsch von den Augen ablesen. Ich gönne es ihnen. Wir haben nicht in der Lotterie der Liebe gewonnen. Pech gehabt.

Als das Licht im Schlafsaal ausgeht, bekomme ich plötzlich

Angst. Ich fange an zu weinen. Mein Vater hat mich wieder geschlagen. Warum packt mich dieses Grauen, stärker als gewöhnlich? Ich schreie. Man gießt mir kaltes Wasser ins Gesicht. Ich zerreiße das Laken mit den Zähnen.

»Heul nur, dann musst du weniger pinkeln!«, zischt mir der Aufseher zu.

In dieser Nacht beginne ich, die Schleusen meines Herzens und den Hahn meiner Tränen zu schließen. Ich will nicht sterben oder verrückt werden, ich muss mich abhärten.

Am nächsten Tag führt man mich einer Psychologin vor. Sie sieht mich gar nicht richtig an. Sie überfliegt meine Akte und zieht den Schluss, dass ich krank bin. »Und was habe ich?«, will ich wissen. Großes Schweigen. Ich starre sie an. Ich fühle mich eigentlich gesund. Sie schreibt lange auf einem Blatt Papier.

»Nächster bitte!«, ruft sie, ohne mich eines Blickes zu würdigen.

Man zieht mich am Arm heraus und nimmt mich im Wagen mit. Ich weiß nicht, wohin. Plötzlich durchzuckt mich ein verrückter Gedanke, wie ein Blitz. Ein Glücksmoment. Ich frage die Dame am Steuer.

»Bringen Sie mich zu meiner Mutter?«

Sie antwortet, ja.

Es ist das Ende des Alptraums.

Das Irrenhaus

Sie antwortet, ja. Dieses Miststück lügt, und ich habe ihr im ersten Moment geglaubt.

Es ist das Ende der Reise und des Traums. Was mich dort, am Ende der großen Allee erwartet, ist nicht meine Mutter, sondern das Irrenhaus. Eine geschlossene Anstalt.

Das Glücksgefühl, das mich für einige Minuten erfasst hat, platzt wie ein Luftballon. Was bleibt, sind Abscheu und Zorn. Ich kann niemandem mehr vertrauen. Warum hat sie ja gesagt? Um unangenehme Fragen zu vermeiden? Um während der mehrstündigen Fahrt ihre Ruhe zu haben?

Letzten Donnerstag habe ich in der Lotterie der Liebe verloren. Diesen Freitag habe ich beim Bingo der Verzweiflung gewonnen.

Das Leben in der Anstalt fängt schlecht an. Ich werde von einem finsteren Mann in blauer Kleidung empfangen. Wir betreten das Gebäude. Ich höre Heulen, ersticktes Kichern. Es ist ein Zoo, in dem die Menschen in Käfigen leben. Er ist der Öffentlichkeit nicht zugänglich.

An jenem Tag überkommt mich mit ungeheurer Heftigkeit ein mir bis dahin unbekanntes und stilles Leid. Eine Welt bricht in meinem Innern zusammen. Ich beobachte, ich lausche, ich höre. Jede Sekunde, jede Minute, jede Stunde, die vergeht, ist mir unverständlich. Die Kluft meiner Ängste wächst, wird tief und unüberwindbar, saugt mich auf.

Ich fürchte die Spritzen. Die Medikamente löschen allmählich mein Bewusstsein aus. Ich mache Rückschritte, werde zum Zombie. Der Eindruck in meinem Kopf, mich im Kreis zu drehen. Einem winzigen Kreis. Ich kämpfe, um nicht das Gleichgewicht zu verlieren, um nicht völlig umnebelt zu sein. Ich will ihr Dreckszeug nicht; ich laufe weg. Die Pfleger fangen mich wieder ein, halten mich fest, um mir ihr Gift zwangsweise zu injizieren.

Neun Monate sich im Kreise drehen. Physischer Schmerz. Psychischer Schmerz. Schreie der einen, Wimmern der anderen. Heulen, verstörende Stille. Leere Blicke, erstarrte Körper, steife Glieder, mechanische Bewegungen, verlangsamte Gesten, belegte Stimmen. Kratzer auf den Scheiben, Gleiten der Finger über den Tisch, Knirschen ... Unerträgliche Einzelheiten jeden Tag, die sich mir einprägen. Gegen meinen Willen. Unerträgliche Vertraulichkeiten dieser Männer, dieser Frauen, von ihren Familien eingewiesen, die an ihr Erbe herankommen oder ihnen das Sorgerecht für ein Kind entziehen wollen. Diese Menschen, die von einem Nachbarn, einer Ehefrau, einem Sohn angeprangert wurden. Aus Rache oder Berechnung. Für nichts manchmal. Das erzählen sie, diese Leute. Kann ich ihnen glauben? Es ist zu spät. Der allgemeine Verdacht des Wahnsinns schwebt über allem. Er zerstört das Vertrauen. Die Verbindung wird unterbrochen, es gibt keinen Anschluss mehr unter der gewählten Nummer. Jeder für sich in seiner Zwangsjacke. Reise in die Hölle.

Der Alltag perlt an mir ab, ohne mich wirklich zu berühren, doch ich kann mich nicht genügend von mir selbst lösen, um nicht mehr zu leiden. Die Betäubung ist nicht stark genug. Ich kämpfe Schritt für Schritt gegen den Nebel an, der zunimmt, der mich durchdringen will. Manchmal werden meine Augen feucht, meine Kehle schnürt sich zusammen. Jede Sekunde ist schrecklich lang und bedrohlich.

Ich überlebe in der Angst vor der Angst. Sie verkriecht sich bei Tage und überkommt mich in der Nacht. Sobald ich schlafen will, tauchen wieder die schrecklichen Bilder auf und fesseln mich mit ihrer ganzen Gewalt ans Bett. Auch wenn ich mich unter der Decke verberge, die Augen schließe, im Innern schreie »nein, nein!« und sie mit aller Macht zurückweise – so verfolgt mich doch meine Vergangenheit und packt mich. Mein Vater, meine falsche Mutter, die Kellertreppe, der Gänsemarsch der Ausgesetzten, das »Weil wir nicht schön sind« von Christian, »Wir sind wirklich nicht schön«, das Ja der Lüge und das Irrenhaus am Ende der Allee statt meiner Mutter ...

Jede Nacht kehren diese Ungeheuer zurück, springen mir an die Kehle, reißen mich aus dem Schlaf. Ich stoße mich ständig an meiner schmerzvollen Erinnerung.

Ich bin nicht verrückt. Diese Gewissheit tief in mir rettet mich vor dem Wahnsinn. Das einzig Verrückte ist, ein Kind der Menschenwelt zu sein. Ich träume doch nur von einem Kuss, von einer Umarmung, hoffe nur auf eine Hand, in die ich die meine schieben kann, auf eine sanfte, tiefe Stimme, auf gemurmelte Worte der Liebe. Ich habe solche Lust, es zu glauben: Mama kommt mich holen.

Diese verrückte Sehnsucht ist so groß, dass ich mir einrede, mein Vater könne sich ändern. Dass er nicht mehr trinkt. Dass er freundlich ist und ich ihn Papa nennen kann. Dass, wenn er mich ansieht, nicht das Gewitter in seinen Augen tobt, sondern dass sie erfüllt sind von milder Frühlingssonne. Ich habe solche Lust, es zu glauben ... Doch Wunder widerfahren nur den anderen. Meine verrückte Sehnsucht ist bereit, die Blessuren des Lebens auszuradieren, das Unmögliche zu träumen.

Mein Hoffen ist verrückt, Herr Doktor, nicht mein Kopf.

Solche Hoffnungen halten die wie ich verstoßenen, in Heimen lebenden Jungen und Mädchen aufrecht. Sie glauben an ein Wunder. Sie sagen: »Meine Eltern kommen mich abholen.« Und es ist wahr, sie haben recht. Eines Tages, eines schönen Tages kommen ein Mann und eine Frau und holen sie ab. Wie schön es ist, seine Brüder und Schwestern des Lebens in eine Familie aufbrechen zu sehen.

Nach neun Monaten in der geschlossenen Anstalt führt man mich eines Morgens zu einem neuen Psychiater. Ein hochgewachsener Herr, sorgfältig gekämmt, geschmackvoll gekleidet. Er sieht mich freundlich an und bittet mich, an einem kleinen Tisch Platz zu nehmen. Er gibt mir ein Puzzle, das ich zusammensetzen soll. Es gelingt mir problemlos. Er stellt mir komische Fragen, wie Ratespiele. Ich antworte, es ist leicht. Während er mich weiter befragt, beginne ich zu zeichnen. Ich schenke ihm das Bild. Überrascht und aufmerksam sieht er mich an. Ich erkläre ihm, dass das Zeichnen meine geheime Sprache ist. Wenn ich zeichne, betrete ich die Welt des Schönen und des Kostenlosen. Ich tausche die Gleichgültigkeit und die Verachtung gegen das Glück ein, Freude zu machen.

Der Psychiater betrachtet meine Zeichnung, tätschelt meinen Kopf und sagt:

»Du bist pfiffig, und du bist begabt. Mach weiter, mein Junge, zeichne weiter.«

Er schenkt mir ein breites Lächeln und drückt auf eine Klingel. Ein Herr tritt ein. Der Arzt fragt ihn:

»Was macht dieser Junge hier? Er ist völlig in Ordnung!«

Der andere blickt ratlos drein. Der Doktor ruft mir zu:

»Auf Wiedersehen, junger Mann!«

Dann kneift er mir freundschaftlich die Wange und fügt hinzu:

»Du bist nicht krank, du bist völlig gesund. Du musst unbedingt weiter zeichnen.«

Ich würde am liebsten bei ihm bleiben.

Vor neun Monaten hat mich ein Arzt, der mich kaum angesehen hat, für verrückt erklärt, für gestört und anormal. Neun Monate später sieht mich ein anderer Arzt an, untersucht mich und erklärt mich für völlig normal. Der erste hat ein Formular ausgefüllt, ohne mich anzusehen. Der zweite hat mich empfangen, mich sanft und aufmerksam befragt. Er hat versucht, in mich hineinzusehen und nicht nur nach dem Äußeren zu urteilen. Dieser Mann befreit mich nicht nur aus dem Irrenhaus, sondern auch ein wenig aus einem anderen Gefängnis, dem inneren.

Ich ermesse nicht sofort, was passiert ist. Ich begebe mich in den Schlafsaal und suche meine Sachen zusammen. Ein Pfleger sagt mir, ich soll mitkommen. Wir steigen zusammen in eine Ambulanz. Mit Sirene und quietschenden Reifen jagt er los, als hätte er einen Schwerverletzten im Wagen.

Wir halten vor einem Gebäude der Staatlichen Fürsorge und treten ein. Eine Dame befiehlt mir:

»Drück deinen Zeigefinger fest auf das Stempelkissen und press ihn hier drauf.«

Ich hinterlasse meinen Abdruck in einem Heft. Jetzt bin ich registriert. Ich bin nicht mehr nur eine Nummer, ich bin ein Finger. Ein Fortschritt an Menschlichkeit. Eine Nummer kann man ändern, nicht aber einen Fingerabdruck. Er ist ein Einzelexemplar. Das ändert aber nichts daran, dass man mich seit Jahren nicht beim Namen, sondern bei meiner Nummer genannt hat.

In den Fängen der Pflegemutter

Wir sind vier Fürsorgekinder, die bei einer Bäuerin untergebracht sind. Sie hat uns allein des Geldes wegen aufgenommen. Diese Frau ist bösartig, gierig und hässlich. Ein Drachen mit klebrigen Haaren und einem fettigen Knoten. Eine böse
(bucklige) Fee, deren Stiefel ich jeden Morgen putzen muss. Ich
hasse sie aus tiefstem Herzen, aus ganzer Seele und das umso mehr,
als ich mir so sehnlich ihre Liebe erhofft habe.

Die Hexe verlangt von mir, dass ich abends ihre Tiere füttere
und morgens ihre Möbel wienere. Diese Pflichten hindern mich
daran, für die Schule zu arbeiten, was eine Flut schlechter Noten
nach sich zieht, die wiederum eine Flut von Ohrfeigen und Prügel auslöst. Ein Teufelskreis. Strafpredigt in der Schule, Strafpredigt
zu Hause.

Ihre Lieblingsmarter ist, mich mit nackten Beinen durch einen
Graben mit Brennnesseln laufen und unsinnige Vorsätze aufsagen
zu lassen. Zum Beispiel: »Haben wir etwa zusammen Schweine ge-
hütet, man duzt jemanden seines Alters nicht«, weil ich zu einem
meiner Kameraden, der drei Monate jünger ist als ich, du sage.

Was mich am meisten aufbringt, ist, dass dieses dreckige Weibsstück von sich behauptet, Christin zu sein. Unter dem Vorwand,
ich sei nicht getauft, verbietet mir die Bigotte, Fleisch oder Eier zu
essen. Aus demselben Grund überwacht mich der Kirchendiener,
der sich für den Leibwächter der Kirche hält und in einem napo-
leonischen Karnevalskostüm herumstolziert, während der sonn-

täglichen Messe und nötigt mich, die Augen zu senken, um bei der Weihe keinen Blick auf die Hostie werfen zu können. »Du bist ihrer nicht würdig«, sagt er mir eines Tages. Ich senke den Kopf und stelle mir vor, dass ich ihm einen Tritt in seine empfindlichen Teile versetze. Dann hätte er Gelegenheit, die Engel singen zu hören.

Meine Henker-Pflegemutter scheucht mich in die Kirche. Nicht damit ich zu Gott finde, sondern um mich die Bänke und Dielen bohnern zu lassen. Sie ist besessen vom »Alles-muss-sauber-sein«, vom »Alles-muss-blitzen«, sie ist bohnerwachswütig.

Ich habe ständig solchen Hunger, dass ich eines Morgens beim Bodenputzen die Chance nutze, ganz allein in diesem feuchten Dorftempel zu sein, um den Tabernakel zu öffnen. Ich nehme den Deckel von der goldenen Vase, greife nach den weißen Scheiben darin und esse sie. Ich stopfe mich voll mit Hostien.

Erst später erfahre ich von maßgeblicher Seite, dass sie geweiht sind. Dass sich in diesem leichten, runden und blassen Brot die ganze Menschlichkeit, die ganze Göttlichkeit Jesu Christi verbirgt, des Mensch gewordenen Gottes, der für uns auf die Welt gekommen ist. Ich habe mit diesem kindlichen Diebstahl sozusagen meine Erste Kommunion empfangen. Vorerst weiß ich nichts von diesem Mysterium, von der Sünde der Naschhaftigkeit und dem, was manche als Blasphemie bezeichnen.

Ich stopfe mich, ohne es zu wissen, mit Christus voll, und dieses unschuldige Sakrileg kündet sicher von einem anderen Hunger, dem nach diesem Gott, der allein die Blessuren der (verletzten) Liebe heilen und das Herz des Menschen erfüllen kann.

Ich beraube die geheiligten Gefäße ihres Inhalts, dann mache ich mich über die Reserven in der Sakristei her. Ich feiere eine Hostienorgie.

Als ich am Mittag auf den Hof zurückkehre, sind meine Leidensgenossen schon bei Tisch. Ich habe so kalte Hände, dass ich meine Gabel nicht halten kann. Das Miststück nimmt mir den Teller weg:

»Wenn du nicht essen willst, dann eben nicht. Du kannst deinen Teller heute Abend haben.« Noch ein Nachmittag mit leerem Bauch, ich bin es leid. Das Brot Gottes hält nicht lange vor.

War es an diesem Tag, als der Priester bei meiner Pflegemutter zum Abendessen eingeladen war? Er kanzelt mich ab:
»Denk daran, du bist nicht getauft, mein Junge ... Wenn du stirbst, können wir dich nicht auf dem Friedhof der Menschen beerdigen, wir müssen dich zusammen mit den Tieren begraben.«
Wunderbar, Herr Pfarrer, ich lasse mich lieber bei den Tieren als bei den Christen beerdigen, das ist sicher. Die Tiere sind wenigstens freundlich.
Ich weigere mich, der Kirche dieser katholisch patentierten Pflegemutter anzugehören, die mir die Hölle auf Erden bietet statt den Himmel.

Eines Tages erscheint die Sozialarbeiterin zu einem unangemeldeten Besuch. Meine Pflegemutter gibt vor, ich sei nicht daheim – ich höre die Giftnatter durch die Ritzen im Parkett –, während ich den Boden im ersten Stock wienere. Ich gehe nach unten, das ist meine Chance. Ich hoffe, die Beamtin durchschaut die Lüge und erkennt, dass etwas in diesem verdammten Haus nicht in Ordnung ist. Doch die heuchlerische Bäuerin empfängt mich am Fuß der Treppe:
»Ach, du bist ja da, Philippe, mein Liebling. Ich wusste nicht, dass du da bist. Du bist glücklich hier, nicht wahr?«
Jeden Morgen bohnere ich für sie wie ein Besessener, ich gebe mein Bestes, strenge mich an, hoffe nur auf einen dankbaren Blick, auf ein anerkennendes Wort: »Schön, was du da machst.« Hätte mir diese Frau ein einziges Mal gesagt: »Bravo, gut gemacht!«, dann hätte ich, obwohl sie so grausam ist, vielleicht sagen können: »Ja, ich bin glücklich hier.« Doch sie hat mir immer nur Verachtung entgegengebracht.

»Was, Philippe, du bist glücklich hier?«

Die bigotte Hexe kneift mir in die Schulter, ihre Finger bohren sich in meine Haut. Die Sozialarbeiterin muss Tomaten auf den Augen haben! Ich antworte nicht und renne die Treppe wieder hinauf. Tränen des Hasses laufen mir über die Wangen.

Die Pflegemutter zeigt der Beamtin die obere Etage.

»... und dies sind die beiden Schlafzimmer; jeder Junge hat sein Bett.«

Ich möchte am liebsten schreien:

»Hör nicht auf das, was sie sagt, sie lügt, diese Hexe, sie lügt! Wir schlafen nicht hier. Dies sind die Betten, damit sie das Geld von der Fürsorge bekommt. Wir schlafen in der Scheune auf alten, dreckigen Matratzen!«

Das und noch anderes möchte ich brüllen. Doch man würde mir nicht glauben, und ich habe alles so satt.

Ich habe schon einmal versucht, mir das Leben zu nehmen, vor einem Monat. Ich bin im benachbarten Wald von einem riesig hohen Stapel aus Baumstämmen gesprungen. Ein Holzfäller ist so gestorben, versehentlich. Durch seinen Tod bin ich auf diese Idee gekommen. Ich bin also auf diese Holzpyramide geklettert in der Hoffnung, nach dem Sprung den großen Schlaf zu finden, doch ich habe mir nur blaue Flecke und Hautabschürfungen geholt.

Am 9. August, meinem Geburtstag, fasse ich den Entschluss, einen zweiten Versuch zu unternehmen und diesmal mein Ziel nicht zu verfehlen. Es geht mir zu schlecht. Ich will, dass es aufhört. Ich habe unerträgliche Kopfschmerzen – vielleicht vom Hunger? Und von allen einkassierten Schlägen. Ich habe es satt zu leiden, die Demütigungen zu ertragen.

In der Nacht meines Geburtstags stehe ich auf, ich schleiche zur Toilette am Ende des Hofes. Ich befestige einen Strick am Deckenbalken, ich klettere auf den Thron und springe, ohne zu zögern.

Die Schlaufe zieht sich fest um meinen Hals, sie erwürgt mich. Da höre ich ein lautes Krachen. Der wurmstichige Balken gibt nach, die Dachziegel fallen mir auf den Kopf, ich sitze in der Scheiße und heule.

Ich verpatze aber auch alles. Selbst der Tod will mich nicht! In dieser Nacht bin ich neun Jahre alt und stecke im wahrsten Sinne des Wortes im Dreck.

Wenige Tage später stößt mich die Pflegemutter gegen das Gestell eines Eisenbettes, während ich ihr Schlafzimmer ausfege. Der Schmerz ist stechend, und mein Arm hängt schlaff herunter. Sie zwingt mich, das Geschirr zu spülen, und lässt mich wiederholen: »Mir tut nichts weh, mir tut nichts weh.«

Dabei wird der Schmerz immer schlimmer.

Am nächsten Tag ist sie gezwungen, mich ins Krankenhaus zu bringen. Angesichts dieses gebrochenen Arms, der inzwischen gelb und schwarz geworden ist, befragen mich die Ärzte. Ich beschreibe ihnen den Vorfall. Sie wollen Einzelheiten wissen. Ich erzähle von den Misshandlungen der Pflegemutter.

Das Krankenhauspersonal alarmiert die Fürsorge.

Eine Untersuchung findet statt.

Die Jungen des Dorfes bezeugen, dass ich oft klage, Hunger zu haben, dass ich unter Magenkrämpfen und Kopfschmerzen leide.

Man holt mich von diesem Bauernhof, kurz bevor ich ein drittes Mal versuche, meinem Leben in dieser Hölle ein Ende zu machen.

Eine etwas pummelige Dame mit Lippenbärtchen und Pferdeschwanz holt mich ab. Wir brechen im Wagen auf. Eine knappe Stunde fahren wir schweigend über Land. Nach etwa sechzig Kilometern halten wir in einem morastigen Hof neben einem riesigen Misthaufen. Wieder ein Bauernhof, ich balle die Hände zu Fäusten. Die Sozialarbeiterin hat Angst auszurutschen, sie läuft mit winzigen Schritten und rümpft die Nase. Die Exkremente stören mich nach dem Pflegeheim, dem Irrenhaus und dem Hof der Bigotten kaum mehr.

Eine Dame mit einem Tuch um den Kopf empfängt uns. Die Sozialarbeiterin sagt zu mir:

»So, hier wirst du jetzt wohnen. Sei schön brav.«

Die beiden Frauen unterhalten sich leise. Ich lausche auf die Geräusche des Bauernhofs, auf das Quak, Quak, das Patsch, Patsch, das Quiek, Quiek. Dann geht die Sozialarbeiterin. Die Dame lässt mich in eine dunkle Küche treten, in der es gut riecht, und fragt:

»Hast du Hunger, hast du Durst, möchtest du etwas?«

Ich antworte nicht, ich bin in der Defensive. Ist es eine neue Hexe?

»Hast du die Sprache verloren?«

Ich bleibe stumm. Ein kleiner braungebrannter Mann mit einem gelben Zigarettenstummel im Mundwinkel und einer Baskenmütze auf dem Kopf kommt plötzlich in die Küche. Er lächelt freundlich:

»Ah, da bist du ja!«

Als hätte er seit langem auf mich gewartet. Es ist der Mann von der Bäuerin mit dem Tuch.

Die Frau gibt mir Suppe auf und erklärt:

»Du kannst ruhig ›Danke, Mama‹ sagen.«

Schweigen in mir. Blockade. Ablehnung. Wie soll ich Mama zu einer Dame sagen, die nicht meine Mutter ist? Man hat nur eine fürs ganze Leben. Ich rühre die Suppe nicht an. Der kleine Mann leert schlürfend seinen Teller. Wir besichtigen das Haus und mein Zimmer im ersten Stock.

»Hier bist du zu Hause.«

Noch immer schweigend, kehre ich in die Küche zurück. Er sagt nur:

»Kommst du, mein Junge?«

Ich folge ihm nach draußen. Wir klettern auf einen orangefarbenen Traktor. Er fordert mich auf, mich links neben ihm auf den Metallsitz zu setzen. Er sieht mich von der Seite an, seine Augen leuchten, er scheint glücklich:

»Alles in Ordnung, *Pio*? Na, dann.«

Im Dialekt der Nordfranzosen bedeutet *Pio* »Kleiner«. Das habe ich später erfahren. Ich spüre sofort, dass sich Liebe hinter diesem Wort verbirgt.

Wir fahren auf dem Traktor durch das Dorf. Der Bauer begrüßt jeden mit einem Handzeichen, wie ein Präsident, der am 14. Juli, dem Nationalfeiertag, die Champs-Élysées hinunterfährt. Ich bin stolz und gleichzeitig etwas unsicher auf diesem holpernden Gefährt. Ich klammere mich an meinem Sitz fest. Wir sagen guten Tag zu Oma Charlotte und dann zu Onkel Georges, dem Bruder seiner Frau. Alle sind fröhlich und sehr freundlich. Mein Adoptivvater mit Namen Gaby stellt mich folgendermaßen vor: »Das ist der *Pio*, den wir aus der Stadt geholt haben ... Das ist unser *Pio* ...«

Da er oft Durst hat, halten wir beim einen und beim anderen, trinken hier und dort einen Kaffee, jeder ist vergnügt und mitteilsam. In diesem Dorf scheinen sich alle gut zu verstehen.

Zurück auf dem Bauernhof, besuchen wir die Kühe, dann die Schweine – ihr Grunzen macht mir etwas Angst –, die Kaninchen, die Hühner, die Barbarie-Enten, die man an ihren leuchtendroten Warzen erkennt, die Perlhühner und die Puter.

»Komm, mein Pio, und sieh dir das kleine Kälbchen an«, sagt mein neuer Papa.

In einem Eimer vermischt er Milchpulver und Wasser. Nachdem er die Finger in die Mischung getaucht hat, schiebt er sie in das Maul des schwarz-weißen Kälbchens, das im Stroh ausgestreckt liegt.

»Schau her, mein Pio: Du steckst die Hand in sein Maul, das kitzelt, und es beginnt zu saugen.«

Ich versuche es. Das Kälbchen saugt an meinen Fingern. Es ist rührend mit seinen großen flehenden Augen.

Nachdem die Kühe gemolken sind, gehen wir ins Haus zurück. Es ist dunkel. Ich bin eben neun Jahre alt geworden und habe höllische Angst vor der Dunkelheit. Die Glocken der Dorfkirche beginnen zu läuten. Ich habe Schiss. »Ja, es ist jemand gestorben«, sagt mein neuer Papa. Die Nacht ist ein Tunnel, in dem das Läuten der finsteren Glocken widerhallt. Die Rückkehr ist nicht heiter. Monsieur Gaby spürt meine Beklemmung, er klopft mir auf den Schenkel:

»Keine Sorge, ich bin ja da, mein Pio.«

Seine Geste und seine Worte beruhigen mich.

Plötzlich taucht das Haus mit seinen erleuchteten Fenstern aus der Nacht auf.

»Pio, wasch dir die Hände.«

Mein Pflegevater, wie es bei der Fürsorge heißt, reicht mir die Seife. Sein Zigarettenstummel hüpft auf der Unterlippe. Er nimmt seine Baskenmütze ab, und ich sehe zu meinem großen Erstaunen, dass er mitten auf dem Schädel eine fast weiße kahle Glatze hat.

Am Tisch nehme ich stolz neben ihm Platz. Er überfliegt rasch die Zeitung und wirft mir immer wieder einen Seitenblick zu. Ich spüre, dass ich für ihn existiere. Meine neue Mutter sieht mich auch wohlwollend mit ihren lebhaften Augen an. Ihr fehlen mehrere Zähne. Mit ihrem Tuch auf dem Kopf, ihren roten Wangen und ihren knotigen Fingern schüchtert sie mich ein wenig ein. Sie gibt Suppe in große, tiefe Teller. Ein vierter Teller, der leer bleibt, steht auf dem Tisch. Ich frage mich, was das zu bedeuten hat, als ein junges Mädchen – mittelgroß, halblanges braunes Haar, breites Gesicht mit freundlichem Blick – in der Küche erscheint. Es ist ihre Tochter Françoise. Sie sagt guten Tag und sieht mir direkt in die Augen. Das Essen ist köstlich. Ich nehme die Düfte genussvoll in mich auf.

Françoise, meine neue Schwester, besucht die Haushaltsschule. Ihr Zimmer liegt gleich neben dem meinen. Nach dem Abendessen schleiche ich mich heimlich hinein. Auf dem Tisch unter einem Tuch entdecke ich eine riesige Cremeschnitte aus Blätterteig. Sie sieht so appetitlich aus, dass ich nicht widerstehen kann. Ich mache mich darüber her. Sie überrascht mich mit vollem Mund und schilt mich freundlich. Ich habe den Kuchen verputzt, den sie für ihre Prüfung an der Haushaltsschule bereitet hat! Sie hat die beste Note verdient, und ich bin der Einzige, der es weiß!

Ihr Vater lacht, ihre Mutter ist besorgt. Sie fragt sich, ob ich mir nicht den Magen verdorben habe. Mein Pflegevater beruhigt sie:

»Er ist robust wie ein Türke, unser Pio. Er könnte einen ganzen Amboss verschlingen!«

Ich weiß nicht, was ein Amboss ist, doch ich mag es, wenn er mich »unser Pio« nennt.

Wenn man bedenkt, dass ich noch vor wenigen Tagen sterben wollte.

Ich lecke mir die Lippen und schlafe mit vollem Bauch ein und in Gedanken an meinen Freund, das kleine schwarz-weiße Kälbchen, und vor allem an diesen Mann, der mich »mein Kleiner« nennt, wie niemand vor ihm, und zu dem ich morgen Papa sagen werde. Ich habe keine Alpträume.

Das Glück geht in Flammen auf

Am Tag nach meiner Ankunft auf dem Hof von Papa Gaby laufe ich zu Fuß zur Schule, einen nagelneuen Ranzen auf dem Rücken.

Ich bin der Größte und Kräftigste der ganzen Klasse und überrage alle um einen Kopf. Meiner ist rasiert, voller Beulen und leicht zu orten. Wegen meiner Größe steckt mich die Lehrerin zu den größeren Schülern. Obwohl ich neun Jahre alt bin, habe ich in meinem Leben nur wenige Wochen die Schule besucht. Ich kann nur die Uhrzeit lesen. Ich bin ein totaler Ignorant und soll trotzdem zwei Klassen überspringen!

Eines Tages bittet mich diese dürre und spröde Frau an die Tafel und will mir diktieren. Da ich nicht schreiben kann, zeichne ich den Inhalt des Textes, den sie langsam und deutlich vorliest: ein Pferd, einen Karren und einen Mann, der Papa Gaby ähnlich sieht. Die ganze Klasse bricht in Lachen aus. Die Lehrerin denkt, ich will mich über sie lustig machen, kommt wütend auf mich zu und zieht mich am rechten Ohr. Au! Dieses Ohr ist mein gefährdetes Kunstwerk. Ich verziehe das Gesicht vor Schmerzen. Sie schreit mich an, ich bin taub gegen solches Gebrüll geworden. Ich habe bei meinem Vater eine Technik zum besonderen Schutz entwickelt: Ich rolle mich innerlich zur Kugel, wie ein Igel, und warte, dass das Gewitter vorbeizieht. Dieser Widerstand schürt ihren Zorn noch mehr. Sie schreit und packt mich am Arm.

»Zieh deinen Kittel aus und umgekehrt wieder an, du Esel!«

Dann setzt sie mir einen komischen Hut auf mit zwei Spitzen in Form von Ohren. Ich finde das eher lustig. Sie befiehlt mir, auf die Tafel zu schreiben: »Ich bin ein Esel.« Da ich nicht schreiben kann, glaubt sie, ich würde streiken. Bebend vor Zorn, schreibt sie es selbst, befestigt die Tafel an meinem Rücken und lässt mich während der Pause damit über den Schulhof gehen. Die anderen zeigen mit dem Finger auf mich, kichern, machen sich über mich lustig. Jetzt begreife ich, dass es kein Spiel ist, dass es ihr Ziel ist, mich zu demütigen.

Von diesem Tag an kommt mir die Schule nur noch idiotisch vor. Ich hasse diese Lehrerin, die unmögliche Dinge von mir verlangt oder mich für etwas bestraft, wofür ich nichts kann. Sie versucht nicht zu erklären, ihr Wissen zu vermitteln oder Lust aufs Lernen zu machen. Sie hält es nicht mal für nötig, sich zu entschuldigen, wenn sie sich irrt.

Um mich zu rächen, spiele ich ihr einen Streich auf meine Art. Ich bastele einen Totenkopf aus einer Zuckerrübe. Das ist leicht, man muss nur Maisfäden als Haare oben in die Rübe stecken, zwei Kohlenstücke anstelle der Augen, einen Putenknochen als Mund und die Maske auf einen Stock aufspießen. Zusammen mit einem Kumpel warten wir, dass es dunkel wird. Wir schleichen zu ihrem Haus. Ich klopfe ans Fenster. Sie schaut hinaus und sieht unseren Totenkopf, der kichernd vor ihr auf und ab tanzt. Der Schreck ihres Lebens! Sie fällt in Ohnmacht. Mir tut sie nicht leid.

Dann kommen endlich die Ferien mit auf den Wiesen Herumtollen, mit Lachen und Sonne. Ich wache mit dem Hahnenschrei auf und fahre nach einem köstlichen cremigen Kakao mit Papa Gaby auf dem Traktor los, um die Kühe auf den Weiden zu melken. Mit verschwörerischen Blicken atmen wir die Düfte der Natur, die unter dem Tau erwacht, tief durch Nase und Mund ein.

Eine Kuh zu melken, scheint einfach, man muss nur den Euter pressen – von wegen! Vor allem Marguerite ist äußerst launisch.

Ein Schubs mit dem Hinterteil, und sie wirft mich eines Morgens von meinem Schemel, so dass ich in eine Mischung aus Kuhfladen und ausgeschütteter Milch falle. Papa Gaby hält sich den Bauch vor Lachen.

»Na, Pio, du bist mir ja ein kleiner Tollpatsch!«

Er rollt sich sorgfältig eine Zigarette, steckt sie sich in den Mundwinkel, wo sie eine Stunde lang herumhüpfen wird, nimmt seinen Schemel und weist mich mit viel Geduld in die Kunst des Melkens ein.

»Sieh her, Pio, so ... Ohne Gewalt, ganz regelmäßig, vor allem bei Rita, deren Zitzen oft entzündet sind. Sie ist hübsch, unsere Rita, sie schenkt uns immer prächtige Kälber, nicht wahr, Rita?«

Er streichelt das Tier. Die Kuh starrt mich mit ihren sanften und traurigen Augen an, die mich rühren.

Papa Gaby behandelt seine Kühe liebevoll und väterlich. Wir bringen die Milchkannen zum Hof und füttern dann die zwei-hundert Schweine. Der Misthaufen dampft, die Tauben gurren, es herrscht Ordnung auf der Erde, wo die Samen aufgehen. Meine Liebeswunden verheilen langsam.

Eines Tages schenkt mir eine Rübenhackerin, eine Polin, ei-nen winzigen schwarzen Hund. Ich wage nicht, es Papa Gaby zu sagen, und verstecke mein geliebtes Hündchen im Schweinestall. Ich vertraue ihn einer Sau an, die sich um ihn kümmert, als wäre es ihr Junges. Am Morgens beim Frühstück erklärt Papa Gaby fei-erlich:

»Colette, die Sau, hat ein Kleines bekommen, es ist pechraben-schwarz. Wir werden es töten müssen.«

Mir bleibt das Herz stehen, und ich stammele, ein Schokoladen-bärtchen über der Oberlippe:

»Nein, nein, tötet es nicht ... Hm, es ist kein unnormales Ferkel ... es ist ein Zicklein!« Sie lachen angesichts meiner Verwirrung. Sie wissen seit Tagen von meinem Trick.

»Keine Angst, Pio, wir krümmen deinem Hündchen kein Haar!

Aber warum hast du uns nichts gesagt? Weißt du, ein Tier mehr oder weniger ...«

Ich könnte sie küssen!

Viele Jahre lang ging der Schmerz für mich mit Hässlichkeit einher. Hier auf dem Hof entdecke ich das Glück, den Bruder der Schönheit. Alles ist hier wahr und gut, die Tiere wie die Menschen. Papa Gaby ist kein Adonis, kein Dressman aus einem Katalog, aber in seinem Herzen ist er schön – in diesem Herzen, das sich mir öffnet.

Überglücklich entwickele ich immer mehr Zuneigung zu ihm. Wir begrüßen zusammen die Polen und die Jugoslawen, die die Rüben hacken. Wir besuchen den Schmied, der die Pferde von Onkel Georges beschlägt. Er baut auch Anhänger und repariert Schubkarren. Fasziniert beobachte ich diesen Athleten mit den kräftigen Armen und der Lederschürze. In seiner dunklen höhlenähnlichen Werkstatt vor seinem gewaltigen Amboss schlägt er, die Stirn schweißbedeckt, rhythmisch das glühende Metall im Luftstrom des Blasebalgs. Dieser Mann mit den Bewegungen eines Künstlers scheint mir allmächtig, denn er zähmt die Tiere, beherrscht das Eisen, bändigt das Feuer. In seinen Zangen nimmt jedes Teil, vom Hammer bearbeitet, seine Form an. Dann, in den Bottich getaucht und umgeben von einer Dampfwolke, wird es einzigartig.

Der Feldhüter rührt die Trommel auf dem Kirchplatz vor dem Kriegerdenkmal. Mit theatralischer Stimme kündigt er einen Strom- oder Wasserausfall an. Oder die Ankunft eines Kaninchenfellhändlers, die Sperrung einer Straße, die neu geteert werden muss, das Erntedankfest, für das die Traktoranhänger in Blumenwagen verwandelt werden müssen. Danach trinkt der Mann ein Gläschen im *Café du Centre*.

Seinen Höhepunkt erreicht das Jahr zur Ernte. Die Anhänger werden mit Weizenkörnern beladen, und man fährt in einem langen Zug zur Genossenschaft. Auf dem Schatz thronend, auf dem

Ohrwürmer krabbeln, fühle ich mich wie ein Prinz. Ich berausche mich an dem süßlichen Duft des warmen Getreides. Dann beobachte ich begeistert, wie sich der goldene Regen ins Silo ergießt.

Das Stroh wird mit der Forke zusammengetragen. Lachend laden die Männer die Ballen auf den Anhänger. Mit einem Hüftschwung und dem »Ah« der Kugelstoßer befördern sie sie hinauf. Die enorme Fracht bewegt sich langsam auf die Scheune zu. Mein neuer Vater langt kräftig zu. Ich bewundere ihn, er ist großartig.

In diesem Sommer bringt er mir das Traktorfahren bei. Ich bin so glücklich und stolz, dass ich versehentlich den Rückwärtsgang einlege und die Kellertür von Großmama Charlotte ramme; die Tür explodiert unter dem Aufprall – es bleibt nur Kleinholz ... Es hat nicht viel zu einem Unfall gefehlt: Ein Rad des Traktors schwebt in der Luft. Papa Gaby ist mir nicht böse: »So weißt du das nächste Mal, wo der Rückwärtsgang ist!« Er nutzt meine Fehler, um mir etwas beizubringen. Anders als die Lehrerin.

Ich beginne das Glück zu genießen, geliebt zu werden, und sage mir, dass es so bleiben wird.

Eines Morgens im August schlägt mir Paulo, ein Neffe von Papa Gaby und Colette, vor, eine Strohhütte in der Scheune zu bauen. Er ist zwei Jahre älter als ich. Wir verstehen uns gut. Wir haben Kerzen in einem Blockhaus gefunden, das uns als Stützpunkt für unsere Spiele dient. Paulo zündet die Kerzen an, das ist hübsch. Das Stroh fängt sofort Feuer. Daran haben wir nicht gedacht. Wir versuchen, die Flammen zu ersticken. Zu spät. Schnell lasse ich die Kühe heraus, die vor Angst muhen. Das Feuer wird mächtig, es zischt wie in der Schmiede. Innerhalb weniger Minuten verwandelt sich die Scheune in eine riesige Fackel. Paulo ergreift die Flucht. Ich bleibe allein zurück vor diesem Glutofen, seinen Rauchspiralen, seinen verrückt züngelnden Flammen. Ich habe Angst. Ich nehme die Beine unter den Arm, bin unendlich unglücklich. Ich ahne, dass mein Glück mit dieser Scheune in Flammen aufgeht.

Den ganzen Tag irre ich über die Felder, durch die Hohlwege, das Herz zerrissen, das Gesicht von den Tränen der Wut und der Verzweiflung verwüstet.

Am späten Nachmittag finden mich die Gendarmen. Sie bringen mich zum Hof zurück. Ich bekomme Schelte, mehr aber nicht. Papa Gaby ist nicht in Form, er fühlt sich unwohl, weicht meinem Blick aus. Colettes Miene ist verschlossen, sie sagt nichts. Schließlich stößt sie hervor:

»Sie kommen dich holen!«

Diese Worte kündigen das Ende an. Sie wird mir niemals verzeihen, das weiß ich. Vergebens versuche ich, den Hergang zu erklären. Man hört mir nicht zu. Mein Schicksal ist besiegelt, das Urteil endgültig. Ich begreife, dass Paulo mir die Schuld in die Schuhe geschoben hat. Das Wort eines Fürsorgekindes hat kein Gewicht. Ich bin der Hauptangeklagte, ohne Verteidiger.

Ein Kind, das von nirgendwoher kommt, das niemandem gehört, hat immer unrecht, vor allem, wenn etwas schiefgeht.

Ich werde den Hof und meinen Papa Gaby verlassen müssen.

Die Vorstellung ist mir unerträglich.

In der Besserungsanstalt, Abteilung »schwer erziehbar«

Am Abend des Brandes werde ich von einer Sozialarbeiterin abgeholt. Es gibt keinen Abschied. Ich will nicht ohne Papa Gaby sein und er nicht ohne mich. Wir haben uns aneinander gewöhnt. Wir können nicht mehr ohne einander auskommen. Er sieht mich wirklich als sein Kind an, und diese Trennung zerreißt ihm das Herz. Colette, die hier im Haus die Hosen anhat, hat ihn zu dieser grausamen Entscheidung gezwungen, und die Schmach, sich dem ungerechten Richtspruch beugen zu müssen, verstärkt seinen Schmerz.

Um nicht zu weinen, umarmt er mich nicht. Verstört sitzt er in einer Ecke der Küche, den Zigarettenstummel unbewegt zwischen den Lippen, den Blick auf den Boden geheftet wie ein geprügelter Hund. Colette hat mir ihr Haus geöffnet, aber nicht ihr Herz. Auch sie umarmt mich nicht. Für sie bedeute ich nur Kostgeld. Mein Traum von Liebe bricht in sich zusammen wie die Mauern der Scheune, von der nur noch verkohlte Ruinen und halbgeschmolzenes Wellblech übrig sind und Reste von Glut, die die Feuerwehr noch immer nicht ganz gelöscht hat, als ich in den Wagen steige.

Ich drehe mich nicht um.

Die lange Reise ist wie ein Abstieg in die Hölle. An der strengen, verschlossenen Miene der Sozialarbeiterin erahne ich, dass ich mich auf eine Sonderbehandlung gefasst machen kann. Meine

Unvorsichtigkeit wird als Boshaftigkeit gedeutet – das ist ungerecht. Die Fahrt über schweigen wir. Ich will dieser fremden Frau weder meine Tränen noch meine Angst oder meinen Zorn enthüllen. Als wir auf den Hof der Erziehungsanstalt von D. in der Nähe von La Rochelle kommen, ist das wie ein Schlag ins Gesicht. Ihr eilt ein ganz besonders übler Ruf voraus.

Der Direktor nimmt bei seiner Begrüßung kein Blatt vor den Mund:

»Ich rate dir, dich gut zu führen. Wir haben dich im Auge. Hitzköpfe beobachten und schleifen wir, bis sie gefügig sind.«

Man rasiert mir den Schädel, steckt mich in eine blaue Baumwolluniform – die der Häftlinge – und führt mich in die Kantine.

Ein Erzieher bellt mich an:

»Setzt dich zu den anderen!«

So werde ich in die Arena der wilden Tiere geschickt.

Die siebzig Jungen der Abteilung betrachten mich, den Neuling, wie eine Fliege, der man die Flügel ausreißen wird. Dann beginnt die feindselige Gruppe mit der Tortur.

Sobald ich einen freien Platz gefunden habe, werde ich angefahren: »Verschwinde! Los, hau ab!« Mit einem heuchlerischen Lächeln klauen sie mir das Fleisch vom Teller, dann das Dessert. Die Schakale terrorisieren mich, und ich wage nichts zu sagen. Der Chef der Bande, der, der sich mein Essen nimmt, lauert mir mit seinen Komplizen auf dem Flur auf, sie umringen mich und erwürgen mich halb. »Warst du das, der meinem Bruder eins ausgewischt hat?« Nein, nein, ich weiß nicht mal, wer sein Bruder ist. Er bedroht und schlägt mich. Jeden Tag dieselbe Schikane, ständig zittere ich vor Angst. Es gelingt mir nicht, Freunde zu finden. Aus Frustration oder Boshaftigkeit verbünden sie sich gegen mich.

Ein von Prügel entstelltes Kind passt weder den Erziehern noch den Jugendlichen. Niemandem scheine ich liebenswert. Zorn steigt in mir auf, aber noch ist die Angst stärker.

Eines Nachts läuft das Fass über. Angst, Einsamkeit, Traurigkeit und Verzweiflung. Ich beginne zu schluchzen und ersticke meinen Kummer in den Kissen. Am nächsten Tag sagt ein Erzieher, der sich für Charles Bronson hält, in der Kantine zu mir:

»Na, du Heulsuse, heul doch mal vor allen anderen!«

Alle machen sich über mich lustig und rufen mir zu:

»Heulsuse, Heulsuse …«

Ich bin zu arm, um ein Recht zum Weinen zu haben. Meinen Kummer auszudrücken, ist ein Luxus, den man mir verweigert. Meine Tränen haben kein Recht zu existieren oder sich gar zu zeigen. Also schauspielere ich in meinem Leid, ich bluffe. Ich schließe die Luken meines Herzens und die Wehre meiner Tränen. Es kribbelt in der Nase, brennt in der Kehle und schnürt mir die Brust zusammen, aber es gelingt mir.

Ich verwandele mein Schluchzen in Zorn, in glühende Kugeln der Wut. Mein gegen die grundlose Boshaftigkeit und gemeine Dummheit aufgestauter Hass wird zu einem Feuerball, der in mir kreist und herausdrängt. Ich bin besessen, erfüllt von dem Verlangen, diesen Abschaum, der mich ängstigt und anwidert, zu zerstören.

Drei Monate lang ertrage ich die Drohungen, Anschuldigungen, Ärgernisse, Strafen und den Hohn, ohne ein Wort zu sagen oder eine Träne zu vergießen.

Eines Mittags werde ich dann ohne Vorwarnung zu dem, was man mir zu sein vorwirft: ein Hitzkopf. Die Kugel des Hasses schießt aus mir heraus. Wie immer hebt der kleine Bandenführer seine dreckigen Finger, um mir mein Fleisch zu klauen. Ich sehe ihn mit funkelnden Augen an, greife nach meiner Gabel und stoße sie ihm in die Hand. Das schüchterne Kind, das ich war, wird zum wilden Tier. Der Junge brüllt, ich sehe ihn fest an, ohne ein Wort zu sagen, ohne die Gabel loszulassen. Die in hundert Tagen der Hölle angestaute Wut bricht heraus. Drei Erzieher stürzen sich auf mich. Ich will den Dreckskerl nicht freilassen. Ich ergötze mich an seinem Schmerz. Seine durchstochene Hand ist auf meinem Teller fixiert wie ein Schmetterling in einem Museum.

Sie schlagen mich, zerren an meinen Kleidern und zwingen mich schließlich loszulassen. Ich rolle mich nach hinten. Dann stürze ich mich auf den Wagen mit dem Nachtisch, ergreife den Kompottlöffel und prügele los, ich prügele den, der mich am Abend meiner Ankunft geohrfeigt hat. Rache ist süß, und manchmal genießt man sie mit Gabel und Kompottlöffel. Die Erzieher umringen mich, werfen mich zu Boden und verprügeln mich, aber die Schläge erreichen mich nicht mehr. Dagegen bin ich seit dem »zarten Alter« von fünf Jahren, wie es so schön heißt, resistent.

Als ich mich wieder aufrappele, bin ich übel zugerichtet, meine Nase blutet. Herausfordernd sehe ich die anderen an. Ich bin befreit. Befreit von ihrer Tyrannei. Befreit von der Angst. Sie können mich mal.

Ich werde auf der Stelle in die Abteilung D verlegt.

Zu den Schwersterziehbaren. In der Nacht nutzen meine neuen Kameraden meinen Schlaf, um mich als Empfangsritual mit Schuhcreme einzuschmieren. Die Rache folgt auf dem Fuße. Ich nehme zwei Gummipümpel, wie man sie bei verstopften Abflüssen benutzt, fülle die Saugglocke mit Exkrementen und versuche, meine Peiniger damit zu ersticken. Die Erzieher stürzen sich auf mich. Und wieder setzt es Prügel.

Meine inneren Deiche sind gebrochen. Ich durchlaufe eine beschleunigte Ausbildung zum Zerstörer. Ich werde gefährlich. Ich spüre die Gewalt in mir aufsteigen wie siedendes Wasser, kurz bevor der Kessel pfeift. Ich fühle diesen Druck überall – sei es auf dem Sportplatz, auf der Treppe zum Schlafsaal oder unter der Dusche –, und ich fürchte weder seinen unaufhaltsamen Anstieg noch den Ausbruch. Der Preis war hoch, aber ich habe keine Angst mehr.

Am nächsten Tag isoliert, schlägt und maßregelt man mich. Erneute Verlegung. Ich komme in die Abteilung C. Die Hartgesottenen, die Unbezähmbaren. Und da gibt es eine Überraschung. Ich rechne mit dem Schlimmsten und werde brüderlich empfangen. Ein Neunzehnjähriger adoptiert mich und nennt mich »kleiner Bruder«. Die Erzieher sind ruhig, selbstbeherrscht und ziehen niemanden vor.

Mit meinen elf Jahren bin ich der Jüngste in der Gruppe, die aus zwanzig Jungen im Alter von achtzehn bis zwanzig Jahren besteht. Keine Unschuldslämmer. Die meisten sind mehrmalig geflohen und haben gestohlen. Sachlich schildern sie ihre »Welt« und ihr »Leben«. Ich bin voller Bewunderung für diese Kahlgeschorenen und Numerierten, diese großen Brüder des Elends, die an der Schwelle zur Freiheit stehen. Was ich nicht weiß, ist, dass die meisten von ihnen mit einundzwanzig Jahren unser kleines Gefängnis verlassen werden, um ins große zu wechseln. Wenn sie Glück haben, kommen sie ins Strafbataillon der Fremdenlegion. Für mich sind sie schön und authentisch. Trotz ihrer Kraft und ihrer Gewalttätigkeit haben sie mich weder angeklagt noch bedroht, verfolgt oder irgendwelchen Aufnahmeritualen unterzogen. Diese Leidensgenossen, die ebenso ausgestoßen sind wie ich, nehmen mich im Gegenteil auf und beschützen mich. Fasziniert lausche ich ihren Berichten und Abenteuern. Ich registriere Verletzungen, ich verehre ihre Menschlichkeit, die sich unter der harten Schale verbirgt. Und ich entdecke, dass ich mit meinen elf Jahren schon Dinge erlebt habe, mit denen ein normaler Zwanzigjähriger ohne Zweifel nie konfrontiert wird.

Ich bin wie ein Auto, das man zu schnell und auf holprigen Straßen eingefahren hat. Mein Motor ist entfesselt, etwas in mir ist zerbrochen.

Das Schwierigste an einer zerstörten Kindheit ist, dass man stets größer, stärker und reifer wirken muss, als man es in Wirklichkeit ist. Denn letztlich ist man noch ein Kind. Auf den zarten Schultern muss man täglich die Bürde der Gewalttätigkeit tragen, während man sich doch eigentlich nach Zärtlichkeit sehnt.

Eines Tages bringen Polizisten einen Jugendlichen der Abteilung C in die Erziehungsanstalt zurück, der mehrere Wochen lang flüchtig war. Meinen älteren Brüdern zufolge, die voller Hochachtung von seinen Heldentaten berichten, ist er hart, einer der Härtesten.

Der Direktor zitiert uns auf den Fußballplatz. Wir stellen uns wie gewohnt auf. Vor unseren Augen beginnen die Erzieher den Jungen zu schlagen, zu verprügeln, wie es üblich ist. Er bricht zusammen, sie machen weiter. Mit Fußtritten. Öffentliche Züchtigung als abschreckendes Beispiel.

»So behandele ich Flüchtige. Ihr könnt gehen!«, erklärt der Direktor vor dem reglosen Körper und macht auf dem Absatz kehrt.

Die Zeremonie ist beendet, niemand wagt es, sich zu rühren. Ich spüre, dass ich zu ihm gehen muss. Ich trete vor, doch ein großer Bruder hält mich zurück.

»Geh nicht hin, er kann bösartig sein!«

Ich höre nicht auf ihn. Ich bewege mich auf den Körper zu, der noch immer reglos am Boden ausgestreckt ist. Ich stelle mich vor ihn und erkläre:

»Später mache ich es wie du!«

Der Junge bewegt sich, hebt den Kopf und sieht mich blinzelnd und durchdringend an. Der Himmel spiegelt sich in seinen blauen Augen, sein Blick ist klar und rein. Nicht der eines Flüchtlings oder eines Feiglings. Blut rinnt ihm aus der Nase, und er murmelt:

»Mach keinen Scheiß, kleiner Bruder, sie sitzen am längeren Hebel.«

An diesem Tag wird dieser Junge insgeheim mein Held. Wenn er auch einige Jahre älter ist als ich, sind wir doch gleich – ohne Wurzeln und ohne Identität. Ich will mein Vorbild übertreffen. Angesichts seiner blutenden, gebrochenen Nase beschließe ich, klüger zu sein als er und stärker als die Erzieher, die ihn in die Knie gezwungen haben. Ich werde sie reizen, bis ihnen die Nerven durchgehen. Ich schwöre mir, der Erste zu sein, der aus einer Erziehungsanstalt geworfen wird. Endlich habe ich ein Ziel in meinem Leben.

Wegen der gebrochenen Nase eines geprügelten Leidensgenossen wandelt sich mein Schicksal.

Ich kann nicht mehr weinen, nicht mehr um Hilfe rufen, um Gnade oder Mitleid flehen, zum Himmel beten. Niemand vernimmt mich, niemand denkt daran, mir zuzuhören. Es gibt zwei Lösungen: Entweder ich füge mich dem System bis zu meiner endgültigen Zerstörung, meiner Verwandlung in einen kriechenden Sklaven, oder ich lehne mich gegen die Ungerechtigkeit und den Mangel an Verständnis auf, um endlich ich selbst zu sein und nicht mehr zu ersticken. Ich entscheide mich für die Auflehnung.

Kann der Mensch sein Schicksal verändern? Ein Thema fürs Philosophie-Abitur. Ein Kind ohne Familie stellt sich diese Frage nicht. Es antwortet mit seinem Leben, seiner Wut und Verzweiflung. Und es verändert sein Schicksal.

Die Entscheidung zu wagen, im Elend anders zu sein, ist wie ein Slalom in einem Lawinengebiet, entweder man kommt durch oder nicht. Wenn man für niemanden wichtig ist, macht man sich auch keine Gedanken, wenn man fällt. Man lamentiert nicht, bricht nicht in Tränen aus. Man rappelt sich auf und geht, von neuer Gewalttätigkeit getrieben, weiter.

Ich bin es leid, mich jeden Morgen mit den anderen aufzustellen und zu hören, wie die Post verteilt wird – ohnehin steht mein Name nie auf dieser Liste. Dieser hat einen Brief bekommen, jener ein Päckchen, ein dritter zwei Briefe. Viele von uns werden nie aufgerufen, und ich beschließe, nicht mehr zu träumen, nicht mehr an ein Wunder zu glauben. Meine Mutter hat sich in Luft aufgelöst, mein Vater ist verschwunden. Ich bin niemandes Sohn, Punktum!

»Guénard, Besuch für dich!«

»Soll das ein Witz sein?«

»Guénard, ich mache keine Witze. Du wirst im Besuchszimmer erwartet!«

Plötzlich schlägt mein Herz schneller. Trotz meines Vorsatzes, nicht mehr zu träumen, um nicht enttäuscht zu werden, möchte ich so gerne daran glauben, dass meine Mutter endlich zurückgekehrt ist. Ist das Unglück nicht oft so mächtig, dass es von Zeit zu Zeit den Lauf des Schicksals zu verändern mag?

Ich öffne die Tür, und wen sehe ich: Papa Gaby. Nicht meinen Vater, nicht meine Mutter, sondern meinen Papa Gaby, dessen Scheune ich angezündet habe. Nach sechsmonatiger Gefangenschaft und Trennung hat er mich nicht vergessen. Mit diesem Besuch habe ich nicht gerechnet, und er bringt mich völlig aus der Fassung. Ich erinnere mich an das Schweigen zwischen uns und an den wohlwollenden und besorgten Blick meines Pflegevaters. Er macht sich Vorwürfe, dass er mich hergegeben hat, ohne mich zu verteidigen, dass er sich seiner Frau gefügt hat – das lese ich in seinem unglücklichen Blick. Er hat mich nicht adoptiert, da er fürchtete, mein Vater oder meine Mutter könnten mich eines Tages zurückverlangen. Das bereut er jetzt bitter. Ja, ich lese Trauer und Gewissensbisse in seinen Augen. Aber es ist zu spät, Papa.

Erschrocken angesichts der finsteren Mienen der Erzieher und der düsteren Gänge fragt er mich:

»Geht es dir gut?«

Und ich antworte:

»Ja, es geht.«

Was soll ich sagen? Dass ich mich innerhalb der letzten sechs Monate in ein bissiges Raubtier verwandelt habe? Dass mir die Fahrten auf dem Traktor, die Arbeit auf dem Feld, das Hüten der Tiere ebenso fehlen wie die dampfende Suppe, das Gelächter, der Duft der Stoppelfelder, der blonde Weizen und das gemeinsame Glück. All das ist zu weit entfernt und zugleich zu nah. Eine andere Welt, ein Schatz an Erinnerungen, an den ich aus Angst vor einem Zusammenbuch nicht rühren will. Wenn ich überleben will, muss ich die Vergangenheit vergessen.

Schweigen zwischen uns und feuchte Augen. Kurzer Abschied. Er umarmt mich und drückt mich an sich.

»Kommst du wieder, Papa Gaby?«

»Ich komme wieder, mein Pio.«

Er geht, und im Grunde meines Herzens weiß ich, dass er nicht zurückkehren wird. Ich bin ihm deshalb nicht böse. Er ist aufgewühlter als ich. Was er von meiner jetzigen Welt erahnt, muss für diesen Mann, der der Schmied meines ländlichen Glückes war, unerträglich sein. Ich fühle mich wieder im Stich gelassen. Während ich beobachte, wie sich seine leichtgebeugte Gestalt auf der Allee entfernt, danke ich ihm leise für die wenigen Monate der Liebe, die er mir geschenkt hat.

Danke für deinen Besuch und für dein Herz, Papa Gaby. Du kannst nichts dafür, dein Auftritt in meinem Leben war zu kurz. Du warst wie ein Fluss, der ein Frühjahr lang den unter der Kruste der Verlassenheit verstecken Samen bewässert hat. Als Lebenskünstler verberge ich diesen einzigen Schatz im Gepäck meiner verlorenen Kindheit. Du hast mich das Glück kosten lassen, geliebt zu werden. Man hat es mir ungerechterweise entrissen. Dein Besuch, so kurz er auch gewesen sein mag, lässt in mir Erinnerungen an eine Freude aufsteigen, auf die ich kein Anrecht hatte. Der Panzer, den ich mir geschmiedet habe, zerfällt. Mein Herz ist so aufgewühlt, dass ich beschließe, unempfindsam gegenüber der Liebe zu werden. Unter ihr leidet man zu sehr. Die sicherste Art, keinen Schmerz zu empfinden, ist nicht zu lieben. Ist das möglich, Papa Gaby?

Die Tage, die diesem Besuch folgen, sind eine einzige Qual. Hinter meiner harten Fassade bin ich innerlich zerbrochen. Eines Abends will ich dieser Qual, diesem unerträglichen Leid ein Ende setzen. Ich stehle in der Krankenstation Tabletten und nehme sie, um mein Leben zu beenden. Mir wird übel, und ich muss mich übergeben. Das ist meine ungewollte Rettung. Der Anstaltsarzt untersucht mich und schlussfolgert:

»Zeig deine Zunge ... Nein, was für eine Angina!«

Noch dazu eine Angina? Mist. Ich habe wirklich kein Glück. Überdruss, in einer Welt des Grolls zu leben. Gebrochene Deiche. Unmöglichkeit, die Wogen der Gefühle, die mich überspülen, einzudämmen. Ich mache meiner Mutter Vorwürfe, die mich nicht holen kommt, und auch meinem gescheiterten Vater, der mir so viele Narben, Alpträume und Ängste hinterlassen hat, die mich um den Schlaf bringen – ein Erwachsener braucht nur ein Taschentuch herauszuziehen oder eine unerwartete Bewegung zu machen, sofort schütze ich mein Gesicht mit beiden Händen.

Eines Nachmittags machen drei hinterhältige Brüder Krawall in den Waschräumen. Sofort werde ich zum Direktor bestellt. Er sitzt hinter seinem großen Schreibtisch, ich stehe in Habachtstellung vor ihm.

»Was soll ich nur mit dir machen? Man hat mir gesagt, du hättest die Duschen und die Toiletten verwüstet.«

Das stimmt nicht, diese Mistkerle haben mir die Schuld in die Schuhe geschoben. Ich bin kein Petzer, also wehre ich mich nicht gegen de n Vorwurf.

»Guénard, faule Früchte, die man nicht wegwerfen kann, legt man beiseite, man isoliert sie, man entfernt sie von den anderen, damit diese nicht auch verderben. Wenn du dich nicht zusammenreißt, sperre ich dich beim nächsten Anlass, bei der nächsten Prügelei zu den Hunden!«

Ich verlasse sein Büro und sage mir, dass ich denjenigen mit einer Medaille auszeichnen werde, der eines Tages diesen Direktor umbringt. Dieser Mann hat nie mit mir gesprochen wie mit einem Menschen. Hat sich nie wirklich für mich interessiert – nichts als Drohungen, Warnungen, Strafen. Er und sein Team verbreiten mit Leidenschaft Angst. Sie genießen es, andere einzuschüchtern.

Doch Angst löst entweder den Wunsch nach Rache aus oder

führt zu Heuchlerei und Bespitzelung. Ich träume nur von Rache. Auf dem Gang stehen die drei Petzer und unterhalten sich mit dem Erzieher, der sich für Charles Bronson hält. Dieser Dreckskerl ist ihr Komplize. Als ich vorbeigehe, machen sie sich über mich lustig. Nach dem Abendessen suchen sie Streit mit mir. Ich lasse sie machen, spiele den Feigling, weil ich keine Lust habe, mich mit den beiden Schäferhunden im Zwinger wiederzufinden. Angezogen schließe ich mich in einer Duschkabine ein. Sie schikanieren mich einen Teil des Abends über. Beschimpfungen, Demütigungen. Ich möchte rausgehen und mich prügeln, aber die Warnung des Direktors hallt in meinen Ohren wider. Wie ein Bettler sitze ich auf dem Rand des Duschbeckens und flehe unsichtbare, höhere Kräfte um Hilfe an um einen Ausgleich des Unrechts. Es wird Nacht und Ruhe kehrt ein. Doch niemand kommt, um mich zu verteidigen. Mein Kopf und mein Körper ertragen die erstickende Last nicht mehr. Der Hass schwillt in mir an, bricht heraus, explodiert.

Ich stürme aus der Dusche und reiße eine der hölzernen Stangen ab, an denen wir unsere Handtücher aufhängen. Wie eine entfesselte Furie renne ich in den Schlafsaal. Die Mistkerle schlafen wie Murmeltiere. Ich schlage mit der Stange auf sie ein, wie man bei Papa Gaby auf das Getreide eindrosch. Sie haben sich über mich lustig gemacht, haben über meine »platte Nase«, meine »Rattenohren« gelacht, ist das ihr Spitzname für mich? Ich werde ihre Gesichter in Form bringen. Sie schreien, das Blut rinnt, die Laken färben sich dunkel. Die anderen brüllen aus Angst in der Dunkelheit, und ich schlage zu, schlage zu wie ein Wahnsinniger. Ich genieße die Gewalttätigkeit, genieße die Rache. Welcher Rausch!

Mitten in meinen Rundumschlägen höre ich die Erzieher über den Flur laufen. Gleich sind sie da. Ich weiß, dass ich zu weit gegangen bin. Ich kann nicht mehr zurück. Ich muss fliehen, wenn ich nicht von den Schäferhunden bewacht leben will. Diese Bilder ziehen im Zeitraffer an meinem geistigen Auge vorbei. Ich werfe meinen Schlagstock weg, rutsche über den von Blut klebrigen Boden und stürze die Treppe hinab. Wie ein Wiesel renne ich über den Hof. Vor mir die hohe Mauer. Vier Meter, oben bewehrt mit Stacheldraht. Ich habe keine Wahl. Auf zum Angriff!

Ich nehme Anlauf und klettere in dieser Nacht zum ersten Mal über die große Mauer. Die Angst vor den Hunden hat meinen Turbomotor in Gang gesetzt. Es gelingt mir, den Stacheldraht auf der Mauer zu umklammern und mich hochzuziehen. Die Stahlspitzen zerreißen meine linke Hand. Ich schiebe mich zwischen Beton und Stacheldraht hindurch, ein Bein bleibt hängen, die Haut wird abgerissen. Unter Aufbietung all meiner Kräfte zwänge ich mich hindurch. Ich kann nicht mehr zurück.

Auf der anderen Seite dient mir ein günstig positionierter Telegrafenmast, den ich schon vor Monaten ausgemacht habe, als Leiter. Dann stehe ich auf der Seite der Freiheit am Boden. Ich blute, aber ich leide nicht. Nur brennende Angst, die meinen Magen zusammenkrampft. Und Wut und die Freude, auf der richtigen Seite zu sein. Mein Herz schlägt wie eine bimmelnde Glocke.

Ich renne bis zur Erschöpfung, um mich möglichst weit von der Erziehungsanstalt zu entfernen. Es muss gegen vier Uhr morgens sein, gleich nach meiner Flucht wird Alarm ausgelöst.

Ziel- und planlos laufe ich über das flache Land. Und ich entkomme in der Nacht. Unmerklich wird es Tag, ein schmutziges graues Licht zieht auf. Ich sehe nicht gut aus. Meine Hand ist blutverkrustet und schmerzt. Mein verletztes Bein brennt. Ich hinke. Kein Wasser, um mich zu waschen. Ich pinkele auf meine Wunde, um sie zu desinfizieren. Das brennt. Dann wälze ich mich im Staub, wie ich es bei verletzten Wildschweinen gesehen habe.

La Rochelle erwacht. Als entzückter Zuschauer beobachte ich, wie sich die Prinzessin erhebt. Die Menschen haben Haare in verschiedener Länge, Kleider in verschiedenen Farben. Sie scheinen ungehindert zu laufen, jeder in eine andere Richtung. Ein unglaubliches Wohlgefühl überkommt mich. Nachdem ich diese köstliche Erfüllung mit jemandem teilen muss, spreche ich wie ein Poet zu meinem Herzen. Ich besinge die Freiheit, ich bin dankbar für dieser Erfüllung, für die neue Welt, deren Tore sich vor mir öffnen wie die einer großen Zitadelle.

An diesem Fluchttag, einem 9. August, verbringe ich einen Teil der Nacht im Gras liegend und betrachte den funkelnden Sternenhimmel: Die Sternschnuppen sind die schönsten Geburtstagskerzen, die man sich erträumen kann. Im Traum bringe ich, einen nach dem anderen, meine Wünsche vor.

An diesem Abend der heiligen Liebe werde ich zwölf Jahre alt, und das Leben, das mich sonst eher stiefmütterlich behandelt, schenkt mir die Freiheit.

Flucht und Abscheu

Eines Abends, als wir in unserem Schlafsaal der Erziehungsanstalt von Flucht, Abenteuern und Entkommen träumten,
sagte mir ein Leidensgenosse, Paris sei eine riesige Stadt, in der
man sich verstecken könne.

Das habe ich nicht vergessen.

Ich mache mich auf den Weg. Vom Département Charente-
Maritime aus laufe ich zur Hauptstadt. Um nicht von der Polizei
aufgegriffen zu werden, bin ich vor allem nachts unterwegs und
orientiere mich an den Eisenbahnschienen. Ich sage mir: »Den
Zug halten die Bullen nicht an. Folg also der Bahnlinie. Jedes Mal,
wenn ich in der Ferne den Lärm der Lokomotive höre, werfe ich
mich in einen Graben. Mein Herz tanzt Charleston. Ist der lär-
mende Zug vorbei, beruhige ich mich wieder.

Ich ernähre mich von Früchten, Beeren und Pilzen – dass es
auch giftige gibt, weiß ich nicht –, von Holunder und irrtümli-
cherweise von einer Art wildem Pfeffer. Ohne dass ich es bemerke,
erwacht nach und nach der jahrhundertealte Überlebensinstinkt
der Indianer, den ich im Blut habe und den das moderne Leben
nicht vollständig erstickt hat. Da ich über keine Landkarte verfüge,
lasse ich mich von meinem Gefühl leiten. Meine einzige Sorge ist
es, Wasser zu finden. Durch das Aussaugen von Wurzeln und Grä-
sern vermag ich meinen Durst nicht zu löschen. Ich leide unter
Flüssigkeitsmangel, doch ich kann es mir nicht erlauben, an eine
Tür zu klopfen und um etwas zu trinken zu bitten. Ich sehe zwar

älter als zwölf Jahre aus, doch ich habe noch keinen Bartwuchs. Ein aufmerksamer Erwachsener könnte Verdacht schöpfen.

In Tours halte ich es nicht mehr aus, ich komme um vor Durst. Ich bin bereit, aus der Loire zu trinken. An einer Zoomauer entdecke ich einen Wasserhahn. Ich saufe wie ein Tier. Doch wer Dreckwasser trinkt, bekommt Durchfall. Mehrere Stunden lang winde ich mich vor Schmerzen. Aber ich überlebe. Und entschließe mich, per Anhalter zu fahren, um meine Reise zum großen Versteck zu beschleunigen.

Nach zweiwöchiger Flucht erreiche ich die riesige Stadt. Wie alle Touristen erkenne ich Paris am Eiffelturm, der sich nobel und hochmütig aus dem unendlichen Häusermeer erhebt. Und sofort verliebe ich mich. Die Dame Giraffe zieht mich unwiderstehlich an. Wahllos folge ich Straßen, die zu ihr führen.

Als ich vor ihr stehe, mustere ich sie ungläubig von unten bis oben, von oben bis unten, bis mir schwindelig wird. Verblüfft umrunde ich sie mehrmals. Ich ertappe mich dabei, wie ich mit ihr spreche, ihr zärtliche Worte sage. Den Kopf in den Nacken gelegt, die Augen auf die sich zu einem eindrucksvollen Muster kreuzenden Stahlträger gerichtet, weiche ich zurück, bis ich ein deutsches Touristenpaar anrempele, das dieses in den Himmel ragende Wunderwerk ebenso hingebungsvoll bestaunt wie ich. Ich weiß nicht warum, aber der Mann schenkt mir Geld, ohne dass ich ihn darum gebeten hätte. Welch ein Glücksfall! Schon lange habe ich die fünfzig Francs verbraucht, die mir ein Mann auf der Île d'Oléron, wohin ich mir einen touristischen Abstecher geleistet habe, zugesteckt hat, »zur Erinnerung an meinen Sohn«, wie er mir wehmütig erklärt hat, »denn der ist auch gereist«.

In einem der Füße des Turms werden Karten verkauft, um bis zum Hals der Dame Giraffe hinaufzuklettern. Ich kaufe eine und beginne den Aufstieg mit dem Elan eines Verehrers, der zu seiner Schönen eilt. Jedes Stockwerk bietet neues Entzücken. Ich entdecke die Welt und lasse mich tragen von dieser neuen Freiheit, weit entfernt von dem üblen Geschmack der besudelten Kindheit. Ich betrachte mein Leben von oben. Ich frohlocke, als ich die Champ-de-Mars, die École Militaire und auf der anderen Seite die Seine, das Palais de Chaillot und seine Springbrunnen entdecke.

In der zweiten Etage fliege ich davon wie eine Möwe, hinweg über den dunklen Fluss, seine Brücken, die winzigen Straßen, die unzähligen Häuser der schönen Stadt. Ganz oben erwartet mich die faszinierende Entdeckung einer Welt von Ameisen, der berauschende Eindruck, zu herrschen, zu regieren, zu schweben, meinem Elend zu entkommen.

Ich will meine Schöne nicht verlassen. Als ich hinabsteigen muss, weil der Turm geschlossen wird, beschließe ich, in ihrer Nähe zu wachen. Die Nacht senkt sich über den Park. Ich lege mich zwischen einen Busch und den zweiten Pfeiler auf der rechten Seite gegenüber vom Trocadero. Die Luft ist lau. Glücklich schlummere ich unter den Fenstern der teuersten Wohnungen von Paris ein.

Ich wache früh auf und laufe ziellos umher, zunächst Richtung École Militaire, dann Latour Maubourg und Invalides. Ich erkunde jede Straße und Gasse, jede Passage, um mir die verschlungenen Wege meines künftigen Territoriums einzuprägen.

Mehrere Tage lang spaziere ich durch das Viertel. Die Nächte werden kühler und feuchter. In meinem roten Nylonhemd beginne ich zu frösteln. Ich brauche fünf Tage, um jenes Verhalten zu finden, das ein Tier instinktiv hat und das ich von Simla gelernt habe, als ich bei ihr in der Hundehütte schlief: Sich so fest wie möglich zusammenrollen, um die Wärme zu konservieren.

Nach einigen Nächten werde ich Dame Giraffe untreu. Es ist zu kalt. Wo soll ich ein Dach finden? Als es Nacht wird, schleiche ich mich in einen Fahrradschuppen in der Avenue Rapp. Zusammengerollt schlafe ich einige Stunden zwischen den Rädern. Ich bin fix und fertig. Auf die Straße darf man sich nicht legen, wenn man müde ist, vor allem, wenn man ein zwölfjähriger Herumtreiber ist.

Mehrmals werde ich von den Besitzern vertrieben, die ihr Zweirad holen. »Aber was machst du denn hier, mein Junge?«, fragen die Freundlichen, »Was hast du hier zu suchen, du Lausebengel«, schimpfen die Schlechtgelaunten. Ich gebe keine Erklärungen ab und schlage auch nicht um mich. Die Augen noch halb geschlossen, verschwinde ich, um nach einer neuen Bleibe zu suchen. Schließlich finde ich einen anderen Fahrradkeller in der Rue du Général Camou.

Nachdem ich einige Wochen lang Erfahrungen gesammelt habe, weiß ich, dass die Leute ihre Mofas spätestens um Mitternacht abstellen und dass die ersten um fünf Uhr früh hereinkommen. Das lässt mir fünf Stunden Zeit zum Pennen.

Jeden Abend beim Einschlafen verspreche ich mir feierlich, sollte ich eines Tages ein Haus haben, Zimmer für diejenigen einzurichten, die keins haben.

Ich komme um vor Hunger. In meinem Alter kann ich nicht betteln. Aus Not lerne ich zu stehlen. Beim ersten Mal peile ich in der Rue de Grenelle vor der Tür eines gerade belieferten Lebensmittelladens eine Flasche Milch an. Es ist sechs Uhr morgens. Ich kann mich nicht entscheiden. Wie eine junge Katze umschleiche ich meine Beute, ohne zu wagen, die Hand auszustrecken. Aber der Hunger ist zu groß. Mit einem Satz springe ich vor. Ich greife zu. Als ich die Flasche umklammere, kommt es mir vor, als wären alle Scheinwerfer von Paris auf mich gerichtet. So schnell ich kann, renne ich davon, mein Herz klopft zum Zerspringen. Kurz darauf öffne ich im Village Suisse – die Fußgängerzone ist ideal, um potenziellen Verfolgern zu entkommen – die Frucht meines Diebstahls. Schweißperlen auf der Stirn, trinke ich und koste ein unbekanntes Vergnügen: das der überwundenen Angst. Ich schwebe auf Wolken.

Von diesem Zeitpunkt an klaue ich täglich. Zu festen Zeiten, um regelmäßig dieses eigenartige Gefühl der Angst im Magen zu erleben, das meinem Leben Würze verleiht. Ich brauche diesen

Adrenalinstoß. Die Angst ist eine feindliche Schwester. Wie andere Kinder zur Schule gehen, stelle ich mich ihr um halb neun morgens und um zwei Uhr nachmittags. Ich organisiere meinen Tagesablauf als Pariser Straßenjunge.

Diejenigen, die sich glücklich schätzen, Eltern zu haben, können ihnen einen guten Morgen wünschen; sie werden nachmittags nach der Schule begrüßt, und sei es auch nur von einem Kindermädchen. Einige bekommen anscheinend sogar vor dem Einschlafen einen Gutenachtkuss. In meiner eigenartigen Kindheit ersetzt mir die Angst die Mutter. Sie ist treu und auf Abruf verfügbar, wie eine Mama, die zu Hause ist. Die Angst erwartet mich, ich begegne ihr, wann ich will. Sie lehrt mich zu beobachten und mein Gedächtnis zu trainieren. Ohne diese Droge wäre mein Leben trübe, fade und monoton. Wenn es schon keinen Sinn hat, soll es wenigsten Würze haben.

Die Freiheit hat ihren Preis.

Am Anfang läuft ein Film im Kopf ab, man entdeckt eine unbekannte Welt, spielt mit dem Verbotenen und der Angst, es ist aufregend, nicht zu leben wie die anderen. Doch die Zeit vergeht. Der Traum wird Wirklichkeit. Und die ist nicht jeden Tag rosig. Man hat Hunger, Durst, ist müde. Man läuft stundenlang, erschöpft, übersättigt von den unerreichbaren Versprechen, den Versuchungen der verführerischen Schaufenster. Unmerklich kommt Bitterkeit auf angesichts all des Unmöglichen, dessen Besitz verboten ist. Unentwegt muss man wachsam sein wegen der Polizeistreifen. Allen misstrauen. Ständig aufpassen. Man gewöhnt sich ans Klauen, und selbst die Diebesbeute wird fade. Der Freund Angst erregt einen nicht mehr wie früher.

Dann wird das Märchen zum Alptraum, aber es ist zu spät, man will es sich nicht eingestehen, denn dazu braucht es Mut. Vor allem kann man dem Ablauf der Tage, den ziellosen Stunden, dem Umherirren, das einen mehr und mehr von der Realität entfernt, keinen Einhalt gebieten und hat nur noch ein einziges Ziel: lieber die Hölle dieses Dschungels als zurück in die Erziehungsanstalt.

Ich laufe unglaublich viel. Meine Beine halten durch. Einer meiner bevorzugten Wege ist »Boulevard Latour Maubourg – Place de la République hin und zurück«. Wenn es Nacht wird, kehre ich in die bürgerlichen Viertel zurück. Vor den Luxushotels träume ich davon, dass ein wohlhabender Gast die Treppe herunterkommt, meinen Blick kreuzt, Zuneigung zu mir empfindet und den Luxus seiner Suite mit mir teilt. Die Zeit vergeht. Die Reichen feiern unter sich in den hellerleuchteten Palästen, während ich erschöpft und am Ende meiner Kräfte in meinen Fahrradkeller zurückkehre. Fix und fertig ...

Wird mein Traum je wahr werden? Auf einer Bank auf dem Champ-de-Mars spricht mich ein eleganter Herr an, setzt sich zu mir. Er ist geschmackvoll gekleidet, schick, ungefähr sechzig, gut erhalten. Er ist vertrauenerweckend. Ich offenbare mich, verheimliche nicht, dass ich auf der Flucht bin, kein Geld habe und Arbeit suche. Er sagt:

»Junger Mann, ich kann Ihnen anbieten, was Sie suchen. Wollen Sie sich fünfzig Francs verdienen?«

Ich nicke begeistert.

»Dann kommen Sie mit.«

Wir gehen in die Rue de Commerce, zu einem alten Haus. Es scheint so baufällig, dass ich annehme, mein neuer Freund wird mir Renovierungsarbeiten vorschlagen. Wir betreten eine düstere Wohnung. Dann sagt mir der elegante Herr, ich solle mich ausziehen. Ich weigere mich. Er richtet eine Waffe auf meinen Kopf.

Wie gelähmt lasse ich die unwürdige, mir unverständliche Gewalt über mich ergehen.

Dann stehe ich wieder auf der Straße, fünfzig Francs in der Hand und unglaublichen Abscheu in mir. Mein ganzes Wesen ist wie erstarrt. Ich möchte mich waschen, mich von dieser Schmach reinigen. Wohin kann ich mich flüchten? Mein Herz erbricht Tränen. Die Verzweiflung durchdringt mein ganzes Wesen wie ein eisiger Nebel. Ich sehe nichts mehr. Ich zittere vor Unglück.

Ich laufe in Richtung Passy. In einem Park sitzen Zuschauer vor einem Kasperltheater. Fremd und abwesend nehme ich mit den anderen Kindern und ihren Müttern vor der grünen Holzhütte Platz. Der Kasper ruft mir zu:

»Du bist genauso traurig wie ich!«

Ich ergreife die Flucht.

Ich bin zwölf Jahre und einige Monate alt. Soeben habe ich die Perversion des Menschen kennengelernt, alles, was er sich ausdenken kann, um sich selbst zu beschmutzen, sich und seinesgleichen zu erniedrigen. Ich habe gespürt, wie die Klaue des Bösen in mich eingedrungen ist, mich durchbohrt hat. Sie ist über meinen Körper hinausgegangen, hat meine Seele verletzt, ein bislang noch unbeflecktes Paradies in mir. Benommen und gelähmt habe ich nicht um Hilfe schreien können. Und doch habe ich es in meinem Innersten, dort, wo es keine Worte mehr gibt, getan. Ich habe nach einem allmächtigen Wesen gerufen, damit es mich von dem Grauen befreit.

Es ist nicht gekommen.

Niemand ist gekommen.

Prostituiertenräuber

Die Vergewaltigung hat mich zutiefst verletzt. Sie bringt mein Weltbild ins Wanken und schafft Misstrauen, wo bislang noch Naivität war. Mein Vertrauen ist erschüttert, beschädigt. Ich bin wie eine dornige, unbeschnittne Wildrose. Ich möchte einen Erwachsenen finden, an dem ich mich stützen, mich orientieren kann. Ich habe jetzt Angst, dass alle Menschen so sind wie mein Vater, wie die sadistischen Erzieher oder die eleganten Vergewaltiger der Nobelviertel. Die Welt der Erwachsenen scheint mir wie ein Holzboden, den man glaubt betreten zu können, der aber in Wahrheit morsch ist, zerfressen von den Termiten der Lüge und des Lasters.

Ich setze meine Irrfahrt fort. Ich habe keine andere Wahl.

Einige Wochen nach dem Vorfall sprechen mich in der Rue de Rapp zwei junge, gutgekleidete Männer an. Sie laden mich zum Essen in ein Restaurant in der Rue Saint-Dominique ein. Ein gebranntes Kind scheut das Feuer. Dennoch nehme ich ihren Vorschlag an. Man vergewaltigt keinen Jungen auf dem Tisch eines Restaurants. Man schlägt auch kein Essen aus, wenn einem der Hunger den Magen zusammenzieht.

Sicher ist, dass die beiden nicht Mitglied der Ehrenlegion sind. Ich erzähle von meiner Misere. Sie sagen:

»Kleiner Bruder, du bist nicht mehr allein, komm mit uns, wir kümmern uns um dich.«

Ich bin misstrauisch, zögere, versuche sie einzuschätzen. Einer von ihnen lügt nicht, ich spüre, dass er aufrichtig und ehrlich ist. Der andere ... Dennoch gehe ich mit.

Sie haben eine Wohnung am Boulevard Latour Maubourg gemietet. Sie zeigen mir mein Zimmer und wünschen mir eine gute Nacht. Sie schlafen in einem Zimmer, das beruhigt mich. Dennoch verbarrikadiere ich mich, doch sie scheinen nicht an meinem Körper interessiert. Uff! In einem richtigen Bett mit Laken schlafen, die gut riechen ... Welch ein Genuss, die Beine ausstrecken zu können, nachdem ich fast ein Jahr lang zusammengerollt in meinem Fahrradschuppen genächtigt habe!

Am nächsten Morgen klopfen meine beiden Schutzengel an meine Tür und wecken mich freundlich auf.

»Aufstehen, kleiner Bruder!«

Voller Bedauern verlasse ich mein weiches Nest, um eine lange, heiße Dusche zu nehmen. Das Frühstück ist reichhaltig. Was werden dieser Tag und meine beiden Beschützer, die nicht gerade wie Unschuldsengel aussehen, mir bringen?

»Komm, kleiner Bruder, wir wollen dich anständig einkleiden.«

Sie bringen mich zu einem teuren Schneider im Viertel. Der Typ, superelegant, nimmt mit einem Band, das wie durch ein Wunder aus seiner Hand zu schnellen scheint, bei mir Maß. Dann bringt er einen nagelneuen dreiteiligen grauen Anzug mit feinem Nadelstreifen, ein blütenweißes Hemd, Manschettenknöpfe und einen weichen Kaschmirmantel. Ich ziehe mein verschwitztes Polohemd und meine dreckige Hose aus und verwandele mich in einen kleinen Lord. Gekrönt wird mein Look mit einem schönen Paar glänzender Schuhe und einem Haarschnitt bei einem edlen Friseur. Noch nie hat man meinen Kopf so zart massiert!

Jacquot und Pierrot bezahlen meine neue Ausstattung in bar, aber das wundert mich nicht mehr weiter. Der magische Tag vergeht wie im Flug. Ich bin nicht wiederzuerkennen! Ich betrachte mein Spiegelbild in den Schaufenstern und traue meinen Augen nicht. Ich sehe aus wie ein kleiner Engländer. Ich laufe im Zickzack, um nicht in die Pfützen zu treten. Bloß meine neuen Herrenschuhe nicht beschmutzen!

»So, kleiner Bruder, jetzt machen wir etwas Sightseeing.«

Ein Taxi bringt uns zur Place Blanche. Wollen Sie mich zu einem Abend im Folies Bergère einladen? Die Windmühlenflügel des Moulin Rouge drehen sich in der Nacht, und in dem hellerleuchteten Amüsierviertel wimmelt es von Menschen. Wir gehen zu einem großen Café in der Avenue Jules Joffrin. Die dämmrige, verrauchte Gaststube wird von den Lichtbündeln einiger Spots erhellt. Meine beiden großen Brüder spendieren mir eine Limonade an der Bar.

»Warte hier auf uns, wir haben eine Verabredung.«

Sie gehen und diskutieren mit mehreren Typen, die nicht eben vertrauenerweckend aussehen. Eine Stunde später sind die Verhandlungen beendet, und wir fahren nach »Hause«. Es gelingt mir nicht, zu erraten, was ihre Arbeit ist, und schon gar nicht, zu welchen Diensten ich herangezogen werden soll. Eines beruhigt mich: Es sind keine Kindervergewaltiger. So schlafe ich friedlich.

Als mir Jacquot am nächsten Nachmittag meine erste Waffe, einen Revolver 7,65, reicht und mir geduldig erklärt, wie man ihn auseinandernimmt und wieder zusammensetzt, habe ich die Bestätigung, dass sie keine Handelsvertreter sind. Erst am Abend begreife ich die Gebrauchsanweisung zu meinem neuen Leben.

Wir fahren erneut zur Place Blanche. Auf dem Bürgersteig geben sie mir Anweisungen:

»Kleiner Bruder, du wartest hier auf uns. Wir gehen nach oben, unsere Geschäfte machen. Es sollte nicht länger als fünf, zehn Minuten dauern. Wenn du jemanden herausrennen siehst, schießt du auf ihn.«

Ich antworte automatisch »ja« und umklammere in der Tasche meines Kaschmirmantels den Kolben meiner Waffe.

Jacquot und Pierrot, der den Beinamen der Belgier hat, gehen in ein altes Haus. Ich warte vor einem benachbarten Kino und beobachte den Eingang. Ein merkwürdiger Typ spricht mich an.

»Komm mit, ich lade dich ein.«

»Nein, ich kann nicht, ich warte auf jemanden.«

Der Lüstling versucht es noch einmal. Ich wiederhole »nein« und wende den Blick ab. Da rastet der alte Schwule aus.

»Verschwinde, du kleiner Idiot!«, brüllt er, »du hast hier nichts verloren, außer du kommst mit mir ins Kino!«

Er fasst mich beim Arm und versucht, mich zu dem erleuchteten Eingang zu zerren. Ich greife in meine Tasche und will ihm mein Spielzeug unter die Nase halten, als Jacquot und Pierrot angerannt kommen.

»Lauf, kleiner Bruder, komm mit, schnell!«, rufen sie mir zu.

Ohne irgendetwas zu verstehen, renne ich los und lasse die verblüffte Schwuchtel zurück. Wir stürzen zur Metro, springen in letzter Sekunde in einen rumpelnden Wagen und ringen nach Luft. Pierrot steht in einer Ecke, lächelt mir zu und macht mir ein Zeichen, zu ihm zu kommen. Grinsend öffnet er seinen Mantel und zeigt mir den Kolben seiner Waffe. Er ist blutig.

»Sieh dir das an, kleiner Bruder«, murmelt er dann und klopft auf sein Bein.

Ich öffne die große Tasche ein wenig; ein Bündel Scheine, viel Geld.

»Siehst du, das geht ganz schnell«, sagt er und blinzelt mir zu.

Ich klammere mich an der Stange fest, um nicht umzufallen. Mir wird ganz flau, alles dreht sich, und meine Beine geben nach.

Ich ahne, woher das Geld kommt und welches Geschäft meine Brüder betreiben. Sie rauben Prostituierte aus. Die Kohle, die der Belgier bei sich hat, ist der Verdienst einer Frau von Pigalle, und die dunkle Flüssigkeit auf dem Revolverkolben ist ihr Blut. Ich stelle mir vor, in welchem Zustand ihr Kopf ist, und bedaure das Mädchen, das sie geschlagen haben.

Manchmal sage ich mir, wenn ich umherirre und eine dieser Schwestern der Nacht treffe, dass ich später eine Jungfrau heiraten werde oder ein Freudenmädchen. Alles, was dazwischen ist, mag ich nicht. Oft spreche ich diese Frauen an, die ihre Reize verkaufen. Unsere Gemeinsamkeit ist, dass wir von der Straße leben. Wir unterhalten uns, und ich spüre, wie ihr Mutterinstinkt erwacht, wenn ich von meinem Schicksal erzähle. Diese Straßenmädchen sind sanft und verständnisvoll mir gegenüber. Manche bieten mir Geld an und sogar ein Dach über dem Kopf. Ich liebe diese Nachtvögel, gefangen in schwarzen Netzen, von denen viele ein goldenes Herz haben.

Die meisten der Mädchen sind auf der Suche nach dem Märchenprinzen vom Land in die Hauptstadt gekommen. Allzu gutgläubig sind sie unter der Herrschaft eines skrupellosen Sklaventreibers schnell in der Hölle gelandet. Manche von ihnen haben ein oder zwei Kinder, die sie in ihrer Heimat den Großeltern anvertraut haben. Sie besuchen sie nur einmal im Monat, und die Zuhälter erpressen sie mit den Kleinen.

»Wenn du nicht zurückkommst, erschieße ich dein Kind«, droht der Dreckskerl, »oder ich sage ihm und deiner ganzen Familie, was für einer feinen Arbeit du in Paris nachgehst.«

Und das arme Mädchen, das sich nicht aus den Fesseln seines Rufs befreien kann, umarmt ihr Kind, erfindet eine Geschichte, um seine Abwesenheit zu erklären, oder hüllt sich in Schweigen und kehrt dann mit gebrochenem Herzen auf die Straße zurück. Aufmüpfige oder Flüchtige werden in das finstere Viertel im Norden von Barbès versetzt, wo Immigranten die Preise drücken. Rund hundert Freier am Tag demolieren ihren Körper und ihre Seele.

Und plötzlich bin ich der Komplize von Männern, die Prostituierte ausrauben!

Mir wird auch bewusst, dass ich beinahe auf den Schwulen geschossen hätte. Hätte ich abgedrückt, wenn Jacquot und der Belgier etwas später zurückgekommen wären? Vielleicht. Wenige Sekunden hätten mein Leben verändern können.

Jacquot schweigt. Er hockt auf seinem Klappsitz. Errät er meinen Seelenzustand? Ruhig und nachdenklich betrachtet er mich und fasst mich dann bei den Schultern.

»Hör zu, kleiner Bruder, wir gehen zu Mario, um uns zu stärken, nach all der Aufregung haben wir das verdient.«

Chez Mario ist ein italienisches Restaurant im 18. Arrondissement. An den Tischen sitzen viele Männer südländischer Herkunft, gut angezogen, pomadisiertes Haar, Goldkettchen. Typen, denen man lieber nicht widerspricht. Sie reden übers »Geschäft«. Würde man mir sagen, dies sei die Kantine der Mafia, würde ich nicht widersprechen. Mario, der kräftige, untersetzte Wirt, schüttelt mir jovial die Hand und sagt:

»Setz dich da hin, Kleiner.«

Sehr väterlich. Wir befinden uns in einem verräucherten dunklen Hinterzimmer. Gedämpftes Licht erhellt einen Billardtisch, um den herum fünf Bistrotische stehen. Die hintere Wand ist fensterlos und von einem riesigen Spiegel bedeckt, davor eine Bank aus rotem Leder, ein großer Tisch und einige Holzstühle.

Mario beugt sich zu Jacquot und deutet auf mich:

»Ist das dein Bruder?«

Jacquot rückt meine Krawatte zureckt und antwortet augenzwinkernd »ja«.

»Du setzt ihn früh zur Arbeit ein, findest du nicht?«

Keine Antwort. Pierrot spielt mit seinem großen Springmesser. Er ist übernervös und stetig in Bewegung. Seine Reaktionen sind unberechenbar. Schließlich bricht Mario, der sich immer an Jacquot, nicht an Pierrot wendet, das Schweigen:

»Ich habe eine Sache im Département Sarthe, ein sicherer Coup, garantiert ein dicker Fisch. Müsste sehr einträglich sein.«

Er reibt Daumen und Mittelfinger aneinander, erhebt sich und fordert Jacquot auf, ihm zu folgen. Pierrot schickt sich an, sie zu begleiten, doch Mario macht ihm ein Zeichen, sich wieder zu setzen.

»He, Belgier, du bleibst hier, lass deine Spaghetti nicht kalt werden!«

Offensichtlich wütend, beißt Pierrot die Zähne zusammen. Die Stimmung ist angespannt. Ein Kellner mit einem Verbrechergesicht füllt seinen Teller, ohne ihn aus den Augen zu lassen. Pierrot starrt ihn seinerseits an. Innerhalb einer Sekunde ist er nicht mehr wiederzuerkennen, er verwandelt sich in ein Raubtier und stürzt sich auf den Typen.

Jacquot und Mario, die am Nachbartisch sitzen, springen auf und trennen die beiden Männer, die sich am Boden wälzen. Pierrot flucht. Jacquot erhebt die Stimme:

»Das reicht, setz dich und benimm dich!«

Pierrot gehorcht. Er hüllt sich in wütendes Schweigen.

Mario isst mit uns und verhält sich Jacquot und mir gegenüber äußerst zuvorkommend. Doch sein Blick verändert sich, sobald er den von Pierrot kreuzt. Ich spüre, dass er ihm gegenüber Misstrauen und Feindseligkeit hegt.

Die Gerichte sind köstlich, und Mario spendiert mir ein zweites Dessert. Beim Aufbruch tätschelt er mit voller Zuneigung den Kopf und flüstert mir zu:

»Hör nur auf Jacquot, du darfst nur Jacquot vertrauen!«

Wir gehen durch die Gaststube. Der Kellner, der jetzt hinter der Bar steht, folgt uns mit einem verschlossenen, finsteren Blick. Jacquot hält Pierrot am Arm fest. Ein Gewitter liegt in der Luft. Auf der Straße explodiert Pierrot. Er ohrfeigt mich heftig und fragt:

»Was hat der Italiener dir eben gesagt, du Rotzlöffel? Was hat er gesagt?«

Jacquot packt ihn beim Kragen und spuckt zwei Zentimeter vor seinem Gesicht aus:

»Rühr den Jungen nicht an oder ich bringe dich um! Mach das nie wieder!«

Auf dem Rückweg lastendes Schweigen. Ich habe Angst vor Pierrot. Von ihm gehen Gewalttätigkeit und Boshaftigkeit aus. Jacquot ist nett zu mir, fast wie ein Bruder. Er ist ein Mann mit Herz.

Während Jacquot duscht, ruft mich Pierrot zu sich. Er zieht seine Knarre und hält sie an meinen Kopf.

»Du kleiner Dreckskerl, das wird dir das Hirn durchblasen!«

Ich schließe die Augen. Er wird mir eine Kugel in den Kopf jagen und mich in die ewige Nacht befördern. Der Typ ist verrückt, zu allem fähig. Er drückt den Abzug. Ein Klick. Es ist vorbei. Klick. Er bricht in Gelächter aus:

»Ha, ha! Da habe ich dich schön reingelegt, du kleiner Idiot. Da hast du Schiss gehabt, was?«

Er wird wieder ernst und sieht mich an:

»Jetzt weißt du's, wenn du Blödsinn machst, lege ich dich um. Beim nächsten Mal ist sie geladen!«

Er verschwindet.

Es liegen Wolken in der Luft, die Spannung steigt.

Jacquot kommt zurück und fragt mich:

»Hat dir der Abend gefallen, kleiner Bruder?«

Ich antworte mit einem zurückhaltenden Ja.

»Mario hat ein Faible für dich, weißt du? Er sagt, du hättest das Zeug zum Chef. Du musst noch viel lernen: Gehorchen, ohne Fragen zu stellen und einem einzigen Mann zu vertrauen. Was hat Mario dir gesagt?«

»Dass ich nur dir folgen und auf dich hören soll.«

»Achte nicht weiter auf Pierrot. Er ist nervös, er ist aus der Fremdenlegion desertiert. Er ist ein guter Soldat, wenn auch ein bisschen verrückt.«

Nicht wirklich gelassen gehe ich ins Bett. Jacquot hat mich beruhigt, aber dennoch ist mein Schlaf so entspannt wie ein See bei

Sturm. Bilder von Blut, Geldscheinen, Kämpfen, Flucht, wildem Gerenne und eingeschlagenen Schädeln mischen sich in meinen Träumen mit dem zuneigungsvollen Blick von Mario, Spaghetti mit Pesto und einem Sahnedessert.

Am nächsten Tag gehe ich im Viertel spazieren. Jemand fasst mich bei der Schulter. Es ist Pierrot. Voller Verachtung und Wut sieht er mich an. Er blickt sich um, öffnet seine Jacke, zieht seinen mit einem Schalldämpfer versehenen Revolver heraus und zielt auf eine dreißig Meter entfernte Straßenlaterne. Pafff! Das Glas der Lampe zerspringt. Der Belgier steckt seine Waffe weg und sagt:

»Dich knalle ich noch mal ab, du kleiner Idiot!«

Er dreht sich um, spuckt aus und geht. Die Stimmung wird angespannter.

VIERZEHN JAHRE

Gigolo am Montparnasse

Eines Nachmittags nimmt Jacquot mich mit ins in die Coupole, das berühmte Café im Montparnasse-Viertel. Ich bin allein mit ihm. Wo der Belgier ist, weiß ich nicht, und ich bin froh darüber. Am Morgen hat Jacquot mir neue Kleider geschenkt, sehr schicke, und Lackschuhe. Wir nehmen auf einer der Bänke in dem riesigen Saal Platz und bestellen Orangensaft. Jacquot sagt:

»Merk dir das Manöver gut. Du kommst hierher, du bestellst Tee und liest die Zeitung. Mach es genauso, wie ich es dir sage. Du bestellst einen zweiten Tee, dann die Rechnung. Der Kellner wird dir antworten, dass sie schon bezahlt ist, und du fragst ihn, von wem. Du faltest deine Zeitung zusammen und gehst zu der Dame, die er dir zeigen wird, und bedankst dich mit einem Kopfnicken. Dann gehst du langsam zur Tür und hältst sie für die Dame auf. Du trittst zur Seite, um sie vorbeizulassen. Dann begleitest du sie zu ihrem Wagen und steigst ein. Alles klar?«

Ich antworte ja und wiederhole die verschiedenen Etappen der Operation. In Wahrheit verstehe ich nichts. Was ist der Sinn der Sache? Ich komme mir vor wie ein Geheimagent, der seine Mission nicht begriffen hat.

Warum will Jacquot, dass ich mit ihr in den Wagen steige? Ich kann mir nicht vorstellen, was dann folgen soll, und wage es nicht, danach zu fragen.

Am nächsten Nachmittag, einem Freitag, gehe ich, den Magen vor Angst zusammengekrampft, in die Coupole. Als ich die vielen Frauen sehe, begreife ich schnell, dass ich kein Geheimagent bin. Jacquot sitzt zwanzig Meter entfernt. Er scheint mich nicht zu kennen. Ich bestelle einen Tee, öffne meine Zeitung. Die Seiten rutschen herunter, zerknittern, fallen auf den Boden. Ich versuche, die riesigen Blätter aufzuheben und zu ordnen. Eine schwere Übung, wenn sie senkrecht gehalten wird. Dieser Typ da macht sich über mich lustig. Ich hätte zu Hause üben sollen. Ich muss lächerlich wirken und stelle mir vor, dass mich alle kichernd ansehen. Ich bin rot, wie ein Glas Beaujolais. Darüber vergesse ich ganz, die Damen anzusehen. Ich trinke einen Tee, dann eine zweiten, einen dritten und einen vierten und wage noch immer nicht zu fragen, wer bezahlt. Ich muss unbedingt pinkeln, schaffe es aber nicht aufzustehen. Ich kneife die Schenkel immer fester zusammen. Nach dem fünften Tee droht die Explosion, und ich laufe zur zweiten Tür links am Ende des Ganges.

Jacquot kommt mir nach. Er ist stinksauer:

»Was machst du denn?«

»Das siehst du doch, ich pinkele ...«

»Ja, das sehe ich, aber sonst?«

Er ist wütend. Ich wage nicht ihm zu sagen, dass ich verunsichert bin.

»Äh, das ist die Zeitung ... Ich komme nicht klar mit dem Ding, ich hätte ein kleineres Format wählen sollen.«

»Die Zeitung ist scheißegal! Du gehst jetzt auf deinen Platz zurück und verlangst die Rechnung. Es reicht.«

Kleinlaut kehre ich auf meinen Tisch zurück. Der Kellner bringt mir einen sechsten Tee. Ich habe nichts verlangt und ertrage dieses fade warme Wasser nicht mehr, selbst wenn ich mich in meinem neuen Anzug wie ein Engländer fühle. Der Kellner flüstert mir zu:

»Der ist von der Dame da drüben.«

Ich lächele dem Kellner zu, dann der Dame. Eine positive Überraschung, es ist eine schöne Frau von etwa fünfzig Jahren, blond und recht hübsch. Ich habe Glück. Es hätte auch eine alte hässliche sein können.

Ich erhebe mich würdevoll, gehe zu ihr und nicke ihr zu. Sie schenkt mir ein Lächeln. Ich laufe geradewegs zur Tür und halte sie ihr auf. Dann folge ich ihr zu einem Cadillac. Ich setze mich neben sie auf die Rückbank und fange an, Spaß an dieser Zeremonie zu haben.

»Nach Hause, Roger«, sagt sie zu dem Chauffeur.

Die zwanzigminütige Fahrt vergeht schweigend. Schließlich halten wir vor einer wundervollen Villa am Stadtrand von Paris.

Ich lasse alles mit mir machen.

Das Wochenende scheint mir äußerst angenehm. Diese Frau, die auf der Suche nach Zuneigung ist, weiht mich in eine unbekannte Form der Zärtlichkeit ein und verwöhnt mich dabei, als wäre ich ihr Sohn, ihr Liebhaber.

Nachdem sie mir am Montagmorgen zweitausend Francs gegeben hat, bringt mich ihr Chauffeur nach Paris zurück. Das sind mehr als zwei Monatsgehälter. Der Mindestlohn liegt zu dieser Zeit bei achthundert Francs.

Ehrlich gesagt, finde ich meine ersten Erfahrungen mit der Prostitution nicht unangenehm. Ich gebe Jacquot das Geld. Er zwinkert mir zu und überlässt mir zweihundert Francs: »Siehst du, es ist gar nicht schwer.« Und tatsächlich ist es leicht und köstlich, und ich ziehe es hundertmal vor, einsamen Frauen Liebe zu schenken, als meine Freundinnen, die Prostituierten, zu verprügeln.

Leider schließt das eine das andere nicht aus.

Ein Jahr lang lebe ich in diesem Dreiklang: Erpressung abends unter der Woche, Glamour am Wochenende mit vier festen Kundinnen, furchtbare Leere den Rest der Zeit. Das Geld fließt in Strömen, aber es macht nicht glücklich. Die Tage scheinen lang, und ich beneide die Kinder, die zur Schule gehen. Also übe ich, meinen Revolver 7,65 mit geschlossenen Augen auseinanderzunehmen und wieder zusammenzusetzen. Und so schnell wie möglich die Waffe zu ziehen. Jacquot ist sehr aufmerksam mir gegenüber. Wie ein Adoptivbruder. Er ist kein Vater.

Ich ziehe den Revolver, und manchmal sehe ich die Gestalt meines Vaters in der Schusslinie. Soll ich abdrücken oder nicht? Ich glaube, ich möchte, dass er etwas leidet, ehe ich schieße.

Meine Pausen verbringe ich auf der Straße und beobachte den Schulschluss, all die liebevollen Gesten, die die Eltern ihren Kleinen angedeihen lassen: die Hand, die man ergreift, die Liebkosung der Wange, der Kuss auf den Hals, die sich reibenden Nasenspitzen. Diese Zeichen von Zärtlichkeit sind wie Dornen in meinem Herzen. Ich imitiere und wiederhole sie mit meinen Kundinnen, mit jenen reifen Damen, die ich langsam zu verstehen, zu bedauern und zu lieben beginne. Sie sind allein, furchtbar einsam in ihren Luxusvillen, ihren goldenen Käfigen, unterhalten von Ehemännern, deren Hosenschlitz sich ebenso leicht öffnet wie ihre Brieftasche. Sie lassen sie sitzen, um mit irgendwelchen jungen Hühnern das Wochenende in ihrer Junggesellenbude in Saint-Tropez oder Megève zu verbringen.

Hungrig nach Zärtlichkeit, genieße ich es, damit verwöhnt zu werden, aber genauso, sie zu erwidern. An den Wochenenden schwebe ich auf einer Wolke der Sanftheit. Sie lässt mich meine Einsamkeit und diese Erpressungsarbeit, die mir immer schwerer fällt, vergessen. Jacquot und Pierrot haben mich befördert, darauf könnte ich allerdings gut verzichten. Ich bin jetzt nicht mehr der Aufpasser, sondern aktives Mitglied der Bande. Ich frage die Mädchen auf der Straße nach ihrem Tarif und beginne zu handeln wie ein Grünschnabel, der sich zum ersten Mal eine Hure leisten möchte. Wir gehen nach oben. Die Mädchen misstrauen mir nicht. Jacquot folgt uns im Schatten. Er greift ein, bevor wir beginnen, während Pierrot auf dem Flur Schmiere steht oder umgekehrt.

Es ist ein gefährliches Spiel. Die Zuhälter sind nie weit. Die Reaktion der Mädchen ist unberechenbar. Manche sind verzweifelt, ihnen ist die Drohung mit der Knarre egal, und sie schreien. Andere, die betrunken sind, versuchen uns zu schlagen. Es hat schon Bruch gegeben, Schüsse, Blut, und ich finde, dass meine beiden Brüder zu weit gehen. Auch wenn wir häufig das Viertel wechseln, sind unsere Überfälle jetzt bekannt. Die Zuhälter und die Mädchen sind auf der Hut. Um etwas zu variieren, haben wir die Rollen getauscht. Ich spüre, dass die Sache schlecht ausgehen wird. Mehrmals pfeifen uns Kugeln um die Ohren. Die Macht des Geldes, das Räderwerk, immer mehr haben zu wollen, und der Adrenalinstoß lassen einen die Vorsicht vergessen.

Manchmal durchzuckt mich plötzlich der Wunsch zu sterben. Ein unvermittelter Anfall von Depression. Ich hoffe auf einen Querschläger. Dieses Leben führt zu nichts. Eine Sackgasse. Ich halte es nicht mehr aus, das Leid der Frauen mitanzusehen. Gerne würde ich die Zuhälter zerquetschen wie Ungeziefer. Vor allem ertrage ich nicht mehr die ungerechtfertigte Gewalt von Pierrot. Immer muss er zuschlagen, selbst dann, wenn das Mädchen sich unterwirft und ihm das Geld ohne Widerstand gibt. Es macht dem Mistkerl Freude, gerne würde ich ihn seinen Sadismus bezahlen lassen.

Wir rauben vor allem die Prostituierten aus, deren »Beschützer« im Krankenhaus liegen, und bauen so einen auch für die Mädchen rentableren Parallelkreislauf auf: die Hälfte für uns, die Hälfte für sie. Bis ihr Kerl zurückkommt, hat sie etwas Geld auf die Seite gelegt.

Vorgefühl? Intuition? Ich spüre, dass auch Jacquot die Nase voll von der Sache hat. Der Belgier geht ihm auf die Nerven, er misstraut ihm mehr und mehr und empfindet mit den meisten unserer Opfer Mitleid. Er hat im Übrigen unsere Besuchszeit vorverlegt – wir kommen jetzt gegen zweiundzwanzig Uhr –, damit sie Zeit haben, vor dem Morgengrauen noch etwas anzuschaffen. Unser Umsatz sinkt, die Kasse ist kaum noch gefüllt, und das macht Pierrot wahnsinnig.

Um uns abzureagieren, gehen wir am Trocadero oder in den Tuilerien Schwule verprügeln. Hier zeigt sich Jacquot wesentlich weniger zart besaitet als gegenüber den Mädchen. Unsere Technik ist eingespielt: Ich steige in ein Auto und spiele den heißen Jungen. Sobald der Schwule mir vertraut, schnappe ich mir den Zündschlüssel. Jacquot und Pierrot stürzen sich durchs Fenster auf ihn und sind ihm auf ihre Art zu Diensten. Ich prügle mit Inbrunst. Das rächt meine Besudelung ein wenig.

Es erleichtert mein Gedächtnis.

Jeden Tag dasselbe Theater außer an den Wochenenden, wenn ich mich mit den reichen Frauen aus der Coupole prostituiere.

»Es ist Zeit, dass du dich um deine Damen kümmerst«, sagt Jacquot am Freitagnachmittag lachend.

Ich, dessen einzige Erfahrung mit Frauen bislang der Schmerz war, von der Mutter im Stich gelassen zu werden und die Härte mancher Erzieherinnen zu erfahren, entdecke durch die Aufmerksamkeiten dieser Damen etwas Zärtlichkeit und Finesse.

Eine von ihnen schließt mich eines Tages in die Arme, streichelt meine Wange und flüsterte den Satz: »Du hast schöne Augen, weißt du!« Sie sagt es von ganzem Herzen. Es ist das erste Mal, dass mir eine Frau ein so schönes Kompliment macht.

Ich bin vierzehn Jahre alt, und es ist nicht meine Mutter.

Abschied am Bahnsteig,
mein großer Bruder verschwindet

An einem Montagmorgen im November komme ich nach einem Wochenende in sanfter Gesellschaft mit zweitausend Francs in der Tasche in den Boulevard Latour Maubourg zurück. Ich freue mich, Jacquot wiederzusehen.

Ich klingele, niemand macht auf. Ich klopfe, vergeblich. Ich trommele an die Tür, ich rufe. Keine Antwort. Ich setze mich auf die Treppe und warte bis zum Mittag. Kein Jacquot, kein Pierrot.

Ich gehe zu Lucien, dem Wirt des Restaurants, in dem wir mittags oft essen. Niemand hat sie gesehen. Das kommt mir komisch vor, ich verfalle in Panik.

Am Nachmittag eile ich zu Mario. Er ist nicht da. Die Sache wir immer merkwürdiger. Ich laufe von der Rue Jules Joffrin zum Boulevard Latour Maubourg und empfinde plötzlich wieder die drückende Einsamkeit meiner ersten Wochen in Paris und noch dazu Unruhe. Noch immer ist niemand zu Hause. Ich kehre zu Mario zurück. Uff, er ist da. Er kommt mit einem erleichterten Lächeln auf mich zu:

»Ach, da bist du ja, Kleiner. Freut mich, dich zu sehen. Man hat mir gesagt, dass du am Nachmittag hier warst. Komm, setzen wir uns, wir beide müssen uns etwas unterhalten.«

Wir gehen in den Billardraum, und er macht den anderen ein Zeichen, uns allein zu lassen.

»Was willst du trinken? Einen Diabolo oder einen Anissirup?«

»Gerne einen Diabolo, Monsieur.«

Er tätschelt mir die Wange:

»Wann wirst du mich endlich Mario nennen?«

Während ich trinke, sagt er:

»Du suchst deinen Bruder Jacquot und den anderen Nichtsnutz, nicht wahr? Sie haben ihren Einbruch versaut. Alles wegen dem Belgier. Ich habe deinem Bruder gesagt, er soll sich nicht mit einem Deserteur zusammentun. Ein schlechter Soldat bleibt schlecht. Aber er hat nicht auf mich gehört.«

Mario schweigt und runzelt sorgenvoll die Stirn. Ich wage nicht, mich nach Jacquot zu erkundigen, dabei brennt mir die Frage auf den Lippen. Ist er am Leben? Ist er verhaftet?

Als würde er meine stummen Fragen ahnen, fährt Mario fort:

»Keine Sorge, dein Bruder ist heil und gesund. Er kommt bald. Er lebt. Er wird sich für einige Zeit absetzen müssen, um Gras über die Sache wachsen zu lassen. Und du, Kleiner, du hast das ganze Leben vor dir, um ein erfolgreicher Geschäftsmann zu werden, nimm diesen Zwischenfall zum Anlass, um deinen Weg zu ändern. Du bist zu jung für dieses Business, das kann nicht gutgehen. Verschwende nicht deine schönsten Jahre. Sieh dir meinen Sohn an, er ist so alt wie du, und er lebt ruhig mit seiner Mutter und seinen Schwestern. Geh zurück zu deinen Eltern, genieß das Leben!«

Als Kind habe ich in meinem Gefängnis von Freiheit geträumt, doch auf der Straße habe ich nur Sorge und Einsamkeit gefunden, unwürdige Gewalt, verborgen unter der anscheinend helfend ausgestreckten Hand, das Gesetz des Dschungels. Ohne es zu wissen, verweist mich der gute Mario auf meine alte Schwachstelle. Seine Worte reißen die Narbe in meinem Gedächtnis auf. Die Wunde platzt auf. Heraus quillt der Eiter der Auflehnung. Nein, ich will kein ausgesetztes Kind sein!

In der Erziehungsanstalt hat man mich hinlänglich als verkommen beschimpft. Die Kinder der Menschen werden behandelt wie Weizen- oder Senfkörnern. Wachsen sie nicht gut oder kümmerlich, so pflegt man sie nicht. Man kann nicht von ihnen erwarten, das Schöne, Gute und Richtige zu lieben, wenn man sie nicht zum Schönen, Guten und Richtigen erzogen hat. Man kann nicht von ihnen erwarten, dass sie an die Menschheit glauben, wenn sie weder gewollt sind noch angehört werden. Damit der Samen Früchte trägt, muss man den Boden liebevoll beackern, das Wachstum aufmerksam beobachten, manchmal schneiden, häufig jäten und die Pflanze stets respektieren.

Nach dem Essen gehe ich, die Gedanken überschlagen sich in meinem Kopf, doch ich sage nichts. Mario begleitet mich bis Invalides. Ehe wir uns verabschieden, sagt er leise:

»Kleiner, stell deinem Bruder nicht zu viele Fragen. Richte ihm aus, dass ich ihn morgen Mittag bei Lucien erwarte.«

Ich laufe zum Boulevard Latour Maubourg und dort die Treppe hinauf bis in den zweiten Stock. Ich klopfe und klingele. Jacquot öffnet mir die Tür:

»Komm rein, Kleiner, wo warst du?«

Ich möchte meinen großen Bruder in die Arme schließen, ich habe solche Angst um ihn ausgestanden. Eher durch meine Gefühle als vom Rennen außer Atem antworte ich:

»Bei Mario ... Er hat mir gesagt ... ich soll dir sagen ... morgen Mittag ... bei Lucien.«

»Okay. Mario geht es also gut, umso besser. Und dir auch, sehr schön. Mir, kleiner Bruder, geht es nicht gut.«

Ich schweige. Ich habe Angst, den Rest zu hören. Ich mache mich ganz klein vor meinem zerstörten Idol.

»Verstehst du, kleiner Bruder, ich steige aus. Ich habe genug Kohle verdient, und ich habe keine Lust, mich den Rest meines Lebens zu verstecken. Den anderen Idioten siehst du nie wieder. Du brauchst keine Angst mehr zu haben, der wird dich nicht umbringen. Er hat Mist gebaut. Er hat nicht auf mich gehört. Er ist auf der Strecke geblieben.«

Jacquot ist totenbleich und traurig, er nimmt den Kopf in beide Hände. Nie habe ich ihn so niedergeschlagen gesehen. Plötzlich springt er auf, nimmt seine drei Knarren und streckt die Hand aus:

»Gib mir deine!«

Ich reiche ihm den Revolver. Er wickelt die Waffen in Zeitungspapier, dann in Stoff und klebt das Paket mit Heftpflaster zusammen.

»Ich höre auf. Ich gehe mit dem Mädchen weg, das du neulich gesehen hast. Sie liebt mich. Sie will mich heiraten. Sie ist schön und intelligent, das ist ein Vorteil. Tut mir leid, kleiner Bruder, unsere Wege trennen sich hier. Du bist wieder frei. Ab Morgen musst du selbst sehen, wie du klarkommst. Hör auf mit diesem Geschäft, such dir eine anständige Arbeit. Du bist pfiffig. Wenn du willst, wirst du es zu etwas bringen.«

Nach diesen schrecklichen Worten gehen wir zu Bett. Doch ich finde keinen Schlaf. Ich will Jacquot nicht verlassen. Er ist mein großer Bruder. Er beschützt mich. Ich decke ihn. Wir teilen die Risiken und die Beute. Natürlich verdient er mehr. Das ist normal, er ist der Ältere.

Als ich am nächsten Morgen die Augen aufschlage, ist Jacquot gekleidet wie ein Lord. Sein neues Leben beginnt in Schönheit, meins mit Depression. Wir nehmen jeder unseren Koffer in die Hand und schlagen die Tür dieser Wohnung, in der wir das Leben und viele Emotionen geteilt haben, hinter uns zu. Ich begleite ihn mit der Metro bis zur Gare du Nord. Auf dem Bahnsteig bleibt er stehen, sieht mich lange an, nimmt mich in die Arme und sagt:

»Danke, kleiner Bruder. Du warst mein erster kleiner Bruder, der, den ich mir immer gewünscht habe.«

Seine Augen schimmern feucht. Er steigt in den Zug nach Brüssel. Ich verschwinde, um nicht vor ihm zu weinen. Meine Knie zittern, mein Herz und meine Kehle krampfen sich zusammen. In meinem Inneren tobt eine Sturmflut, die Niagarafälle des Kummers.

Meinen Koffer in der Hand, irre ich umher. Magisch angezogen, kehre ich zum Bahnhof zurück, auf den Quai, in der unsinnigen Hoffnung, mein Herzensbruder wäre wieder ausgestiegen, hätte seine Meinung geändert. Nein, der Bahnsteig ist leer, der Zug ist abgefahren und hat Jacquot mitgenommen. Er hat mein Leben verlassen, nun muss ich die Erinnerung vertreiben, wenn ich nicht zu sehr leiden will.

Gerade habe ich meinen Koffer in einem Schließfach abgestellt, als mich zwei Polizisten nach meinen Papieren fragen. Meine Wachsamkeit ist durch die Emotionen beeinträchtigt, die Bullen habe ich völlig vergessen. Ich wühle in meinen Taschen und überlege fieberhaft, wie ich mich am besten aus dieser Zwickmühle befreie. Hinter den Polizisten taucht eine holländische Touristengruppe auf, die sie kurz ablenkt. Ich nutze die Gelegenheit. Ich rempele einen von ihnen an, werfe mich auf den Boden und stehe inmitten der verblüfften Touristen wieder auf, die die Polizisten bei ihrer Verfolgung behindern. So schnell ich kann, renne ich durch die Bahnhofshalle. Draußen rase ich weiter wie ein Verrückter. Die kalte Luft nimmt mir fast den Atem. Hinter mir höre ich weder das Schrillen einer Trillerpfeife noch Schritte, die mich verfolgen. Uff, ich habe sie abgehängt. Wohin soll ich gehen? Jacquot hat mich gebeten, nie in die Wohnung zurückzukehren, noch an die Orte, die wir gemeinsam aufgesucht haben.

Wie soll ich mit meinen vierzehn Jahren in der Stadt der großen Einsamkeit den bevorstehenden Winter überstehen?

Weltreise mit Monsieur Léon

Wieder allein. Unwillig kehre ich zu meinen alten Gewohnheiten zurück und nachts in einen Fahrradkeller nahe Bir-Hakeim in der Rue Alexandre Cabanel. Ich habe größte Schwierigkeiten einzuschlafen. Mein »Luxusleben« in der behaglichen Wohnung von Jacquot hat mich verwöhnt und kälteempfindlich gemacht. Ich zittere in der Tristesse und der eisigen Luft dieser Abstellkammer von zwei mal drei Meter Größe, vollgestellt mit Rädern, so dass ich meinen Körper nie ganz auszustrecken vermag.

Am nächsten Tag werde ich aktiv. Es wird immer kälter. Jacquot hat mir ein wenig Geld dagelassen, zu wenig allerdings, um damit über den Winter zu kommen. Ich muss einen Job finden, vor allem auch, um meine Gedanken zu beschäftigen. Ich grübele zu viel, seitdem mein großer Bruder nicht mehr da ist.

So höflich wie möglich, mit Redewendungen, die ich bei meinen Kundinnen in der Coupole gelernt habe, spreche ich einen Herrn auf dem Champ-de-Mars an. Das weckt zwar grausame Erinnerungen, doch mir bleibt keine andere Wahl. Dieser Herr scheint mir hochanständig. Ich vertraue ihm meine Sorgen an, meine verzweifelte Suche nach Arbeit. Er hört mir aufmerksam zu, dann bittet er mich, ihm zu folgen, und beruhigt mich mit den Worten:

»Mein Junge, ich werde Sie einem Bekannten vorstellen. Er hat vielleicht einen Job für Sie.«

Und schon stehen wir vor einem Laden der Supermarktkette Félix Potin in der Rue Saint-Dominique. Mein Mentor scheint angesehen zu sein. Der Geschäftsführer des Supermarktes begrüßt ihn ehrerbietig. Ich werde ihm als vertrauenswürdiger junger Mann vorgestellt, als einer, der zupacken will. Er lobt mich in so hohen Tönen, dass mich der Chef sofort als Lagerist einstellt. Er bittet mich um meinen Personalausweis, und ich antworte:

»Kein Problem, ich bin sechzehn Jahre alt, ich bringe ihn morgen, ganz bestimmt.«

Am nächsten Morgen habe ich die Papiere, die ich gar nicht besitze, natürlich vergessen, trotzdem fange ich mit der Arbeit an. Es ist harte Arbeit. Große Kisten mit Wein- oder Limonadenflaschen sind auszuladen. Schwer, sehr schwer. Ein kräftiger Bursche aus Martinique wirft sie mir zu. Ich muss sie auffangen. Der Schrank von Mann lacht:

»Deine Bizeps sind weich wie Kautabak, wie zu lange gekochte Spaghetti.«

Ich antworte nicht, halte mich zurück, um ihm meine Spaghetti nicht ins Gesicht zu hauen. Ich kämpfe mit diesen Kisten, die mir die Arme zerreißen, mit all den Litern Wein, die im Untergeschoss gelagert werden. Ich brauche diese Arbeit, ich will meinen Fürsprecher nicht enttäuschen, Ehrensache. Am Abend des ersten Tages bis ich völlig erschlagen, aber stolz auf mich. Ich habe mir mein Geld ehrlich verdient, auch wenn es ein Hungerlohn ist im Vergleich zu meinen Wochenendhonoraren.

Ich gönne mir ein kleines Extra. Nicht ganz korrekt, aber natürlich sehr viel weniger ehrenrührig, als Prostituierte auszurauben. Ich entwende Putenschnitzel und Kaffee, und ich lege das Päckchen auf den Rand des Kellerfensters im Vorratsraum. Es geht auf eine kleine Seitengasse. Nach getaner Arbeit gehe ich um den Laden herum, bücke mich vor dem Kellerfenster und nehme mein Abendessen an mich. Ich verzehre es genussvoll auf einer Bank am Square Löwendal, zerreiße das Fleisch mit den Zähnen, wie der

Löwe, der auf seinem Felsen in dem kleinen Park brüllt. Als Dessert lutsche ich an den Kaffeebohnen.

Am nächsten Tag vertraut mir der Geschäftsführer den Verkauf von Obst und Gemüse an. Ich lerne wiegen, einzupacken, ein nettes Wort für den Kunden zu finden, dieses nette Wort, das einen Tag aufzuhellen vermag. Sind die Waren abgewogen, gebe ich immer noch eine Kleinigkeit dazu, die Menschen sind empfänglich für solche Aufmerksamkeiten. Die Tage vergehen, der Winter kommt ohne allzu große Kälte oder Tristesse. Die Stammkunden sind freundlich zu mir. Diese guten Leute können ja nicht ahnen, dass ich ein Ausreißer bin, der in ihren Kellern übernachtet und sich nur einmal die Woche – im städtischen Schwimmbad – wäscht.

Eines Tages muss ich etwas zu einer Dame liefern, die mir ein fürstliches Trinkgeld zusteckt. Ihr Lächeln ist wie das einer Prinzessin und bezaubert mich. Sie hat das gewisse Etwas, hat Eleganz, Selbstsicherheit und eine leicht rauhe Stimme. Ich bin hin und weg. Ich frage den Concierge, was sie im Leben so macht. Er sieht mich an, als wäre ich nicht ganz dicht.

»Aber das ist doch Jeanne Moreau!«

»…? Und wer ist Jeanne … Boreau?«

»Na, die Schauspielerin!«

Ich weiß nicht, wer Jeanne Moreau ist, doch ihr Trinkgeld hat mich auf eine Idee gebracht. Ich übernehme jetzt alle Extradienste, Lieferungen während der Mittagspause und abends nach der Arbeit. Ich spare. Der Chef kann mich gut leiden.

»Wenn du so weitermachst, hast du mit einundzwanzig deinen eigenen Laden. Vergiss nicht, mir morgen deine Papiere zu bringen! Du versprichst sie mir jetzt schon seit einem halben Jahr.«

Ich entgehe der Konfrontation, da wir einen neuen Geschäftsführer bekommen. Ich versichere dem neuen, dass ich die Papiere dem alten gezeigt habe. Auf diese Weise ist die Sache geregelt.

Samstagabends und sonntags versüße ich einigen bevorzugten

Kundinnen aus der Coupole immer noch die Stunden. Ich bin bald völlig überarbeitet.

Nach einigen Monaten errät ein aufmerksamer Kunde, dass ich kein Zuhause habe. Vielleicht an meinem Geruch. Dabei benutze ich mehr als reichlich Deodorant. Es ist ein Mann ohne Alter, selbst auch nicht sehr sauber. Er bietet mir ein Dach über dem Kopf an. Ein unverhofftes Glück. Ich habe genug von dem Versteckspiel in den Fahrradkellern. Ich habe ausreichend Geld gespart, um mir ein Hotel oder ein kleines Zimmerchen zu leisten, aber ich bin zu jung und würde mich sofort verdächtig machen.

Dieser Mann ist der Hausmeister einer großen Buchhandlung am Boulevard Latour Maubourg. Ich finde ihn merkwürdig. Seine Unterkunft, eine Pförtnerwohnung, ist klein, feucht und laut. Meine Vorahnung bestätigt sich. Vom ersten Abend an schlägt mir dieser Homo »Sachen« vor: Ich weise seine Avancen energisch zurück und will mich schon aus dem Staub machen, als er mich auffordert, trotzdem zu bleiben. Obwohl er mich respektiert, bereitet mir seine Gegenwart unruhige Nächte.

Ich wohne mehrere Monate in der Höhle dieses Kerls, in der es nach Laster riecht, gebe beim Hinein- und Hinausgehen acht, dass mich niemand sieht. Durch meine Arbeit bin ich ins Leben des Viertels integriert. Ich grüße die Passanten wie alte Bekannte, und die Kontaktbeamten denken, ich sei hier zu Hause.

Man kann nie wissen. Die Angst, zurück in die Erziehungsanstalt zu müssen, zwingt mich zur Wachsamkeit. Ich treffe Vorsichtsmaßnahmen. Der Reflex zum Beispiel, mir von jeder Straße, in die ich gerade einbiege, den Namen zu merken. Im Fall einer Kontrolle kann ich antworten, ich wohne gleich nebenan in der Straße soundso, Nummer soundso bei meiner Großmutter oder meiner Mutter, Madame soundso. Der Trick funktioniert, die Polizisten glauben mir. Doch ich fühle mich nicht wohl in meiner Haut. Wenn sie mir nicht glauben und mich nach Hause begleiten wollen, um es zu überprüfen, gibt es für mich nur eine Lösung: mich verdrücken und türmen, so schnell ich kann.

Die Verfolger abhängen, welch ein Glück! So als tauchte man aus Katakomben auf, nachdem man sich stundenlang im finsteren unterirdischen Dickicht verirrt hat. Das ist die Würze meines Lebens, der Pfeffer in meinem Chili con Carne. Ich lerne, meinen Atem zu beherrschen, wenn ich mich hinter die Tür einer Toreinfahrt drücke oder unter einem Auto verstecke, wenn eine Patrouille hinter mir her ist. Würde mich das Hämmern meines Herzens verraten? Meine Freundin, die Angst, bleibt mir treu.

Meine Abende verbringe ich damit, durch die Straßen der Hauptstadt zu laufen, mit den Augen das Glück der Verliebten, der Kinder und ihrer Eltern zu stehlen – kurz, all derer, die sich lieben und es nicht verbergen. Wie ein einsamer Adler spähe und beobachte ich und wähle meine Beute aus, die ich nicht mehr loslasse. Trotzdem kann ich weder einen Vater noch eine Mutter stehlen, weder das Glück noch die Liebe – nur Bilder, die wehtun.

Jeden Abend in den Logen des Theaters des Lebens beobachte ich gebannt die Menschen auf den Caféterrassen, in den Schlangen vor den Kinos, hinter den Fenstern der Restaurants. Jeden Abend wechseln meine Schauspieler. Jedes Mal wiederholt sich das Szenario des Stückes vor dem Hintergrund von Freude, Lachen, verschwörerischem Augenzwinkern, ineinander verschlungenen Händen, vereinten Mündern. Jeden Abend zieht meine Einsamkeit eine neue Furche.

Nachts im Quartier Latin folge ich manchmal diesen Flaneuren des Glücks bei ihren zärtlichen Spaziergängen, und es ist mir unerträglich. Ich gehe auf die Verliebten zu, die sich bei der Hand halten, laufe zwischen ihnen hindurch, provozierend, um die symbolische Kette ihrer Liebe zu durchbrechen. Sie bringen mein inneres Klima durcheinander und rufen unkontrollierbare Gewitter hervor, deren Blitze sich sofort gegen meinen Vater richten. Wogen von Hass überspülen mich.

Ich balle die Hände in meinen Taschen zu Fäusten.

Ich schleiche mich verstohlen in meine Behausung und begegne manchmal jungen Knaben, die den Avancen des Hausmeisters nachgegeben haben. Ich könnte kotzen und diesem abartigen Typen eine Abreibung verpassen. Doch ich ergreife lieber die Flucht. Erschöpft von meinen nächtlichen Streifzügen, kehre ich in meinen Fahrradschuppen zurück, um etwas zu schlafen. Ekelhafte Bilder steigen vor meinem geistigen Auge auf.

Am nächsten Morgen, wenn ich zur Arbeit erscheine, bin ich nicht gerade in Höchstform. Ich versuche, meine Müdigkeit zu überspielen.

»Na, Philippe, sind wir gestern mal wieder versumpft?«, fragt der Geschäftsführer lachend.

Wenn er wüsste ... Ich mache mir innerlich Vorwürfe, um mich wachzuhalten.

»Halt durch, alter Schlappschwanz, lass dich nicht so gehen. Du bist eine wahre Memme!«

Eines Tages ruft mir der Chef zu:

»Express-Lieferung zur Maison de la Radio, Studio Jacques Picard.«

Guénard garantiert einen Blitzservice; es ist, als wäre er schon da.

Im Studio Picard hätte ich beinahe meine Schachtel fallen lassen. Meine Kunden sind vier Sänger mit Schnauzbart. Die Frères Jacques höchstpersönlich! Sie proben. Ich schenke ihnen zu trinken ein und bleibe wie angewurzelt stehen, fasziniert von der Freundlichkeit, dem Talent und der Professionalität dieser großzügigen Künstler. Ich, der ich nach etwas suche, um mich fit zu machen, werde hier mehr als fündig. Siebenmal beginnen sie ihr Chanson von neuem: »J'ai de la confiture ...«, und die amüsante Mimik, die es begleitet, weil sie mit dem Ergebnis nicht zufrieden sind. Das putscht mich auf. Meine Müdigkeit ist verflogen.

Ich kehre in den Laden zurück, glücklich und geschmeichelt.

»Na, Guénard, das hat aber lange gedauert. Hast du dem ganzen Radiosender Getränke serviert?«

Der Chef macht Spaß. Er ist gutmütig. Ich erzähle ihm von meiner Begegnung. Mit einem schelmischen Augenzwinkern schickt er mich jetzt oft in die Studios. So treffe ich auf die verschiedensten Künstler und komme an die Hemden, die Johnny Hallyday und Dick Rivers bei den Proben trugen. Auf Wolke sieben kehre ich von diesen Botengängen zurück. Ich, das Kind von niemandem, beliefere die Stars.

Am Abend dieser Zwischenhochs träume ich in meinem Fahrradkeller oder in der Unterkunft des perversen Alten, dass einer dieser Künstler mich ansieht, mich sympathisch findet und mich zu sich einlädt, um sein goldenes Leben mit mir zu teilen. Man träumt, wie man kann. Der Traum lässt Elend, Leid und Angst verblassen. Es ist eine Reise, die nicht teuer ist und die niemanden stört. Es gibt keinen Streik im Zug der Fantasie.

Ich liebe die Künstler. Nicht, weil sie berühmt sind, sondern für das, was sie sind, stark und sensibel. Ich habe, während ich ihnen zusehe, den Eindruck, hinter die Fassade der Berühmtheit vorzudringen. Ich darf hinter die Kulissen ihrer Herzen gleiten und mir aus versteckter Loge ihre Privatsphäre vorstellen.

Ich schenke ihnen zu trinken ein, ohne ein Wort zu sagen, ohne sie mit Bitten um ein Autogramm zu belästigen, bin ihnen stets zu Diensten. Meistens sind diese Proben anstrengend. Wegen eines Fehlers, der für den Laien gar nicht wahrnehmbar ist, fangen sie ein Lied wieder ganz von vorne an. Ich leide, wenn sie mitten in ihrem Elan unterbrochen werden. Manche gehorchen wortlos, andere schimpfen und fluchen, wieder andere nehmen es mit Humor, und noch andere schließlich, die besonders Sensiblen, erleben diese Unterbrechungen als ein Versagen, als eine Kränkung. Ich spüre, dass sie kurz vor dem Zusammenbruch sind. Ich bewundere sie wahnsinnig.

All diese Arbeit, all diese Mühe für den großen Abend, diesen magischen und geheiligten Augenblick, da der Künstler, Lampenfieber im Bauch, geblendet von den Scheinwerfern, auf die Bühne tritt vor das gierige und schwierige Publikum. Bereit, alles zu geben, glanzvoll und einsam, wie ein Stern, der nach Sonnenuntergang aufsteigt.

Diese Träume begleiten mich in meine Fahrradpaläste. Ich habe es vorgezogen, die Wohnung des schwulen Hausmeisters zu verlassen, bevor ich ihn zu Katzenfutter verarbeite, angewidert zu sehen, wie er seine junge Beute in seinen üblen Verschlag lockt, um sie zu verderben.

Als ich eines Abends durch das Viertel Auteuil streune – ich ziehe die schönen Viertel vor, denn alles Schöne hilft, die Hässlichkeit der Einsamkeit zu ertragen –, begegne ich einem seltsamen Mann. Er heißt Léon und sitzt kerzengerade auf seiner Bank wie auf einem Thron. Er ruft mir zu:

»Junger Mann, wissen Sie, wo Honduras liegt?«

Ich meine, nicht recht gehört zu haben. Will er eine Auskunft?

»Wie bitte?«

»Honduras, junger Mann!«

»Ist das eine Metrostation?«

»Nein, junger Mann, das ist keine Metrostation und auch nicht der Name des Pferdes, das beim nächsten Rennen von Auteuil siegen wird.«

»Ist es etwa ein Land, Ihr Ho … di … ras?«

»Bravo, junger Mann, Honduras ist tatsächlich ein Land. Wir machen Fortschritte …«

Ein seltsamer Typ. Seine Haltung ist würdig, regelrecht nobel, sticht aber ab von seiner verschlissenen Kleidung. Er trägt einen Kaschmirmantel, so abgewetzt, dass er keine Farbe mehr hat, darunter eine zerfetzte Jacke und dazu völlig abgetretene englische Schuhe. Alles an diesem Mann ist zerlumpt. Selbst seine feinen und vornehmen Züge hängen herab. Monsieur Léon ist Clochard und liest *Le Monde*. Nicht immer die Ausgabe des Tages. Es macht ihm nichts aus, die Nachrichten mit Verspätung zu lesen, wohl aber, sie ganz zu versäumen.

»Sie kommen zwangsläufig verspätet. Also etwas mehr oder weniger, was macht das schon? Und außerdem ist der zeitliche Abstand zu dem Ereignis immer von Vorteil!«

Ich gewinne Léon, den Clochard, sehr schnell lieb – diesen Herrn, der hinter seiner müden Erscheinung eine große Seelennoblesse und einen gewaltigen Herzenskummer verbirgt. Dieser vom Leben Verletzte hat seine Frau und sein einziges Kind bei einem Autounfall, den er sich noch heute vorwirft, verloren. Sein ganzes Leben ist mit dem Tod dieser geliebten Menschen zusammengebrochen. Seiner Seele beraubt, hat er sich immer weniger für das Leben des Ehrenmannes, der er war, interessiert. Er hat seinen Posten an der Pariser Börse aufgegeben, die einflussreichen Kreise verlassen, ja, sich sogar von gewissen familiären Banden, die ihm nichts mehr bedeuteten, gelöst. Was zählte für ihn schon, seinen Lebensunterhalt zu verdienen, wenn er den Sinn des Lebens verloren hatte? Monsieur Léon ließ sich peu à peu in eine friedliche Existenz am Rande der Gesellschaft gleiten. Durch diese soziale Marginalisierung wurden die letzten Verbindungen, die noch zu den Seinen bestanden, abgebrochen.

Monsieur Léon macht mich neugierig. Ich besuche ihn fast jeden Tag. Er spricht ein bemerkenswertes Französisch, und seine Bildung ist erstaunlich. Er teilt sie beredt, glücklich, auf ein offenes Ohr und einen liebevollen Blick zu treffen. Er ist sozusagen ein Fünf-Sterne-Clochard. Er gibt vor, in einem Palast an der Porte d'Auteuil zu wohnen. Eines Tages ist er bereit, meine Neugier zu befriedigen:

»Wollen Sie meinen Palast besichtigen, junger Mann? Gut, dann gehen wir!«

Und er führt mir sein Hilton vor: den Waggon eines stillgelegten Zuges am Bahnhof von Auteuil.

Jeden Abend bietet mir Monsieur Léon eine Zusammenfassung des Zeitgeschehens mit einem Anflug von Humor und einigen kritischen Kommentaren. Wir unternehmen eine Weltreise – von Singapur bis Honduras.

Bei ihm versuche ich nicht zu bluffen, ich gestehe ohne Scham meine Unwissenheit ein. Er lacht und sagt:

»Junger Mann, lassen Sie mich Ihre geographische Bildung vervollkommnen.«

Aus der Innentasche seines Mantels zieht er ein altes Notizbuch mit vergilbten Seiten hervor, schlägt darin eine Weltkarte auf, die er sorgfältig ausbreitet, und deutet auf einen winzigen Punkt zwischen Nord- und Südamerika.

»Das ist Honduras, junger Mann, vergessen Sie das niemals.«

Der ehemalige Finanzexperte führt mich in die Geheimnisse der Börse ein. Mein Tutor und ich, das Kind ohne Schulbildung, investieren imaginäre Reichtümer in existierende notierte Aktien. Monsieur Léon rechnet ihre Wertsteigerung aus und erteilt mir Lektionen in Geopolitik, über die koloniale Vergangenheit von Uganda, über den Reichtum an Bodenschätzen von Zaire und die finanziellen Krisen des einen oder anderen Landes.

»Du wirst sehen, diese Aktie steigt, und ich wette mit dir, dass wir sie in einem Monat zum doppelten Preis wieder verkaufen. Wir werden reich, mein Sohn!«

Wir brechen beide in Lachen aus, zwei Clochards der Hautevolee, die die Sterne des Himmels denen des Palais Brongniart vorziehen, in dem die Börse untergebracht ist. Was nichts daran ändert, dass Léon, der Stadtstreicher, einen Monat später ein virtueller Millionär ist. Er hatte richtig gesetzt. Beeindruckt frage ich ihn:

»Warum haben Sie diese Aktien nicht gekauft, nachdem sie sich tatsächlich im Wert verdoppelt haben und Sie sich so sicher waren?«

»Mit welchem Geld denn, mein Junge?«

»Sie hätten doch sicher einen alten Bekannten oder vielleicht einen Neffen gefunden, der Ihnen eine Million alte Francs geliehen hätte. Vor allem, wenn Sie ihm einen Anteil am Gewinn versprochen hätten.«

»Gewiss, mein Junge, die grundsätzliche Frage ist nur: Was hätte ich damit angefangen?«

»Nun, Sie hätten es angelegt oder reinvestiert.«

»Wozu?«

»Um sich ein Haus zu kaufen, Kleider ... hm, ich weiß nicht, irgendwas.«

»Ich habe das alles gehabt, junger Mann. Ich hatte ein Haus, einen dicken Wagen, ich habe alles besessen, wovon ein Mann nur träumen kann. Und? Alles nur leere Hülsen! Eitelkeiten! Ich bin weit glücklicher in meinem Fünf-Sterne-Waggon und meinem Kaschmirmantel mit integrierter Lüftung. Was brauche ich heute? Etwas Freundschaft vielleicht. Und die lässt sich nicht kaufen!«

Ich kann darauf nichts erwidern, ich, der ich weiß, dass die Liebe im Supermarkt nicht erhältlich ist.

Ich verbringe herrliche Abende mit meinem Freund, diesem betagten Unikum, das auf Abstand zur Gesellschaft gegangen ist, einer Gesellschaft, die an Mitmenschlichkeit krankt. Er weckt mein Interesse an Geschichte und Geographie, vermittelt mir Demut vor dem Wissen, lädt mich ein, von allem das Licht, das es enthält, aufzunehmen und nicht zu vergessen, sich nach dem Befinden der Welt zu erkundigen, vor allem dem von Honduras.

Die große Flucht

Jeden Abend, wenn wir, Monsieur Léon und ich, uns trennen, überkommt mich tiefe Wehmut in meiner eisigen Einsamkeit. Mir ist, als würde ich einen liebevollen Großvater verlassen und sein

Vertrauen gegen eine feindselige Welt eintauschen. Ich muss, bevor ich wieder zu meinem Eiffelturm und meinem Fahrradkeller gelange, Viertel durchqueren, die von der Polizei besonders überwacht werden. Es ist nicht leicht, sich in den geraden Straßen zu verbergen. Trotz einer gewissen Sicherheit durch meinen Job bin ich ständig auf der Hut.

Eines Nachts, als ich gerade Monsieur Léon zu seinem Hilton am Bahnhof von Auteuil begleitet habe, werde ich plötzlich in der Rue Singer von zwei Polizeibeamten gestellt. An Flucht ist nicht zu denken. Sie verfrachten mich in ihren Wagen. Nicht feindselig, mehr gleichgültig und gelassen. Als ich aus der Grünen Minna steige, stolpere ich. Der Polizist, der mich begleitet, verliert dadurch kurz das Gleichgewicht, was ich ausnutze, um mich aus dem Staub zu machen. Ich renne wie ein Besessener zu meinem Fahrradschuppen. Zu spät, er ist schon abgeschlossen. Ich laufe weiter in Richtung Bir-Hakeim. Verdammt, da sind die Bullen schon wieder! Sie müssen sich heute Nacht wirklich abgesprochen haben. Ich visiere die École Militaire an, dann Invalides, ich renne durch die Rue de l'Université, biege in die Rue Leroux, dann die Rue de Sèvres: Und schon wieder eine Streife! Findet heute ein Kongress statt, eine Demo, oder ist es einfach die Nacht des besonderen Diensteifers?

Am Square Boucicaut ducke ich mich hinter eine Hecke. Sie laufen vorbei, ohne mich zu bemerken. Ich steuere auf die Rue Bonaparte zu, und dort, an der Kreuzung Rue des Saints-Pères, stoße ich auf zwei Typen, die mich gleich an den Armen packen. Zwei Bullen in Zivil, Mist! Jetzt haben sie mich am Schlafittchen.

»Können Sie sich ausweisen? Was treiben Sie sich noch so spät auf der Straße herum? Wissen Ihre Eltern Bescheid? Wo wohnen Sie?«

Ich halte den Mund. Die Sache sieht schlecht für mich aus, die beiden sind hartnäckig. Und ich bin todmüde, habe es satt, immer auf der Flucht zu sein, es kommt mir vor, als würde ich seit Jahren nur davonrennen, immer Angst haben, jetzt ist es genug. Unendlicher Überdruss überkommt mich. Ich strecke die Waffen.

Sie rufen ihre Kollegen über Funk und stecken mich in den Polizeiwagen. Ich leiste keinerlei Widerstand. Auf dem Kommissariat herrscht eine angespannte Atmosphäre. Man sperrt mich mit den Erwachsenen ein. Ich bin gerade mal fünfzehn, wirke aber wie achtzehn. Man holt mich aus der Zelle. Ich befinde mich vor zwei Bullen: Einer sitzt vor einer Schreibmaschine, der andere steht und verhört mich. Die klassischen Fragen: »Wie heißt du? Wo wohnst du? Name deiner Eltern?« Und so fort. Ich will nichts sagen.

Derjenige, der das Verhör führt, fragt mich freundlich:

»Hast du Hunger?«

Ich nicke. Er holt mir ein Sandwich mit Leberpastete und eine Flasche Wasser. Wir essen zusammen. Ich antworte auf seine Fragen.

»Guénard, Philippe, fünfzehn oder sechzehn Jahre alt, ich weiß es nicht ... Waisenkind, das heißt ausgesetztes Kind ... Keine Adresse der Eltern ... Ja, ich schlafe auf der Straße ... Ja, ich bin aus der Erziehungsanstalt von D. ausgerissen vor jetzt bald drei Jahren.«

Ich fasse meine Geschichte zusammen, freilich ohne meine Straftaten zu erwähnen. Der Bulle ist im siebten Himmel, behandelt mich wie ein rohes Ei und ist saufreundlich. Er hat noch nie einen Ausreißer gesehen, der sich so lange allein durchgeschlagen hat. Der andere hämmert wie ein Besessener auf seine alte mechanische Schreibmaschine ein.

Nach meiner Aussage bringt man mich in meine Zelle zurück, wo ich noch ein paar Stunden bleibe, dann fährt man mich zum Polizeirevier am Quai aux Fleurs. Dort Leibesvisitation, Konfiszierung meiner wenigen Sachen und zum Schlafen in eine Dreierzelle mit Klo in einer Ecke, wie im Film.

Am nächsten Tag führt man mich in einen großen Raum mit nur einem Fenster, das mit Gitterstäben versehen ist und in dem etwa fünfzehn Personen warten. Ich bin der Jüngste, das stachelt mich an. Ich spiele mich auf, mache mich wichtig und rempele versehentlich einen von ihnen an. Der reagiert auf der Stelle:

»He, Rotznase, Vorsicht, oder ich schlitze dich auf!«

Er hebt den Arm, um mich zu schlagen, als ein andrer, ein wahrer Kleiderschrank, ihn am Ärmel packt:

»Rühr ihn nicht an, ich kenne ihn, das ist der Bruder von Jacquot.«

Derjenige, der mich zu Püree schlagen wollte, wird lammfromm. Der Name Jacquot wirkt Wunder! Mein Beschützer wendet sich jetzt an mich:

»Erkennst du mich nicht?«

Ich überlege, wühle in meinem Gedächtnis. Nein, ich kann mich nicht erinnern.

»Ich bin der Kumpel von Marios Sohn.«

»Ach, ja, jetzt entsinne ich mich, du hast manchmal im Restaurant ausgeholfen.«

»Was machst du hier?«

»Ich bin den Bullen in der Rue des Saints-Pères in die Arme gelaufen. Und du?«

»Ich habe dem Wirt einer Kneipe an der Place Saint-Sulpice die Fresse poliert. Er hat mich genervt, und ich habe den ganzen Laden zu Kleinholz gemacht, dann habe ich auch noch die Bullen verdroschen. Diesmal bin ich dran, ich war nämlich nur auf Bewährung draußen.«

»Was ist das, Bewährung?«

Ich kann mich vage erinnern, das Wort in einer von Monsieur Léons Lektionen gehört zu haben.

»Bewährung, das ist so was wie bewachte Freiheit, wenn du so willst. Du bist bestimmt früher wieder draußen als ich. Denk dran, Mario mag dich, und er hat dich nicht vergessen. Er ist ein treuer Freund, der Alte.«

»Ja, er ist nett. Ich mag ihn auch gern.«

»Und was ist aus deinem Bruder Jacquot geworden?«

»Er ist in Urlaub gefahren.«

»Du bist also allein?«

»Ja, aber das ist nichts Neues. Das bin ich gewöhnt.«

Wir werden getrennt. Ich kehre in meine Nachtzelle zurück, begleitet von einem seltsamen Typen mit dreckiger Visage. Ich schlage gegen die Rohre. Die Nachbarzellen antworten. Das hilft, die Zeit zu vertreiben. Mein Mitbewohner flößt mir nicht gerade Vertrauen ein. Er sagt kein Wort, beäugt mich nur wie ein Schimpanse, der irgendetwas ausheckt.

Nach achtundvierzig Stunden bringen mich die Polizeibeamten zum Gericht am Quai aux Fleurs. Eindrucksvoll, das erste Mal. Ich komme vom feuchten Kerker und dunklen Korridoren in prächtige Flure und Räume so groß wie Bankettsäle. Man taucht aus den alten unterirdischen Gängen in gewaltige Treppenhäuser auf, wo Menschen sich in gedämpftem Stimmengewirr begegnen. Man lässt mich auf einer Bank Platz nehmen. Hervorragender Posten, um das Bienenvolk der Justiz in Aktion zu beobachten. Der Polizist befiehlt mir, ihm zu folgen. Ich trete in einen Saal. Der ist so hoch, dass man drei Stockwerke darin unterbringen könnte.

Eine Sekretärin hockt vor ihrer Schreibmaschine. Ich setze mich hin. Ganz hinten geht eine Tür auf. Der Polizeibeamte grüßt:

»Guten Tag, Herr Richter.«

Der Richter mustert mich. Ich sehe ihn prüfend an, was normal ist, schließlich ist er mein erster Richter. Er schlägt die Akte auf, die vor ihm liegt, und beginnt zu sprechen, indem er darin blättert und mich immer wieder über seinen Brillenrand hinweg ansieht.

»Nun, junger Mann, wir brechen also einfach so aus der Erziehungsanstalt aus?«

Keine Antwort.

»Dürfte man wissen, warum?«

Schweigen.

»Nun, sag schon: Was ist der Grund für deine Flucht?«

Er erregt sich. Ich stoße hervor:

»Ich will aus der Erziehungsanstalt weg.«

»Und wohin willst du stattdessen gehen?«

»Zu meiner Mutter.«

Unbehagen. Er sieht mich verblüfft an. Ich weiß selbst nicht, warum ich das geantwortet habe. Das war ein idiotischer Satz, der von ganz allein gekommen ist, ein unerfüllbarer Wunsch. Ich habe ihn ausgesprochen, und er schweigt. Dann hüstelt er.

»Gut, ich denke, du wirst vernünftig sein. Ich sehe, du hattest Umgang mit verdächtigen Individuen. Ich hoffe, junger Mann, dass dich deine Erfahrung etwas vorsichtiger gemacht hat. Wenn du einundzwanzig bist, kannst du tun und lassen, was du willst. Aber jetzt gehst du in die Erziehungsanstalt zurück.«

Ich schreie:

»Nein, ich will nicht!«

»Junger Mann, du hast keine andere Wahl, und ich frage dich nicht nach deiner Meinung.«

»Ich breche wieder aus, Sie werden sehen! Sie können mir das nicht antun!«

Ich brülle jetzt richtig und zittere wie Espenlaub. Ich sehe den Direktor vor mir, die Erzieher, die Schäferhunde, ich höre die täglichen Drohungen und Beschimpfungen. Nie wieder so was! Es ist so, als würde er mich zu Zwangsarbeit verurteilen. Der Richter schenkt mir keine Beachtung, er will nichts hören. Ich bedenke ihn mit langen herausfordernden und wütenden Blicken. »Ich sehe dich wieder, kleiner Richter, und du wirst es bereuen!«

Die Polizisten legen mir Handschellen an und lassen mich in ihren Wagen einsteigen. Ich breche nach Cayenne auf.

Ein Kastenwagen fährt uns zum Bahnhof. Dort wartet die größte Schande auf mich: Die große Halle zwischen zwei Polizisten durchqueren, die Hände für alle sichtbar gebunden. Wenn ich könnte, würde ich mir ohne zu zögern einen Müllsack über den Kopf ziehen, so gedemütigt fühle ich mich. Die Leute starren mich an wie ein Monster, wie ein Tier auf dem Jahrmarkt mit einer Mischung aus Angst und schamloser Neugier.

Nach zweistündiger Fahrt in einem Abteil, das aus gegebenem Anlass ansonsten leer ist, treffen wir in der Erziehungsanstalt von B., im Norden des Landes ein. Meine Schutzengel mit Schirmmütze übergeben mich dem Direktor. Er scheint nicht menschlicher als der von La Rochelle.

Sobald die Polizisten fort sind, verpasst mir dieser Drecksack eine gesalzene Tracht Prügel. Nein, nicht er allein, dazu ist er zu feige. Prügel zu dritt gegen einen – der Direktor und zwei Erzieher. Sie nehmen kein Blatt vor den Mund:

»Wir machen dich fertig!«

Sie schlagen und treten fest zu, mit den Fäusten, den Füßen, den Ellenbogen, den Knien. Ich breche am Boden zusammen. Ich lasse nicht zu, dass mich diese Schweinehunde erledigen, ich lasse nicht zu, dass diese Hölle wieder von vorne anfängt. Der Hass steigt in mir auf, wird zur Raserei, lässt die Gewalttätigkeit in mir anschwellen, ich schnelle mit einem Satz hoch, stürze mich auf einen der Erzieher und ziehe ihm schreiend an den Haaren. Ich will nicht mehr loslassen, ich will nicht. Ich will sie ihm büschelweise ausreißen. Meine Nerven drehen durch. Ein Fußtritt in den Bauch, ich schnappe nach Luft und winde mich vor Schmerzen. Sie stellen mich wieder auf die Beine und zwingen mich, ihnen zu folgen, indem sie mich am Ohr hinter sich her ziehen.

Sie stecken mich in das Gebäude C. Der Empfang durch meine Leidensgenossen ist herzlich. Mein Ruf ist mir vorausgeeilt. Sie nennen mich den »Ausbrecher-König«. Eine Stunde später bin ich beim Arzt für die Impfe, dann beim Friseur für den Kahlschnitt.

Anschließend nehmen mich die Erzieher von Sektion C zur Seite:

»Wenn du nicht parierst, Zulu, kannst du was erleben. Die Weisung lautet: Daumenschrauben anziehen!«

Ich würde ihnen am liebsten ins Gesicht spucken. Einer bewegt sich hinter mir, greift nach meinem Ohr und zieht kräftig daran. Meine Nase prickelt, ein Schauer läuft mir über den Rücken, ein roter Schleier fällt mir vor die Augen. Ich verstehe plötzlich den Ausdruck »mir schwillt der Kragen«. Ich fahre schneller herum als Bruce Lee und versetze ihm einen Fußtritt gegen das Schienbein. Der Operettenmatador lässt mein Ohr los und hält sich das Bein. Er will aufbegehren, ich starre ihn an und zische ihm zu:

»Wenn du mich anrührst, mach ich dich eines Abends kalt ... oder eines Nachts.«

Er gibt klein bei. Seine beiden Kampfgenossen grummeln vor sich hin und entfernen sich rückwärts. In diesem Moment raste ich aus und brülle ihnen zu:

»Ich bin nur ein Bastard, ein Stück Scheiße für meine Eltern und für euch auch, okay. Ihr wollt mich fertigmachen, na bitte, ich pfeife auf dieses beschissene Leben. Ihr wollt die Daumenschrauben fester anziehen, mich kleinkriegen? Ihr macht mir keine Angst mehr, nichts macht mir mehr Angst. Das Leben ist mir scheißegal. Du willst mich verprügeln, du bist ein Mann, also schlag, ich habe nichts mehr zu verlieren!«

Ich gehe auf sie zu. Sie stehen sprachlos da, wie Idioten. Ich lese Angst in ihren Augen. Es herrscht große Stille. Jene Art von Stille, die man angesichts der Leere empfindet. Eine Stille, bei der das Schlimmste passieren, bei der alles kippen kann. Nichts.

Nichts passiert. Die endgültige Explosion hat nicht stattgefunden. Sie bringen mich in den Speisesaal. Meine Leidensgenossen lassen mich einen Platz auswählen. Sie verwöhnen mich, ehren mich: »Du hast Mumm, verdammt noch mal!« Ich sage nichts. Ich bin ganz erschlagen vom Gang der Ereignisse und weiß gar nicht mehr, was ich denken soll. Meine Träume sind zerflossen, mein ganzes Universum ist zusammengebrochen. Ich lache, ich spiele den starken Mann. Im meinem Innern herrscht Verlorenheit, da bin ich so hilflos wie ein junger Hund im Dschungel.

Einen Tisch weiter sitzen die drei Erzieher, tuscheln miteinander und werfen mir scheele Blicke zu. Ich erwidere sie mit Arroganz. Mir brennen die Augen von Tränen und Zorn, mein Ohr steht in Flammen. Das Feuer des Zornes lodert in mir.

Wir stehen vom Tisch auf. Einer der Erzieher, der weniger blöde, tritt auf mich zu. Alle verstummen.

»Guénard, du folgst uns. Wir haben beschlossen, dir das Gehorchen beizubringen.«

Sie führen mich zum Fußballplatz.

»Du sammelst alle Papiere und alle Blätter ein. Muss alles tipptopp sein, Guénard!«

Sie reichen mir Müllsäcke. Zwei Schäferhunde um mich herum. Ich fühle mich nicht wohl in meiner Haut, die beiden Köter machen mir Angst. Ich versuche trotzdem nachzudenken.

Am nächsten Morgen führen mich die beiden Erzieher wieder auf den Platz. Er ist mit Blättern und Papieren übersät, obwohl er gestern Abend einwandfrei war. Ich kapiere: Die Dreckskerle haben die Müllsäcke wieder ausgeleert, die ich am Vortag gefüllt hatte. Sie haben alles, was ich eingesammelt hatte, wieder verteilt.

»Fang von vorne an, du Miststück! Du machst das so lange, bis du gehorchst!«

Ich sehe ihnen geradewegs in die Augen und erwidere, ohne die Stimme zu heben: »In drei Tagen bin ich fertig.«

In diesem Moment erfasst mich die unwiderstehliche Lust abzuhauen, ganz weit weg. Und zu diesem Zweck muss ich meinen Fluchtplan ausarbeiten. Ohne es zu wissen und dank ihrer Boshaftigkeit verhelfen mir diese Idioten zu seinem Gelingen.

Wieder fange ich an, die Papiere und Blätter aufzusammeln, die Höllenhunde an den Fersen. Als mich die Erzieher allein lassen, ziehe ich diskret die Leckerbissen aus meinem Slip hervor, die ich am Vortag beim Abendessen stibitzt und in dieser geheimen Speisekammer verstaut habe. Die Hunde sind begeistert von dieser Extrawurst.

Am nächsten Tag ist das Fußballfeld erneut mit Müll übersät. Umso besser. Der Zirkus beginnt von vorne. Ich gebe den Hunden zu fressen. Sie lecken mir die Hand. Ich habe sie gezähmt. Ich spreche mit ihnen, während ich die Blätter auflese. Wir machen einen Rundgang übers Terrain. Ich habe gleich am ersten Abend eine Stelle entdeckt, wo der Zaun leicht aufgerissen ist. Jedes Mal, wenn ich vorbeikomme, trete ich mit dem Fuß an den Rand, um das Loch zu vergrößern.

Am dritten Tag ist es groß genug für mich, um hindurchzuschlüpfen. Das ist das Signal zum Aufbruch. Am nächsten Morgen, früh um fünf Uhr, schlüpfe ich durch die Öffnung. Ich bin nicht allein. Ein Junge Namens Alain begleitet mich. Beeindruckt von meinen Abenteuern hat er mich gefragt, ob er mit mir fliehen dürfe. Ich habe geantwortet: »Okay, wir treffen uns am Fußballfeld um fünf Uhr.« Er erscheint pünktlich, und es gibt keinen Grund, ihm die Reise abzuschlagen.

Meine Freunde, die Hunde, winseln. Sie begleiten uns ein Stück, doch als pflichtgetreue Tiere oder weil der Fressnapf ruft, kehren sie bald um. Sie erinnern mich an Rantanplan, den Hund in den Abenteuern von Lucky Luke, der die Daltons auf ihrer Flucht begleitet.

Eine halbe Stunde später sitzen wir im Zug nach Paris. Inzwischen wurde bestimmt schon Alarm geschlagen. Alain hat Angst, ich kann seine Nervosität spüren. Das stört mich, denn damit könnten wir uns verraten. Ich sage zu ihm:

»Alain, du atmest jetzt tief durch, du entspannst dich, du schaust aus dem Fenster. Du bist frei, das musst du auch nutzen! Bitte geh mir jetzt nicht auf die Nerven!«

Der Zug fährt in die Gare du Nord ein. Es warten keine Bullen am Ende des Bahnsteigs. Alain beruhigt sich. Und ich bin wieder »frei«.

Ich atme die verschmutzte Luft von Paris in vollen Zügen ein. Freiheit! Nach der Flucht aus der Erziehungsanstalt ist das Umherirren hier ein Genuss.

Eine Wolke an meinem klaren Himmel: Alain geht mir auf die Nerven. Er ist fast achtzehn Jahre alt, ich bin fünfzehn. Er stöhnt die ganze Zeit. Als ich ihn in meinen Fahrradkeller im La Motte-Picquet-Viertel führe, verzieht er verächtlich das Gesicht.

»Wie bitte, das nennst du deinen ›Nachtpalast‹? Du willst mich wohl zum Narren halten! Glaubst du, ich werde in dieser Rumpelkammer schlafen?«

Ihm ist kalt, er jammert, er beschwert sich. Ich kann ihn nicht zur Vernunft bringen. Am Ende meiner Nerven und meiner Geduld ziehe ich meinen letzten Trumpf.

»Halt durch, Alain. Morgen stelle ich dir ein paar nette Damen vor. Ein gutbezahlter, angenehmer Job. Du bis achtzehn, du wirst dir von dem Geld ein Hotelzimmer leisten können.«

Nichts zu machen, Monsieur kann nicht mehr, Monsieur will lieber wieder in die Besserungsanstalt. So ein Idiot! Wir trennen uns. Alain kehrt zurück, woher er kommt. Mit dem Zug.

An diesem Tag wird mir klar, dass ich nicht wie die anderen Kinder bin. Ich bin gerade mal fünfzehn Jahre alt, ich liebe die Straße, die Freiheit des Dschungels mit allen seinen Risiken, auch wenn man sich darin verirren kann. Die Fahrradkeller zum Schlafen, die Clochards, um sich zu kultivieren, die reichen Damen, um sich gutbezahlte Streicheleinheiten zu holen und zu verteilen, und die Armen, um sein Herz ausschütten zu können. Ich liebe die schönen Wohnungen mit Seidenlaken, die Angst vor den Bullen, die dem Alltag Würze gibt, die eleganten Klamotten, die Luden und die Prostituierten, die einem über die Wangen streichen und einem dabei nette, manchmal aus tiefem Herzen kommende Dinge sagen, und die Bauwerke von Paris. In der Hauptstadt fühle ich mich wie der Fisch im Wasser, auch wenn ich allein in meinem Glasbehälter bin.

Freitag begebe ich mich ins Coupole. Ich mache wieder einer Dame schöne Augen. Zwei Tage später, nach erbrachten Diensten und meinem ersten Gehalt in der Tasche, betrete ich ein Restaurant am Montmartre, wo ich des Öfteren mit Jacquot gewesen bin. Wie erhofft, treffe ich dort Freddie an, der mit Spitznamen La Magouille, der Fälscher, heißt und bei dem ich Ausweispapiere bestelle.

»Kein Problem«, versichert er mir, »du zahlst zweihundert Francs vor der Arbeit und den Rest danach. Komm mit.«

Ich leiste die Vorauszahlung. Wir nehmen die Metro bis zur Station Place des Ternes. Er lässt mich vor einer Toreinfahrt warten. Nach zwei Stunden wird mir klar, dass er mich ausgetrickst hat. Es ist ein Gebäude mit zwei Ausgängen, Freddie hat sich aus dem Staub gemacht. Ich suche ihn vergebens und fluche, dass ich ihm den Diebstahl und die Frechheit heimzahlen werde.

Drei Monate später sehe ich Freddie la Magouille in einem Bistro an der Place de la République an der Bar stehen. Ich schleiche mich von hinten an und packe ihn am Arm.

»Na, Freddie, erinnerst du dich noch an mich? Du hast mich nicht vergessen, stimmt's?«

Er tut so, als freue er sich, mich zu sehen. Seine großen Worte und seine Liste an Entschuldigungen können mich nicht täuschen.

»Ich habe sie, deine Papiere, Guénard, sie sind bei mir zu Hause, ich schwöre es. Warte hier auf mich, ich hole sie dir, in einer Stunde bin ich wieder da. Du trinkst ein Gläschen auf mein Wohl und auf meine Kosten, okay?«

Ich tue so, als ginge ich auf sein Spiel ein. Eine Stunde später tauche ich mit Jim, einem Kumpel, bei ihm auf, er bewohnt ein kleines Appartement in der Nähe des Cirque d'Hiver. Er öffnet uns im Pyjama. Der Naivling wollte schlafen! Wir stoßen ihn ins Innere der Wohnung, mein Begleiter versetzte ihm einen Rechtshaken. Er kippt hintenüber auf den Tisch, Entschuldigungen stammelnd. Wir nehmen ihm das Geld ab und verdrücken uns, ohne weiter auf ihn einzuschlagen. Schließlich sind wir keine Brutalos.

Unterdessen habe ich die Papiere von meinem neuen Freund Jim aus Bagnolet bekommen, einem erstklassigen Fälscher. Wir sehen uns oft. Er ist noch keine achtzehn Jahre alt und lebt ganz auf sich selbst gestellt. Seine Mutter trinkt, sein Vater ist im Knast. Doppelte Einsamkeit. Wenn er nach Hause kommt, findet er seine Mutter meist in einem erbarmungswürdigen Zustand vor. Jim leidet ihretwegen: Sie schläft am Tag und besäuft sich nachts. Wenn er mir davon erzählt, wird seine Stimme ganz matt, sein Blick ganz trübe: Dieser sensible Träumer wendet sich ab, um seine Tränen zu verbergen. Die Schultern des langen Lulatsches zucken von unterdrückten Schluchzern, und er murmelt: »Komm, wir machen die Fliege.« Wir brechen auf, wissen nicht wohin, laufen einfach aufs Geratewohl. Jims Mutter und mein Vater sind Gefangene desselben Gifts. Er hat Mitleid, und ich, ich habe nur Hass.

Abends fahren wir oft nach Auteuil, um Monsieur Léon, meinen alten Freund, zu besuchen. Wir bringen drei Scheiben von diesem Schinken mit, den er so gerne isst. Wir hören ihm stundenlang zu, wir bauen einen Teil der Welt neu auf, bevor wir, wenn die Stunde des Abendessens naht, diese riesige Baustelle zurückstellen. Wir bieten ihm ein Linsengericht, und er enthüllt uns die großen Mysterien des Universums.

Monsieur Léon weiht mich in die Geheimnisse der Sexualität ein mit der Schamhaftigkeit des Großvaters und den Skrupeln des enttäuschten Liebhabers.

»Liebe machen ist leicht und schnell getan. Danach wird es komplizierter. Allzu oft folgt auf die Lust der Schmerz ... Mein Junge, überleg dir genau, bevor du zu jemandem sagst: ›Ich liebe dich.‹ Das sind Worte, die man nicht unbedacht aussprechen darf.«

Nachdenklich verlassen Jim und ich den alten und müden Weisen und denken jeder an seine Eltern. Um den Schmerz zu vergessen, erforschen wir das nächtliche Paris. Wir suchen unsere tägliche Dosis Adrenalin. Diese Droge ist umsonst zu haben. Sie allein vermag meinen Hass zu besänftigen. Wir klauen, schlagen Scheiben ein.

Eines Abends in Auteuil, die Überraschung. Wir finden Monsieur Léon nicht auf seiner Bank. Wir warten bis elf Uhr nachts, niemand kommt. Wir klopfen an den Waggon, Léons Palast. Ein anderer Clochard mit zerzaustem Haar wie ein Igel und düsterer Miene schläft an seinem Platz. Leicht verängstigt fragen wir:

»He, wo ist denn Monsieur Léon?«

Der Igel kichert:

»Monsieur Léon, der ist auf die große Reise gegangen.«

Ich sehe Jim an, das gefällt mir gar nicht:

»Er hat uns nicht Bescheid gegeben, das kann nicht sein. Abgereist, ohne etwas zu sagen? Das ist nicht seine Art.«

Der Igel nimmt einen kräftigen Schluck aus seiner Rotweinflasche, wischt sich den Mund ab und fügt hinzu:

»Er konnte euch gar nicht Bescheid geben, er wusste es ja selber nicht. Gestern war's Nénesse, heute Léon. Sie sind fort …«

Schweigen. Der Igel rülpst:

»… beim großen Chef.«

Er geht mir langsam auf die Nerven, der Igel mit seinen Rätseln.

»Immer schön sachte, junger Mann, immer schön sachte! Der Chef ist derjenige, der über alles entscheidet, der Herr über das Leben und den Tod. Man nennt ihn auch den Ewigen. Léon war nicht ewig. Er ist heute Morgen um zehn Uhr gestorben. Von einem Auto überfahren auf dem großen Boulevard. Keine Sorge, er hat nicht gelitten. Er war auf der Stelle tot.«

Ein Schlag mit der Keule. Monsieur Léon, tot.

Unmöglich.

Wir brechen auf, ohne ein Wort zu sagen. Dieser Adoptivgroßvater ist für mich unentbehrlich. Mein Leben als ungeliebtes Kind ist ohne ihn undenkbar. Nénesse ist uns gleichgültig, wir kennen ihn nicht mal. Das ist nicht dasselbe wie mit Monsieur Léon, er kann nicht einfach sterben. Ich bin dem großen Chef böse, mir meinen Freund ohne Erlaubnis wegzunehmen. Der Ewige kriegt an diesem Abend eins aufs Dach. Und macht ein paar üble Augenblicke durch.

Nachdem wir unsere Traurigkeit ausgekotzt haben, trennen wir uns. Jim kehrt heim nach Bagnolet zu seiner betrunkenen Mutter und seinen Tränen; ich in meinen Fahrradpalast mit einem eisigen Gefühl der Einsamkeit. Ich habe kein Vertrauen mehr, etwas in mir hat sich verschlossen. Wie eine Erdverschiebung in meinem Herzen, ein Abgrund, der mich aufsaugt.

Alles, was ich aufzubauen versuche, bricht zusammen.

Die darauffolgenden Tage sind trist. Das Verschwinden von Monsieur Léon hat eine gewaltige Leere hinterlassen. Wenn Jim und ich abends zusammen sind, kaufen wir *Le Monde* und denken dabei an unseren alten Freund. Wir besprechen den Inhalt auf einer Bank. Doch wir sind nicht mit dem Herzen dabei, und die nötige Bildung fehlt uns auch. Bald schon stellen wir dieses Ritual ein. Unser Universum bricht zusammen, wir fühlen uns schlecht.

Kurz darauf erscheint Jim nicht zu unserem Treffen. Ich erfahre von meinen Kumpeln, dass er im Gefängnis ist. Er hat einen Kerl verprügelt, der seine betrunkene Mutter missbraucht hat. Er hat zu kräftig zugeschlagen, der Typ ist im Krankenhaus. Jetzt bin ich also wieder allein, und meine Stimmung ist im Keller. Wozu ist dieses elende Leben gut? Was hat dieses ständige Umherziehen für einen Sinn? Ich kann keinen finden. Großes schwarzes Loch. Die Freundschaft war eine Freude, die intensiver war als all meine Emotionen als kleiner Gangster. Sie hat sich zurückgezogen. Ja, ich zürne dem großen Chef, der sich da oben in seinem Himmel ins Fäustchen lachen muss.

Je mehr ich Trübsal blase, desto weniger bin ich auf der Hut.

Meine Wachsamkeit schwindet. Wenige Tage nach Monsieur Léons Tod schnappt mich die Polizei. Die Bullen kassieren mich ein und fahren mich zum Revier, dann zum Richter. Der gleiche Kreislauf wie beim letzten Mal. Einziger Trost, das verständnisvolle Lächeln der Sekretärin des Richters.

»Na, wieder da?«

»Ja, ich komme, um den Pinguin zu sehen.«

Ich habe den Pinguin nicht eintreten hören. Er betrachtet mich mit gerunzelter Stirn, die Hände in die Hüften gestemmt.

»Du schon wieder, junger Mann? Was willst du?«

»Ich habe es Ihnen doch schon mal gesagt – aus der Erziehungsanstalt herauskommen.«

Schweigen. Er lässt mich Platz nehmen.

»Was mache ich jetzt mit dir? Hast du eine Idee?«

Ich erwidere ganz ruhig:

»Sie müssen mich umbringen! Dann gehe ich niemandem mehr auf die Nerven! Denn solange Sie Ihr Wort nicht halten, komme ich wieder und treibe Sie zum Wahnsinn!«

Der Pinguin scheint nicht schockiert zu sein, er muss schon Schlimmeres gehört haben. Er seufzt ohne ein Lächeln. Er hebt den Telefonhörer ab und spricht mit Gott weiß wem, die Miene sorgenvoll. Ganz offensichtlich will er mich nicht umbringen. Ist mir auch lieber so.

Offener Brief an meinen Vater,
den Präsidenten von Frankreich

Einige Minuten nach dem Anruf des Richters holen mich zwei Polizisten ab. Ich fürchte das Schlimmste und hoffe zugleich das Unmögliche: Rückkehr in die Erziehungsanstalt? Oder eine andere Lösung? Der Pinguin hat nichts durchblicken lassen.

Wir fahren im Polizeiwagen durch Paris. Es ist Nacht.

»Da«, sagt einer der beiden Bullen, »siehst du den Menschenauf-lauf vor dem Haus? Weißt du, wer dort wohnt? Der Sänger Claude François. Vor seiner Tür drängen sich immer die Mädchen.«

Die Polizisten sind nett. Sie bringen mich in ein neues Erzie-hungsheim. Ich traue meinen Augen nicht: Es gibt hier sogar ein Tischfußball und eine Tischtennisplatte. Ein wahres Luxusgefäng-nis. Am nächsten Tag entdecke ich eine Schreibmaschine, ich sage mir »Super, ich werde Schriftsteller«. Als ich den dritten Buch-staben meines Namens nicht sofort auf der Tastatur finde, nehme ich die Maschine und schmeiße sie an die Wand. Sie zerspringt in tausend Stücke.

Die Stimmung ist hervorragend, das Essen gut, und ich mag meine Leidensgenossen. Ich finde, der Richter, der mich hierher geschickt hat, ist gar nicht so übel. Aber es ist zu schön, um wahr zu sein. Am dritten Tag gegen Mittag holt mich eine Frau ab, klein und pummelig, das Haar im Nacken zu einem Knoten zusam-mengebunden, der an einen Hundehaufen erinnert. Offenbar bin ich auf die Hässlichen abonniert.

»Nehmen Sie Ihr Gepäck und kommen Sie mit.«

Ihre Stimme klingt hart. Da ich kein Gepäck habe, gehen wir sofort. Mein Gorilla bleibt stumm.

Wir fahren zur Gare du Nord, finstere Erinnerungen. Komi-scherweise fehlen mir die Handschellen und auch die beiden Gendarmen. Diesmal bin ich anonym. Das ist noch demütigender als ein anerkannter und gefürchteter Verbrecher zu sein. Ich kann nicht mehr angeben.

Nicht gerade gesprächig, mein Bodyguard. Nach einstündiger Zugfahrt sind wir am Ziel. Wir laufen bis zum Gericht, das neben der Kirche liegt. In einem endlosen Gang nehme ich auf einer hübschen roten Bank im Empirestil Platz. Unangenehme Erin-nerungen überkommen mich. Die Sozialarbeiterin tritt in einen angrenzenden Raum. Ich stelle mir vor, wie viele Zimmer für Obdachlose man hier einrichten könnte. Ein Polizist tippt mir auf die Schulter und reißt mich aus meinen menschenfreundlichen Träumen.

»Junger Mann, die Richterin erwartet sie.«

Die Richterin? Welche Richterin?

Eine Frau von kleinem Wuchs steht in der Tür, sie scheint energisch, nicht gerade umgänglich und in etwa ebenso reizvoll wie meine Sozialarbeiterin.

»Ich bin die Richterin, Junge. Komm mit.«

Ich sage mir »verdammt, ich hätte nie darum bitten dürfen, dass meine Akte zu ihr überstellt wird. Was für ein Drachen!«

Mehrere Kumpel hatten mir zu dieser Richterin geraten. Sie sprachen mit tränenerstickter Stimme von ihr wie von einer Mutter. Eine Mama, das war alles, was ich will, was ich suche. Dass sie Richterin ist, war mir egal. Also habe ich um die Überstellung meiner Akte gebeten. Der Pariser Richter war nur allzu froh, diesen unbequemen Fall an eine Kollegin in der Provinz abgeben zu können.

Als die Richterin mich mit ihrer strengen Miene hereinholt, bin ich einigermaßen eingeschüchtert.

»Setz dich. Sehen wir uns mal deinen Fall an.«

Sie schlägt meine Akte auf. Lange Minuten vergehen. Während sie die Seiten überfliegt, sehe ich, wie ihre Augen feucht werden wie die von Jim, wenn er von seiner Mutter sprach. Nach einigen Minuten des Schweigens hebt sie den Kopf, sieht mich aufmerksam an und sagt:

»Junge, was willst du?«

Ich misstraue diesem Satz, den sie alle im Munde führen, denn letztlich sind sie es, die über unser Schicksal entscheiden, ohne unsere Wünsche zu berücksichtigen. Wie dem vorigen Richter antworte ich auch ihr:

»Ich will aus der Erziehungsanstalt weg. Ich will nicht werden wie meine Leidensgenossen. Ich will nicht ein Paar Schuhe klauen, dann eine Hose, ein Mofa und mit einundzwanzig Jahren von dem kleinen Gefängnis ins große wechseln, um dort den Rest meines Lebens zu verbringen.«

»Ob du es nun willst oder nicht, Junge, du bist aus der Erziehungsanstalt heraus. Die wollen dich nicht mehr!«

Schock. Unter dem Eindruck der unglaublichen Neuigkeit sitze ich einige Sekunden benommen da. Dann springe ich von meiner Bank auf wie ein Fußballer, der das zur Qualifizierung entscheidende Tor geschossen hat. Am liebsten würde ich meiner Richterin um den Hals fallen. Mein ganzes Wesen ist von einer unbekannten Freude durchdrungen. Mein Traum ist in Erfüllung gegangen: Ich bin raus aus der Erziehungsanstalt. Ich bin der Erste, dem das gelungen ist. Ich habe meine Peiniger in die Knie gezwungen.

»Also, Junge, was willst du jetzt machen?«

Sie ist komisch, meine Richterin. Erst erklärt sie mir, dass es mir gelungen ist, einen meiner größten Träume zu verwirklichen, dass ich nie wieder in das Gefängnis für Minderjährige zurück muss, und dann fragt sie mich sofort, wie ich mir mein Leben vorstelle. Darüber habe ich noch nie nachgedacht.

Schnell lasse ich einige Jobideen Revue passieren und antworte überzeugt, als würde ich aufs große Los setzen:

»Ich will Koch bei der Marine werden.«

Sie überlegt einen Augenblick und sagt dann sanft:

»Ich glaube nicht, dass das ein guter Beruf für dich wäre.«

»Und warum nicht?«

»Du bist zu streitsüchtig. Du scheinst mir nicht gerade für die Arbeit in einem Team geeignet. Sonst noch eine Idee?«

Ich habe keine anderen Vorschläge mehr. Nie habe ich mir meine Zukunft vorgestellt.

»Halt irgendwas, geben sie mir eine Chance. Sie werden sehen, ich schaff das schon.« Ich bin zu allem bereit. Meine Befreiung aus der Erziehungsanstalt, mein Sieg über die sadistischen Erzieher berauscht mich und gibt mir Selbstvertrauen. Ich will leben, ich will kämpfen, ich will ein Mann werden, ein Mann, um mich eines Tages an meinem Vater zu rächen.

Meinen Vater umbringen... ist einer der Träume, die mich am Leben erhalten. Es ist seine Schuld, dass ich jetzt im Dreck stecke, er muss für das zerbrochene Geschirr bezahlen, für meine gebrochenen Beine, meine gebrochene Nase, das geplatzte Trommelfell und all die vorenthaltene Liebe ... Wenn man ein bisschen Ehrgefühl hat, verzeiht man das nicht.

»Nun, Junge?«

»Entschuldigung, Madame, ich war etwas abwesend. Ich weiß es nicht ... Was Sie wollen ... Geben Sie mir eine Chance, ich werde es schaffen!«

Die Richterin sieht mich voller Zuneigung an. Jetzt verstehe ich, warum meine Leidensgenossen mit so viel Hochachtung und Herzlichkeit von ihr sprechen. Wie ein Mantra wiederhole ich:

»Geben Sie mir eine Chance, nur eine einzige Chance. Vertrauen Sie mir, ich werde Sie nicht enttäuschen!«

Ich bin bereit, jede ausgestreckt Hand zu ergreifen, und die ihre ist eine schöne, die ich nicht wieder loslassen möchte. Sie blickt für einige Sekunden aus dem Fenster. Ich glaube, sie betrachtet die Kathedrale. Nach einem langen Schweigen sagt sie:

»Steinmetz, würde dir das gefallen, mein Junge?«

Ich bin verunsichert, ich weiß nicht, was das Wort bedeutet.

»Stein ... was?«

»Siehst du die Kathedrale? Erkennst du die in Stein gehauenen Tiere, die die Galerie schmücken?«

»Ja, die lachenden Monster?«

»Die nennt man Wasserspeier. Sie sind siebenhundert Jahre alt. Steinmetze des Mittelalters haben sie geschaffen. Würde es dir gefallen, solche Tiere in Stein zu hauen? Ich habe in deiner Akte gesehen, dass du sehr gut zeichnest.«

Ich antworte ja. Hätte sie mir Metzger oder Installateur vorgeschlagen, hätte ich auch ja gesagt.

Meine Richterin greift nach dem Telefon und wählt eine Nummer.

»Ich habe hier einen Jungen, der sehr gut und sehr motiviert ist ...«

Halt mal, der gute und motivierte Junge, soll ich das sein? Ich traue meinen Ohren nicht.

»... könntest du ihn als Lehrling nehmen?«

Der Mann am anderen Ende der Leitung antwortet ja. Offenbar kein Problem. Okay. Den Hörer am Ohr, blinzelt sie mir verschwörerisch zu. Ich stelle mich mir als mittelalterlichen Steinmetz vor. Als sie mein Alter erwähnt, reagiert ihr Gesprächspartner:

»Unmöglich. Er ist ein halbes Jahr zu jung. Man muss warten oder eine Genehmigung einholen.«

»Mist! Schade! Gut, danke, wir werden es überlegen, ich halte dich auf dem Laufenden.«

Verstimmt legt sie auf.

»Wir müssen warten, bis du sechzehn bist. Dann erfährst du, ob du angenommen wirst. Sechs Monate zu jung, das ist zu dumm ... Oder du musst eine Sondergenehmigung beantragen. Das dauert lange und ist recht ungewiss.«

»Was bedeutet das, eine Sondergenehmigung?«

»Eine Ausnahmeerlaubnis, wenn du so willst.«

»Und wer kann mir diese Erlaubnis geben?«

»Der Präsident der Republik ... Ich weiß nicht, ob du das Problem siehst ...«

»Das ist doch kein Problem. Ich bin sein Sohn.«

»... ?«

»Ja, ich bin der Sohn des Präsidenten der Republik!«

Sie musterte mich, versucht herauszufinden, ob das ein Witz sein soll, ob ich mich über sie lustig mache oder ob ich ausgerastet bin.

Völlig ernsthaft fahre ich fort:

»Das ist kein Witz, ich bin der Sohn des Präsidenten ...«

»Ja, natürlich, du bist der Sohn des Präsidenten der Republik, daran hätte ich früher denken sollen. Leider hat man vergessen, das in deiner Akte anzuführen, verstehst du, und ich habe es nicht sofort erraten ...«

»Nein, ich scherze nicht. Lassen Sie mich erklären. Ich bin ein Kind des Staates, ein Waisenkind, das von der Fürsorge abhängt. Der Präsident ist mein Vater. In der Erziehungsanstalt mussten wir am Nationalfeiertag vor dem Bild des Präsidenten de Gaulle die *Marseillaise* singen, und die Erzieher habe uns jedes Mal wiederholt: ›Haltung, wenn ich bitten darf, das ist euer Vater.‹ Das Foto hat bei mir allerdings keine große Lust erweckt, diesen Papa am Kinn zu kraulen.«

So was vergisst man nicht.

Eines Tages halten mich zwei Polizisten an und fragen nach meinen Papieren, nach dem Namen meines Vaters, meiner Mutter, kurz das übliche Theater. Ich sage, dass man meinem Vater das Sorgerecht entzogen hat und dass meine Mutter mich ausgesetzt hat ... Einer von den beiden ist nett, er hat Sinn für Humor, der andere ist nicht gerade clever. Er sagt: »Du hast Eltern wie alle anderen auch. Also sag mir den Namen.«

Da er nichts begreift, antworte ich:

»Sie wollen den Namen meines Vaters wissen? Ich bin sicher, Sie werden mir nicht glauben ... Ich habe drei: General de Gaulle, Monsieur Poher und jetzt Monsieur Pompidou.«

Der nette Gendarm schmunzelt, der verklemmte rastet aus. Er hat mir ein Strafmandat angehängt wegen »Beleidigung eines Polizeibeamten in Ausübung seines Amtes«. Nein, das vergisst man nicht.

Ich sage zu meiner Richterin: »Ich schreibe ihm. Wir versuchen, die Sonderge..., die Erlaubnis zu bekommen.«

Wenn man arm ist, helfen einem Humor und Kühnheit durchzuhalten. Ich bitte die Richterin um ein Blatt Papier und beginne eifrig, an Papa Präsident zu schreiben: »Ich brauche eine Erlaubnis. Danke fürs Jasagen. Herzliche Grüße.« Ich habe Mühe mit dem Schreiben der Buchstaben, aber die wenigen Worte sind trotz der Rechtschreibfehler verständlich. Die Richterin überfliegt den Brief lächelnd.

»Junge, du hast eine erstaunliche Logik.«

Und sie sieht mich aus ihren wundervollen grünen Augen so intensiv an, dass mir ganz schwindelig wird und ich mich wie hypnotisiert fühle. Sie nimmt einen Umschlag, schiebt meinen Brief hinein, schreibt selbst noch ein paar Zeilen, steckt sie auch hinein und sagt:

»Ich leite deine Anfrage weiter, das verspreche ich.«

Wie meine Leidensgenossen habe auch ich mich in diese Frau verliebt, die mit ihrem ganzen Herzen zuzuhören vermag.

Wenige Wochen später gewährt mir mein Vater Georges Pompidou, der Präsident von Frankreich, die erbetene Sondergenehmigung. Ich bin zwar nur ein Straßenjunge, der alle Chancen hat, die Hälfte seines Lebens im Knast zu verbringen. Monsieur Pompidou hat mit einem widerwärtigen Gör wie mir nichts zu schaffen. Er hätte den schlechtformulierten und fehlerhaften Zeilen eines verlorenen, unbedeutenden Kindes keine Aufmerksamkeit schenken müssen, wo er doch täglich stapelweise bedeutsame Briefe aus aller Welt bekommt, ein ganzes Land regieren muss und sicher andere Sorgen im Kopf hat. Aber nein. Dieser Monsieur Pompidou wird in meinem persönlichen Pantheon eine bedeutsame Persönlichkeit. Weil er sich um einen Kleinen ohne Stimme gekümmert hat. Weil er etwas scheinbar Nebensächliches getan hat, das ihn nicht in den Vordergrund stellt, das nicht in den Zeitungen oder im Fernsehen veröffentlicht wird, das ihm keine einzige Wählerstimme einbringt und auch Frankreich nicht rettet. Dieses selbstlose Verhalten des Präsidenten, das Vertrauen der Richterin, die meinen Brief hätte in den Papierkorb werfen und vorgeben können, er sei in den verschiedenen Abteilungen des Élysée-Palastes verlorengegangen, waren für mich die Initialzündung der Menschlichkeit.

Solche Menschen bessern einen.

Das nenne ich eine gute Richterin. Sie empfängt einen, nimmt sich die Zeit zu erkennen, wer man wirklich ist. Sie ist eine Richterin, die nicht richtet. Sie sieht sich erst den Menschen an, dann die Akte. Sie sucht gemeinsam mit dem Betroffenen einen Weg, sein Leben neu aufzubauen. Sie reicht einem die Hand, auch wenn alles verloren scheint.

Ich hätte nicht geglaubt, dass es solche Menschen gibt. Zu oft bin ich an Richter oder Erzieher geraten, die einem ein Etikett aufdrücken, einen niedermachen, zu Fall bringen und das bisschen, was noch bleibt, zerstören.

In der Person eines Polizisten, eines Richters, eines Erziehers begegnet ein Straftäter oft zum ersten Mal einem Funken von Menschlichkeit. Es stimmt, dass diese Berufe undankbar und schwer sind. Aber sie sind auch maßgebend. An einen Polizisten, der einem freundlicherweise ein Sandwich, etwas zu trinken anbietet und den Verdächtigen nicht wie einen Hund behandelt, erinnert man sich. Bei Verhören kann eine aufrichtige Zuneigung entstehen. Das kann ich bezeugen. Die, die strafen sollen, können dem Verbrechen vorbeugen.

Die Richterin und der Präsident machen mir Mut, für ein Leben zu kämpfen, das nicht sehr gut begonnen hat. Vor allem lösen sie in mir den Wunsch aus, ihnen ähnlich zu sein. Welch kühner Ehrgeiz für einen Straßenjungen, dem Präsidenten Georges Pompidou gleichen zu wollen.

Aber letztlich ist das nur normal: Er ist mein Vater!

Während ich auf meine Lehrstelle als Steinmetz warte, schickt mich meine Richterin in eine Hauptschule in die Übergangsklasse zur zehnten. Das trifft sich gut, ich bin ja auch nur übergangsweise hier.

Der Direktor und die Lehrer empfangen mich mit Wohlwollen. Die Richterin hat ihnen kurz meine Geschichte dargestellt. Meine Französischlehrerin, eine hübsche, empfindsame, geschiedene Frau, ist besonders aufmerksam. In den Pausen gibt sie mir Nachhilfe, weil ich große Lücken habe. Mitten im Ozean meines Unwissens gibt es einige Inseln. Ich verblüffe meine Lehrer durch meine Kenntnisse der Geographie Südamerikas und der Geschichte der Französischen Revolution. Danke Léon. Meine Klassenkameraden hören mir voller Bewunderung zu, wenn ich, der ich kaum schreiben kann, von Honduras erzähle.

Wieder einmal komme ich zu der schmerzlichen Feststellung, dass ich anders bin als sie. Zu meiner großen Verwunderung haben sie nie den Kokon der Familie und das kleine örtliche Milieu verlassen. Manche Lehrer behaupten:

»Dieser Guénard ist zu jung, um all das erlebt zu haben, der macht uns was vor.«

Dann verhärtet und verschließt sich mein Herz. Ich ertrage diese Idioten nicht mehr. Als könnte man zu jung sein, um geschlagen, verlassen, vergewaltigt und pervertiert worden zu sein. Die menschliche Dummheit scheint mir grenzenlos. Solche Ungläubigkeit verletzt mich zutiefst, denn es ist wieder eine Form der Ablehnung. Gibt es ein Alter, um das Unerträgliche zu erleben?

Trotzdem sind diese wenigen Monate der Wartezeit äußerst fruchtbar für mich. Ich mag diese Schule und meine Kameraden. Die Französischlehrerin hat ein Faible für mich. Ihre Feinfühligkeit geht übrigens über die Nachhilfestunden, die sie mir kostenlos erteilt, hinaus. Wir finden andere Gemeinsamkeiten. Ein verlorenes Kind spricht bei Frauen eine mütterliche Ader an, die sich in verliebte Zärtlichkeit verwandeln kann. Und ich bin so ausgehungert nach Zärtlichkeit.

Von Zeit zu Zeit raste ich aus. Dummheiten ohne allzu große Konsequenzen. Sie sind wiedergutzumachen. Ich denke an meine Richterin, ich will sie nicht enttäuschen, sie hat mein Wort. Sie ist mein Schutzengel. Ich bin fast unauffällig.

Ich handele ein bisschen, indem ich die Zeitschriften *Salut les Copains* und *Moto Revue* gegen Bajonette, silberne Napoléon-III-Münzen und Kupferlampen eintausche. Mit den Einkünften meines Trödelgeschäfts kaufe ich Großpackungen Karamellbonbons und verteile sie an meine Klassenkameraden. Ich spiele den großen Herrn. Wieder muss ich angeben, will mir Zuneigung erkaufen.

Man kann sich leicht in den anderen täuschen. Einen Jungen aus meiner Klasse namens Jean-Luc habe ich zu schnell in die Kategorie »total blöd« eingeordnet. Ein großer Irrtum. Schon bald verlege ich ihn in die Rubrik »prima Kerl«. Jean-Luc erweist sich als ein wahres Geschenk. Er ist genau das Gegenteil von mir, er fühlt sich wohl in seiner Haut und hat ein gutes Herz, er sieht gut aus, und die Mädchen finden ihn süß. Wir amüsieren uns gemeinsam, reißen Mädchen auf und sind ein gutes Gespann. Auf seinem Malaguti-Mofa nimmt er mich samstagabends mit, und wir klappern die Volksfeste und Bälle ab. Wenn ich mich prügeln will, beruhigt er mich. Wir ernähren uns von hartgekochten Eiern und trinken Americano und Pastis und beobachten die Mädchen. Mit ihm vergeht die Zeit wie im Fluge.

Alle guten Dinge haben ein Ende. Nur die schlechten dauern ewig.

Am 15. September beginne ich meine Lehre als Wasserspeiersteinmetz. Das erste Monster, das ich treffe, ist hingegen aus Fleisch und Blut. Es ist der Bauleiter, bei dem ich mich an diesem Morgen vorstelle. Er mustert mich spöttisch von Kopf bis Fuß und fragt dann kurz angebunden:

»Du bist der, der zum Arbeiten herkommt?«

»Ja, Monsieur.«

Er setzt seine stille Prüfung fort, so als würde er meine Muskeln abtasten, meine Knochen abschätzen. Dann erklärt er, ehe er sich abwendet:

»Du bist der Dreiundzwanzigste, den wir einstellen und wirst der Dreiundzwanzigste sein, der vor Ende der Woche abhaut.«

Blöder Typ.

Er nervt mich, ich möchte ihm sagen, dass er mich aufregt und dass ich ihn niedermache.

In solch einem Fall wiege ich für gewöhnlich den Kopf von rechts nach links. Die Leute sehen mich verständnislos an, und ich nutze die Gelegenheit, um ihnen das Knie in den Unterleib zu rammen und dann wegzulaufen. Das ist eine meiner liebsten Attacken. Das Opfer sackt in sich zusammen und ringt nach Atem, flucht und bedenkt mich mit allen möglichen Schimpfwörtern, rennt mir manchmal nach. Diese intensiven Augenblicke genieße ich, sie verleihen meinem Leben Würze. Ich unterdrücke meine Angst und setze zum Sprint an. Ich gewinne immer.

Dieser Bauleiter greift mich grundlos an? Ah, dich werde ich zum Tanzen bringen, du Dreckskerl ... Ich beginne, den Kopf hin und her zu wiegen. Aber dann plötzlich, gerade als ich das Knie heben will, erinnere ich mich an meine Wort: »Geben Sie mir eine Chance, Sie werden sehen, ich schaffe es!«

Ich hebe den Kopf und sehe ihm fest in die Augen, um ihm zu sagen »du wirst schon sehen«. Wenn ich den Blick senke, wenn ich seine Verachtung über mich ergehen lasse, wird er mich zertreten. Also halte ich durch. Und genau hinter seinem Kopf bemerke ich ein Schild »Rue Jean XXIII«. Ich kenne den Herrn nicht. Ich wusste nicht einmal, dass bedeutsame Männer mit einer Kennziffer herumspazieren wie ausgesetzte Kinder. Nachdem ich der

Dreiundzwanzigste auf der Liste bin, der vor Ende der Woche aufgeben wird, ist mir dieser Jean XXIII sympathisch, und ich mache ihn zu meinem Freund.

Steinmetz, das ist ein schöner, nobler Beruf, doch ehe man den Stein behaut, muss man ihn tragen. Ich lade mir unglaublich schwere Blöcke auf und schleppe sie auf dem schwankenden Gerüst bis zur ersten, bis zur fünften Etage. Arme, Beine und Kopf schmerzen. Ich mache mir selbst Mut, indem ich mir wiederhole: »Jean XXIII, mein Junge, du wirst sehen, der Dreiundzwanzigste schafft's.« Die Arbeiter bezeichnen mich als »Quasselstrippe« oder »Jeanne d'Arc«, weil ich Selbstgespräche führe. Ich lasse sie reden.

Wenn ich mit Jean XXIII »quassele«, dann weil ich niemand anders habe, dem ich meine Seelenzustände, meine Müdigkeit und meine Entmutigung anvertrauen kann. Jean XXIII hilft mir dabei, diesen dreckigen Bauleiter lügen zu strafen. Ich überstehe meine erste Woche. Er kann es nicht fassen. Die Arbeiter behandeln mich respektvoll. Ich bin stolz auf mich.

Im Laufe der Wochen werde ich meinem Freund Jean mit der Kennziffer XXIII bisweilen untreu. Meine Arme und Beine werden muskulös, ich werde kräftiger. Ich brauche mich nicht mehr innerlich mit Flüchen anzutreiben. Die anderen necken mich, doch vergeblich. Der Lehrling und Junge für alles geht auch für die Arbeiter einkaufen: Rotwein, Bier, Brot, Zeitungen, Lotterielose. Ich bin zu diesem Dienst bereit, wenn ich freundlich darum gebeten werde.

Eine Tages behauptet einer, dem ich seine Essensbestellung liefere, ich würde ihm nicht das genaue Wechselgeld zurückgeben. Dieser Jacques mit dem Spitznahmen »Brêle« bezichtigt mich vor allen anderen des Diebstahls. Ich sehe rot und werfe seine Liter-Weinflaschen kaputt. Der Chef kommt mit dem Stil einer Spitzhacke in der Hand angelaufen. Brêle beschuldigt mich weiter lautstark: »Er hat mich reingelegt, er hat mich beklaut!« Ich raste aus. Ich reiße dem Chef den Spitzhackenstil aus der Hand und prügele auf Brêle ein. Er schreit und brüllt. Die anderen versuchen, mich zurückzuhalten, unmöglich, ich bin völlig entfesselt. Drohend nähere ich mich Jacques Gesicht. Er schützt es mit der Hand. Er fleht mich an, aufzuhören.

»Ich höre nur auf, wenn du die Wahrheit sagst. Los, sag ihnen die Wahrheit, du Schwein!«

Da gesteht der Trunkenbold vor dem Chef und der versammelten Mannschaft seine Lüge ein. Patrick, ein junger Lehrling, ruft ihm zu:

»Du hast es herausgefordert, und du bist an den Falschen geraten, geschieht dir ganz Recht.«

Den Falschen, der mit einer Spitzhackenstil bewaffnet war. Der Chef zitiert mich zu sich. Wir steigen in seinen Peugeot 403, und er liest mir streng die Leviten:

»Denk mal an die Richterin? Willst du bald wieder vor ihr stehen?«

Ich denke an die Richterin und erinnere mich an mein Versprechen. Ich antworte:

»Was hätten Sie an meiner Stelle getan?«

»Ich weiß es nicht. Aber wenn du Probleme hast, komm nach der Arbeit zu mir, dann reden wir drüber. Versuch nicht, deine Probleme auf eigene Faust zu lösen. Jetzt geh zurück zu den anderen und brüste dich nicht mit deinen Heldentaten.«

Er ist hart, der Chef, aber er ist ehrlich und fair. Ab diesem Tag bin ich frei. Ich gehe nicht mehr einkaufen und wärme auch die Henkelmänner nicht mehr.

Apropos die Henkelmänner: Kleinigkeiten machen mir das Herz schwer. Jeder Arbeiter bringt in diesem Behältnis sein Mittagessen mit. Ich beobachte, wie sie langsam und vorsichtig ihr Geschirr auspacken. Nicht mit dem Gegenstand als solchem gehen sie pfleglich um, sondern mit der, die den Inhalt zubereitet hat. Der Henkelmann ist ein Zeichen der Zuneigung. Diese Essen wurden liebevoll gekocht. Für die Jüngeren von der Mutter, für die Älteren von der Frau. Ich habe keinen Henkelmann, keine Mutter und keine Frau. Dieser Mangel macht meine Einsamkeit aus. Ich bin auf Camembert-Sandwiches abonniert. Wenn einige Kollegen mir freundlich etwas von ihrem Essen anbieten, ist das, als würden sie mich zu sich nach Haus einladen. Wenn es auf einer Baustelle kalt ist und einem die Muskeln wehtun, ist eine warme Mahlzeit ein Trost.

Manchmal möchte ich, dass sie glauben, ich würde nicht ganz allein leben, ich hätte jemanden, der mich liebt und verwöhnt. Dann kaufe ich mir eine Konserve von William Saurin – zum Beispiel Würstchen mit Linsen –, fülle sie in einen Henkelmann und behaupte, meine Freundin hätte das für mich gekocht. Ich weiß nicht, ob es mir jemand glaubt.

Jacques »Brêle« versucht, sich mit mir auszusöhnen. Eines Tages arbeiten wir auf demselben Gerüst. Er entschuldigt sich.

»Weißt du, ich wollte dich nur ein bisschen provozieren.«

»Der Schuss ist nach hinten losgegangen!«

Wir lachen und stoßen mit Glühwein an, weil der Wind eisig ist. Auch Jacques ist ein Fürsorgekind, das verbindet uns. Er hat zwei Söhne, die er umso zärtlicher liebt, als er selbst seinen Vater nie gekannt hat. Er hörte nur einmal von ihm, und zwar als der Staat ihn verpflichtete, für diesen Unbekannten Unterhalt zu zahlen. Jacques arbeitet unheimlich viel, weil er ein Haus kaufen will. Er spart jeden Centime und ist daher geizig. Ich lerne »Brêle« zu mögen und zu bewundern. Nach dieser Erfahrung schwöre ich mir innerlich, mich zu zwingen, nichts auf den ersten schlechten Eindruck zu geben, sondern zu versuchen, das Herz der Menschen zu erkunden. Die anderen sind immer besser als die Etiketten, die wir ihnen auf den Rücken kleben.

Meine Lehre bei den Handwerksgesellen verläuft ohne Zwischenfälle. Ich habe meinen Platz innerhalb der Kollegen, und die Arbeit gefällt mir. Die Dinge komplizieren sich, als ich einige Tage im Monat zur Schule gehen muss. Beim technischen Zeichnen habe ich wegen meiner Lücken in Geometrie große Mühe. Noch dazu habe ich mich mit dem Lehrer angelegt. Als er eines Tages etwas erklärt hat, habe ich ihm versichert, das sei Quatsch. Er hat sich verteidigt. Nachmittags habe ich vor der ganzen Klasse behauptet, er habe unrecht und Beweise dafür gebracht. Ich habe mich aufgeführt wie ein kleiner Gockel, habe ihn geärgert und gedemütigt. Diesen Mangel an Umgangsformen bezahle ich seither teuer. Jedes Mal, wenn ich ihm eine Zeichnung abgebe, zerreißt er sie vor allen anderen.

Mehrere Monate lang ertrage ich diese Schmähung. Bis zu jenem Vormittag im Mai, als er wieder meine Arbeit vernichtet. Diese ist mir wichtig, ich habe mir große Mühe gegeben. Zorn steigt in mir auf, rinnt wie Lava durch meine Venen. Ich gehe zu meinem Platz zurück und atme tief und langsam durch, die Fetzen meiner Zeichnung in den Händen. Ich lege sie auf mein Pult und kehre dann ruhig zu dem seinen zurück. Ich nehme eine Mappe, in der der Lehrer seine eigenen Zeichnungen aufbewahrt, und zerreiße sie langsam eine nach der anderen. Dabei sehe ich ihm in die Augen und sage:

»Jetzt wissen Sie, was man dabei empfindet!«

Ich gehe und schlage die Tür hinter mir zu.

Die gesamte Klasse verteidigt mich. Meine Kameraden versichern, dass ich natürlich etwas überzogen reagiert habe, dass ich aber mildernde Umstände verdiene: Trotz meiner großen Lücken gebe ich mir große Mühe mit meinen Zeichnungen, und er hat sich ungerecht mir gegenüber verhalten. Der Lehrer hört auf meine Mitschüler. Er kommt zu mir auf den Flur. Wir sprechen uns aus. Ich entschuldige mich. Er entschuldigt sich. Er klopft mir auf die Schulter und sagt:

»Komm, gehen wir wieder zu den anderen.«

In den folgenden Wochen fordert er mich auf, mich mehr zu beteiligen und gibt mir gratis Nachhilfe in Geometrie und technischem Zeichnen, um meine Rückstände aufzuholen. Ich arbeite wie verrückt, ich kämpfe, weil er stolz auf mich sein soll, so wie auch meine Richterin. Meine Noten werden besser. Die größte Lektion, die ich von diesem Mann bekommen habe, ist nicht in technischem Zeichnen, sondern in Demut. Er ist bereit, seinen Stolz zu vergessen. Um des lieben Friedens willen ist er einen Schritt auf mich zugekommen, dabei war er der Angegriffene und der Stärkere. Eine Lektion fürs Leben für einen aufgeblasenen Gockel.

Sowohl in der Schule als auch auf der Baustelle füge ich mich gut ein. Tagsüber lebe ich in einer gewissen Harmonie mit mir selbst. Doch abends, wenn die Sonne am Horizont untergeht, gerät dieses Gleichgewicht ins Wanken. Ich verfalle in Traurigkeit und Auflehnung. Nachts gehen meine alten Dämonen zum Angriff über. Die Angst steigt in mir auf wie ein galoppierendes Pferd, vor allem, wenn ich an erleuchteten Fenstern oder Wohnungen, in denen gefeiert wird, vorbeigehe. Hinter den Gardinen ahne ich das Familienleben, die Kinder, die mit ihren Eltern spielen oder unter ihrem aufmerksamen Blick ihre Hausaufgaben machen. Aus den offenen Fenstern höre ich das Klappern von Geschirr und Gelächter, Streit, das pralle Leben. In meinem Inneren tobt ein Ungeheuer aus Gewalttätigkeit und Eifersucht: »Warum sie? Warum haben sie dieses Glück? Warum nicht ich?« Dann werde ich zu einem Terroristen der Liebe, einem Vampir der Zärtlichkeit. Durch Schläge kompensiere ich die Zuneigung, die mir vorenthalten wird. Zufallsbekanntschaften, die ich auf der Straße treffe, verpasse ich aus reiner Rache einen Stoß mit dem Knie in die Eier. Das befreit mich von meiner Einsamkeit. Zumindest sieht man mich an, man beschimpft mich, man rennt mir hinterher, man interessiert sich für mich.

Ständig fühle ich mich von den anderen verletzt. Meine ausgeprägte Empfindlichkeit wird von unglaublichen Ungerechtigkeiten genährt. Sie scheinen sich bei mir zu häufen. Das Fürsorgekind ist eine leichte Beute für die, die es unter dem Deckmantel vermeintlichen Wohlwollens ausnutzen wollen. Das habe ich bei meiner grässlichen Pflegemutter gesehen und auch bei dem Vormund, der seit dem Beginn meiner Lehre für mich verantwortlich ist. Ich gebe meinen Lehrlingslohn bei ihm ab. Fünfhundert Francs pro Monat. Er bringt das Geld auf die Bank. Das zumindest behauptet er, denn als ich nach eineinhalb Jahren Arbeit mein Geld verlange, weil ich mir anstelle meines gestohlenen Fahrrads eine Malaguti kaufen will, erwidert dieser Dreckskerl mit Unschuldsmiene: »Aber du hast kein Geld! Dein Konto ist leer!« Er hat sich bedient, und ich kann es nicht beweisen.

Zwei Wochen lang gehe ich vierzehn Kilometer hin und vierzehn Kilometer zurück zu Fuß, um zu meiner Arbeit zu gelangen. Erschöpft, entnervt und angewidert stehle ich am helllichten Tag vor dem Gerichtsgebäude ein Polizeimofa. Erst bepflastere ich es mit Aufklebern, und am nächsten Tag komme ich zurück, um meine Beute abzuholen. Provokation eines kleinen wütenden Gockels. Niemand nimmt mich fest. Die Polizisten gehen vorbei, ohne mich eines Blickes zu würdigen.

Ich eigne mir also das Gefährt an und sage mir, dass es ein Geschenk meines Vaters, des Präsidenten der Republik, ist, um die Ungerechtigkeit meines Vormunds auszugleichen.

Tanz mit Schlägen

Eines Abends, als die Einsamkeit wieder einmal mein Wegge-
fährte ist, sehe ich über einem Eingang ein großes Schild.
Ich trete näher und lese: »Boxhalle«. In meinem Kopf macht es
»pling«.

Ich sehe mich vor vier Jahren auf einer Straße in Paris. Die Bullen haben mich geschnappt. Wütend stelle ich demjenigen, der
mich in den Mannschaftswagen schieben will, ein Bein. Er vernimmt mich hinterher geduldig, ohne Aggressionen oder Vorwürfe. Und schreibt meine Aussagen in ein braunes Notizbuch. Er
bietet mir ein Bonbon an und sagt:

»So wie du gebaut bist, kannst du später Polizist oder Boxer
werden.«

Polizist ist nicht eben der Beruf, von dem einer wie ich träumen
würde. Dennoch merke ich mir die Worte dieses großherzigen
Mannes. Freundlichkeit vergisst man nie, sie bleibt in einem Win-
kel unseres Herzens festgeschrieben.

Aber Boxer ...

Neugierig trete ich ein. Vor großen Spiegeln dreschen mehrere
Typen auf Sandsäcke ein. Sie schlagen, schlagen hart zu, keuchend
und schweißüberströmt. Ein kräftiger Mann von etwa fünfzig Jahren kommt auf mich zu. Seine Augen sind die von einem, dem
man nichts vormachen kann.

»Was willst du, mein Junge?«

Die Lider halb geschlossen, antworte ich:

»Boxen wie die anderen.«

Er mustert mich schweigend, taxiert mich.

»Hast du ein medizinisches Attest?«

»Nein, was ist das, ein Attest?«

»Geh zu einem Arzt, zu irgendeinem, erklär ihm, dass du boxen willst und dafür ein Papier brauchst.«

Am nächsten Tag komme ich mit einem Attest zurück. Der Kräftige mit dem durchdringenden Blick empfängt mich lächelnd.

»Na, da hast du ja deine Bescheinigung!«

Ich warte ungeduldig darauf zu kämpfen, ich will zuschlagen. Er gibt mir ein Springseil:

»Los, wie die anderen!«

Ich versuche, das Seil über meinen Kopf zu schwingen, dann unter meinen Füßen hindurch. Ich stelle mich an wie ein Idiot. Meine Beine verfangen sich, und ich falle fast hin. Die ganze Halle lacht über meine Ungeschicklichkeit. Ein harter Schlag für meine Eitelkeit. Ich bin wie ein Stier, der sich in einer Arena verlaufen hat und nicht weiß, wem er seinen ersten Stoß versetzen soll. Ich gehe über die Demütigung hinweg. Ich bleibe trotz dieser Prüfung.

Von jetzt ab gehe ich fast jeden Abend in die Boxhalle. Dieses Ventil für meine Einsamkeit gibt mir die Möglichkeit, meine nächtliche Wut gegen einen Sandsack statt gegen unschuldige Opfer zu richten. Nach vierzehn Tagen kommt mein erster Kampf im Ring gegen einen gutgebauten Typen, der seit zwei Jahren trainiert. Seine Augen haben einen boshaften Ausdruck, der mich zum Zuschlagen animiert. Ein kurzer Schlagabtausch.

Der Trainer ruft mir zu:

»Deine Deckung! Vergiss die Deckung nicht!«

Und zack, bekomme ich einen Hieb auf die Nase. Ein roter Schleier. Die Wirkung ist unmittelbar. Wütend stürze ich vor und schlage und prügele unkontrolliert los, muss Schläge einstecken und hopp, verpasse ich meinem Gegenüber einen Rechtshaken. Christian geht zu Boden.

Die Standpauke ist streng, ich werde für eine Woche gesperrt.

»Du hast nicht auf mich gehört«, schimpft der Trainer. »Du bist hier nicht auf der Straße, also reiß dich zusammen, sonst bekommst du es mit mir zu tun!«

Es stimmt, dass ich mich geprügelt habe wie in der Erziehungsanstalt, wenn wir boxten, ohne die Regeln zu kennen, ohne Handschuhe, nur um unsere großen Leidensgenossen nachzuahmen. Ich bin in der Boxhalle, um eine edle Kunst zu erlernen – da hat der Kräftige ganz recht – und nicht um mich auszutoben wie ein Wilder. Diese Sperre ist mir eine Lektion. Ich habe Zeit, über meine Unbeherrschtheit nachzudenken.

Christian habe ich den Kiefer gebrochen. Nachdem wir in derselben Klasse, im Mittelgewicht, kämpfen, lässt man mich bei einem Schaukampf in Saint-Quintin zur Eröffnung der Europameisterschaften für ihn einzuspringen. Ich jubele und bedaure es überhaupt nicht mehr, den armen Christian auf die Bretter geschickt zu haben.

Bei meinem Vormund trainiere ich mit Düngersäcken, um meine Fäuste und Muskeln zu stärken. Das Stickstoffsalz verbrennt mir die Haut. Die beste Art, die Qual zu erleichtern, ist, noch fester zuzuschlagen. Ich heule vor Schmerzen und Wut. Ich stelle mir vor, die leblosen Säcke wären mein Vater. Ich denke an meine Geheimwaffe. Das spornt mich in den Kämpfen an, wenn ich den Turbogang einlegen muss, um den Gegner in die Knie zu zwingen. Ich denke an meinen Vater ... Dann schlage ich fester und fester zu.

Wenn ich auf der Baustelle meine Steine schleppe, ziehe ich die Arme an. Alles wird zum Training. Mein Leben ist auf Boxwut ausgerichtet.

Ich genieße die Ehre zu kämpfen. Ein Match folgt dem anderen. Der Kräftige hat mich bemerkt und widmet mir seine Zeit und seine Ratschläge. Mit viel Feingefühl kanalisiert er meine Gewalttätigkeit und mobilisiert sie, um meine Technik zu verbessern. Oft gewinne ich meine Kämpfe mit einem K. o. Die Angriffe des Gegners stimulieren mich, spornen meine Wut an. Jetzt gelingt es mir, diese in einen kontrollierten gefährlichen Schlag zu verwandeln. Ich boxe immer härter und ziele besser.

Ich genieße es zu sehen, wie der andere unter meinen Attacken wankt und zusammenbricht.

Eines Tages wird der am Boden Liegende mein Vater sein.

Bei einem Kampf in einer belgischen Stadt spuckt mir, als ich in den Ring steige, ein Zuschauer ins Gesicht. Ich bedenke ihn mit einem Uppercut, der ihn niederstreckt.

Als ich am Ende in die Garderobe gehe, trifft mich ein Rechtshaken am Ohr. Ein stechender Schmerz. Ich fahre herum, bereit zurückzuschlagen und entdecke meinen Trainer. Er ist wütend.

»Ja, ich habe zugeschlagen. Das wird dir beibringen, dein Publikum zu respektieren!«

»Ich wollte mich verteidigen, der Typ hat mich angespuckt.«

»Halt den Mund, ich will nichts hören! Ein richtiger Boxer schlägt nur im Ring zu. Er respektiert sein Publikum, auch wenn es ihn demütigt. Ein Boxer ist ein Pazifist, ein zivilisierter Mensch und kein Schläger. Geh unter die Dusche!«

Henri, mein Betreuer, nimmt mir die Bandagen von den Händen und tätschelt mir zuneigungsvoll den Kopf: »Vergiss es, Tim, mach dir keine Sorgen. Er war früher wie du. Er hat dich gerne, weißt du? Du ähnelst dem, der er in seiner Jugend war.«

»Eine merkwürdige Art, es zu zeigen.«

»Wenn er dich nicht gerne hätte, würde er sich nicht die Mühe machen, dich anzumeckern! Geh jetzt duschen, es war ein guter K.-o.-Sieg.«

»Danke, Henri.«

Er hat feuchte Augen. Die Dusche beruhigt mich. Als ich aus dem Dampf trete, wirft mir mein Trainer ein Handtuch zu:

»Wir feiern deinen Sieg bei Antoinette. Deine Beinarbeit hat Fortschritte gemacht. Vergiss nicht, dass du zwei Fäuste hast, mein Sohn, damit du sie benutzt. Deine Linke ist nur zu zehn Prozent ausgelastet. Was für eine Verschwendung. Daran musst du arbeiten. Aber jetzt erstmal ab zum Essen.«

»Ja. Und Entschuldigung wegen vorhin.«

»Schwamm drüber. Beeil dich, mein Junge, sonst wird Antoinette sauer.«

Eine Stunde später sitzen wir bei Antoinette, einer Freundin des Clubs, die ein Restaurant betreibt, und laben uns an ihrem berühmten Kaninchen in Senfsauce. Nach drei Portionen Kaninchen lacht die hübsche Antoinette:

»Tim, von dir sollte man sich lieber ein Foto an die Wand hängen, als dich ins Restaurant einzuladen!«

Sie bringt eine große Schüssel mit Sahnepudding, den ich genussvoll verdrücke. Die anderen sehen mich mit offenem Mund an, und Henri fragt:

»Wo lässt du das nur alles?«

»Ich bin schließlich ein Mann! Jetzt kann ich trainieren gehen, ich bin in Hochform.«

Mein Trainer lacht:

»Hör auf, du bist doch nicht mal mehr fähig, dreißig Liegestütze zu machen!«

»Wetten ...?«

Ich hieve mich von meinem Stuhl, lege mich auf den Boden und absolviere sechzig Liegestütze. Bei den letzten zehn habe ich den Eindruck, den Eiffelturm auf meinem Hinterteil zu tragen. Ich fühle mich in der Lage, meine Dame Giraffe zu stemmen, um Antoinette zu gefallen. Angeberei stimuliert!

Seit dem Hieb aufs Ohr und dem Kaninchen bei Antoinette besteht eine Verbundenheit zwischen meinem Trainer und mir. Ich verbringe wundervolle Stunden männlicher Freundschaft in der Boxhalle. Das Training ist eine Unterbrechung in meinem tristen einsamen Leben. Ich verbringe jetzt alle Abende und Wochenenden in der Halle und warte ungeduldig auf den nächsten Kampf.

Der Kampf. Das Saturdaynight-Fever! Das Aufwärmen im Umkleideraum, der Aufruf per Lautsprecher, der Ausgang, der lange Tunnel, der aufgeheizte Saal. Die Leute drängen sich um mich. Ich bahne mir einen Weg durch die dichte Menschenmasse hin zu dem erleuchteten Karree inmitten der Dunkelheit. Ich bücke mich, steige zwischen den Seilen hindurch. Henri bindet meine Handschuhe, klopft mir auf die Schulter. Dann sitze ich winzig klein ganz allein in einer Ecke, die Angst zieht mir den Magen zusammen, während die Masse brüllt und mich mein Gegner aus der entgegengesetzten Ecke mustert. Der Gong ertönt, und wir stürzen uns aufeinander.

Das Boxen ist für mich, das Straßenkind, ein ungeheures Geschenk. Man kümmert sich um mich, sieht mir zu, beobachtet mich und lehrt mich die subtile Kunst, die man aus Unwissen als grob bezeichnet. Das Boxen ist eine Schule der Zärtlichkeit, der Aufmerksamkeit und Demut.

Nach dem Kampf akzeptiert der Besiegte das Urteil, und der Sieger hilft ihm auf. Beide heben die Fäuste und umarmen sich.

Aber das Boxen reicht nicht aus, um meine Gewalttätigkeit zu kanalisieren. Bestimmte Haltungen, Bemerkungen oder Blicke entfesseln unweigerlich ein Gewitter. In diesem Fall gelingt es mir nur schwer, meinen Zorn zu beherrschen.

Ich arbeite mit Pierrot zusammen, einem Mann von fünfunddreißig Jahren, Vater von dreizehn Kindern und ebenfalls ein Fürsorgekind. Er trinkt unglaublich viel. Dieser Alkoholiker liegt öf-

ter, als dass er steht. Wenn er sich aufrecht halten kann, sucht er
Streit. Eines Tages arbeiten wir bei großer Kälte zusammen auf
einem Gerüst. Er verlangt ein Werkzeug und tituliert mich dabei
als »Hurensohn«. Mein Blut gerät in Wallung, ich werfe ihm meine Kelle ins Gesicht. Die Folge ist eine lange Schnittwunde, weil
er meine Mutter beleidigt hat. Er wimmert und lässt sich krank-
schreiben. Mein Chef verordnet mir eine Zwangspause für drei
Tage. Nie wieder arbeitet Pierrot in meiner Gruppe. Auch wenn
meine Mutter mich ausgesetzt hat, ist das noch lange kein Grund,
schlecht über sie zu reden.

Nach einer zweijährigen Lehre bekomme ich meinen Gesellenbrief als Bildhauer und Steinmetz. Ich bin noch keine achtzehn
Jahre alt und somit dank der Ausnahmegenehmigung des Präsidenten der Republik der jüngste Steinmetz mit einer abgeschlos-
senen Lehre. An jenem Tag jubele ich vor Freude. Sorgfältig falte
ich meine Bescheinigung zusammen, steige auf mein Rad und
trete sechzig Kilometer, so kräftig ich kann, in die Pedale, bis ich
den Justizpalast erreicht habe. Ich betrete das riesige Gebäude, als
würde ich nach Hause kommen. Ich finde den richtigen Gang,
meine rote Bank im Empirestil und die Tür meiner Lieblingsrichterin. Ich will hinein. Ein Polizist verbietet mir den Zutritt, angeblich, weil ich keinen Termin habe. Ich fange an zu schreien wie ein
Verrückter und brülle im Flur:
    »Frau Richterin, Frau Richterin!«
    Die Leute blicken verständnislos, die Beamten wollen mich hin-
auswerfen, doch ich rufe weiter. Plötzlich erscheint meine Richterin. Uff, sie hat mich gehört.
    »Was ist denn hier los? Ach, du bist es, Junge. Was machst du
hier? Und warum dieser Aufruhr?«
    »Ich habe mein Wort gehalten, Madame. Ich habe Ihnen ver-
sprochen, wenn Sie mir eine Chance geben, würde ich es schaffen. Jetzt habe ich es geschafft. Vor drei Stunden habe ich meinen

Gesellenbrief als Steinmetz bekommen, und ich bin gleich hergelaufen, um Ihnen meine Urkunde zu bringen.«

Ich glaube wirklich, sie kann es nicht fassen.

»Bitte, Junge, komm in mein Büro!«

Ich trete ein und ziehe das wertvolle Dokument aus meiner Tasche. Ich falte es so vorsichtig auseinander, als wäre es aus Gold. Ich überreiche es ihr.

»Hier, das ist für Sie, ich habe Ihnen ja gesagt, dass ich es schaffen würde.«

»Nein, es ist deins.«

»Nein, Madame, ich habe es mit Ihrer Hilfe geschafft, ich habe es für Sie gemacht, es gehört Ihnen.«

Sie spürt meine Entschlossenheit. Sie nimmt die Urkunde und betrachtet sie aufmerksam. Dann murmelt sie »danke«. In ihrem Blick lese ich Anerkennung. Ich bin glücklich wie ein König. Gerade habe ich das schönste Geschenk meines Lebens gemacht. Zwei Jahre der Beharrlichkeit, des Kampfs gegen meine Dämonen, gegen Kälte und Hitze, gegen Spott und Demütigungen, gegen Müdigkeit und Entmutigung. Ein schönerer Sieg als der im Ring.

Ich umarme meine Richterin, um ihr zu danken – sie hält meinen Gesellenbrief noch in der Hand –, und ich verlasse sie beschwingten Herzens. Der Sekretärin und dem Polizisten rufe ich zu:

»Da sehen Sie es, ich brauche keinen Termin. Ich bin Ihr Sohn!«

Dann radele ich los, um meine Freunde zu treffen, Jean-Luc, Jacques und die anderen. Der Sieg wird mit einem rauschenden Fest gefeiert.

Einige Tage später komme ich in eine Polizeikontrolle. Wieder treffe ich auf das ungleiche Paar, auf Laurel und Hardy der Brigade, den Netten und den Blöden. Gerade habe ich mir ein neues Mofa gekauft, um meinen Erfolg zu feiern. Der fiese Polizist umrundet es. Er verdächtigt mich natürlich, es geklaut zu haben.

»Da stimmt was nicht, ich finde keine Motornummer ...«

Er schleicht herum, inspiziert, schnüffelt ... Er geht mir so auf die Nerven mit seiner Motornummer, dass ich zu ihrem Peugeot 404 gehe, der am Straßenrand geparkt ist, und frage:

»Das ist wohl Ihr Wagen?«

Ich öffne die Kühlerhaube.

»Sind Sie sicher, dass das der Originalmotor ist? Ich finde keine Motornummer ... Eigenartig ... Sie haben das Auto doch nicht etwa gestohlen?«

Laurel lächelt wie immer, aber Hardy, der ebenso viel Humor hat wie ich Geduld, reagiert sofort. Die Nadel ist im roten Bereich. Er brüllt los:

»Sie brauchen nicht zu meinen, Ihnen wäre alles erlaubt, nur weil Sie der Sohn einer Richterin sind.«

Er zieht seinen Block heraus, und wieder bekomme ich einen Strafzettel wegen Beleidigung eines Polizeibeamten in Ausübung seines Amtes und anderer Kleinigkeiten.

»Ihre Mutter wird davon erfahren, das können Sie mir glauben! Sie wird informiert! Und Sie werden nicht so einfach um die Strafe herumkommen!«

Ich muss grinsen und gehe sofort zu meiner Richterin:

»Madame, ich muss Ihnen mitteilen, dass ich nicht nur der Sohn des Präsidenten bin, sondern auch der Ihre, und dass man Ihnen einen saftigen Strafzettel bringen wird. Aber keine Sorge, es geht mir gut, und ich mache keinen Unsinn.«

Ich bin nicht nur der jüngste Steinmetz mit einem Brief, sondern auch der beste. Sofort bekomme ich Arbeitsangebote. Einer der Prüfer ist Chef eines großen Bauunternehmens. Er stellt mich als Facharbeiter ein. Das Gesetz schreibt vor, dass ich meinem Arbeitgeber mein Zeugnis vorlegen muss. Mist. Das hätte ich fast vergessen. Also fahre ich wieder zu meiner Lieblingsrichterin, natürlich wieder ohne Termin. Der wachhabende Polizist lässt mich durch.

»Ach, Sie sind es. Ihre Mutter ist in ihrem Büro.«

Mir ist unwohl zumute.

»Es tut mir leid, Madame, aber ich habe völlig vergessen, dass ich meinen Gesellenbrief brauche, wenn ich einen Arbeitsvertrag unterschreiben will.« Der Gesellenbrief ist eingerahmt und thront auf ihrem Schreibtisch:

»Hier, du hast es verdient!«

»Danke, ich bringe Ihnen den Rahmen zurück.«

»Nein, nein, ich habe ihn für dich ausgesucht.«

Mein Herz hüpft vor Freude. Ihr Kompliment verwirrt mich. Noch glücklicher als beim letzten Mal, verlasse ich ihr Büro. Ich bin stolz, dass sie stolz auf mich ist.

Am nächsten Morgen überreiche ich den Gesellenbrief in seinem goldenen Rahmen der Sekretärin der Firma. Sie ruft aus:

»Aber das ist ja ein wahres Kunstwerk!«

Überglücklich setze ich mich in Positur. Mein Chef befördert mich schnell zum Vorarbeiter. Ich habe eine große Klappe, bin kompetent und bei den Männern beliebt.

Ich leite einen Trupp von Algeriern, Marokkanern und Tunesiern, mit denen ich in einem Baucontainer wohne. Wir sind vierundzwanzig Stunden zusammen. Nie werde ich meine erste Nacht mit ihnen vergessen. Der Container ist zwölf Meter mal zwei Meter fünfzig groß. Gegenüber der Tür ein Waschbecken, darüber ein kleines Fenster. Rechts und links an den Wänden Stockbetten, die mit Bildern von nackten Pin-up-Girls in vielsagenden Stellungen dekoriert sind. Ein widerwärtiger Geruch nach Schweiß, Urin und abgestandener Luft.

In dieser ersten Nacht tue ich kein Auge zu. Ein italienischer Arbeiter hat mir zugeflüstert: »Pass auf! Die schieben dir im Schlaf einen rein.« Das geringste Geräusch, und ich schrecke auf. Bei Tagesanbruch bin ich unversehrt, aber erschöpft. Meine Mitbewohner schlafen wie die Murmeltiere.

Sie sollen wahre Freunde, ja gar Herzensbrüder, werden, denen ich viel zu verdanken habe. Wir haben uns nicht gewählt, das hat das Leben für uns getan. Abends kochen wir gemeinsam in einem benachbarten Häuschen. Ihre Familien sind weit weg, die meine auch. Sie nehmen mich als einen der Ihren auf. Nach dem Essen machen die Tunesier Musik, die Algerier singen und die Marokkaner tanzen. Magische Augenblicke, in denen diese Männer, die den ganzen Tag hart mit Zement und Stein arbeiten, ihren Instrumenten anmutige Melodien von zarter Harmonie entlocken. Unser Container verwandelt sich in einen erleuchteten Salon aus *Tausendundeine Nacht*. Diese Männer leben mit wenig. Sie opfern sich für ihre Familie, der sie einen Großteil ihres Lohns schicken. Einen Monat im Jahr fahren sie sie besuchen. Und kehren dann für ein langes, einsames Jahr zurück.

Eines Abends entdecke ich Mohammed vor dem Waschbecken auf Knien. Er spricht, stöhnt, kreischt unverständliches Zeug und wirft sich auf den Boden. Ich klopfe ihm auf die Schulter.

»Mohammed, bist du krank?«

Er antwortet mir nicht, sondern setzt sein Lamento fort. Eine Stunde später, während des Abendessens, frage ich ihn:

»Geht es dir besser?«

Er erklärt mir, ich solle mir keine Sorgen machen, das sei die Art der Moslems zu beten. Und ich dachte, ihm wäre nicht gut. Mohammed erläutert mir seinen Glauben und die täglichen Rituale. Ich weiß über den Islam so wenig wie über das Christentum.

Unser gemeinsames Leben dauert ein Jahr und einige Monate. Diese Freunde spüren meine Leidenschaft und meine jugendliche Erregung, wenn ich vom Boxen rede. Sie ermutigen mich und freuen sich mit mir. Wenn ich einen Kampf im Ausland habe, bringe ich ihnen Geschenke und Andenken mit. Ihre Dankbarkeit berührt mich zutiefst.

Ich liebe das Tanzen mit den Schlägen. Im Ring finde ich das Beinspiel meiner Vorfahren, der Irokesenkrieger, wieder, ihre

Schnelligkeit beim Schlag und eine gewisse Anmut bei den lautlosen, für den Gegner verwirrenden Bewegungen.

Diese von meinem Vater ererbten Waffen trainiere und schärfe ich, um sie eines Tages gegen ihn richten zu können.

Das Boxen ist meine Leidenschaft. Dieser Sport liegt mir im Blut und ist wie für mich gemacht. Endlich existiere ich für jemanden. Man achtet mich. Man kümmert sich um mich. Ist meine Augenbraue aufgeplatzt, so nähern sich vorsichtige Hände, um mich zu verarzten. Man setzt mich hin, man spricht mit mir, man behandelt, verbindet, massiert mich, mein Trainer gibt mir Ratschläge und flüstert mir zu:

»Los, mein Junge, greif von rechts an, halt durch!«

Bin ich Sieger, so tätschelt man mir den Kopf und gratuliert mir, und wenn ich von meinen Trainern die Treppe zum Podest hinaufgetragen werde, applaudiert die Menge. Ich, das Kind ohne Namen. Man wirbt darum, mein Freund zu sein.

Ich vergesse nicht, dass ich in den Ring habe steigen müssen, um umarmt zu werden. Ich habe mir mit der Stärke meiner Fäuste Zuneigung erkämpft.

Am Abend meines ersten nationalen Siegs brauche ich einen Rahmen, der meines Glücks und meines Stolzes würdig ist, um das Ereignis zu feiern. Ich entferne mich von meinen Trainern und der kleinen Gruppe von Fans. Ich flaniere durch Paris, das nur für mich erleuchtet ist, daran hege ich keinen Zweifel. Langsam schlendere ich durch diese Straßen, durch die ich, die Einsamkeit an den Fersen, schon so manches Mal gelaufen bin, und genieße meinen Sieg. Ich leiste mir eine königliche Suite in einem der Luxushotels, vor denen ich geträumt habe. Da ich fürchte, dass sie mir angesichts meines Alters den Zutritt verweigern, ziehe ich ein Bündel Scheine, mein Preisgeld, aus der Tasche und lege sie auf den Tresen. Ich zahle bar.

»Haben Sie Gepäck, Monsieur?«

»Nein, kein Gepäck, nur meine Boxhandschuhe, die behalte ich bei mir.«

Im Aufzug schielt der Liftboy nach den Handschuhen, die ich um den Hals trage. Zwei dicke rote Kugeln. Er sieht mich aufmerksam an, die genähten Wunden, die geklammerte Augenbraue, die blauen Flecken, die Spuren der Schläge. Ohne Fragen zu stellen, führt er mich in eine große Suite, schließt die Tür und lässt mich allein mit meinem Siegesrausch.

Ich lege die Handschuhe auf ein edles Buffet und strecke mich auf dem riesigen Bett mit den seidenen Laken aus. Weit, sehr weit von meinem Fahrradkeller entfernt.

Es ist das erste Mal, dass ich die Einsamkeit nicht als lastend empfinde. Sie scheint mir so leicht wie Champagnerperlen.

An diesem Abend bin ich der Sieger. Ich bin stärker als mein Vater.

Am nächsten Tag verlasse ich meine Suite erst mittags. Punkt zwölf. Um nicht eine Sekunde von diesem Luxus zu verpassen, den ich mit meinem Schweiß, meinem Blut, meinen Fäusten und meinem Hass erkauft habe.

Entdeckung der Außerirdischen

Jean-Marie ist ein komischer Typ. Er nimmt zusammen mit mir an einer Fortbildung in moderner Mauerarbeit in Compiègne teil. Er hat dichtes, lockiges Haar, seine Muskulatur ist quasi inexistent – man könnte meinen, er wäre aus Streichhölzern gebaut – und trägt tagaus, tagein ein marineblaues T-Shirt mit weißen Streifen, als wäre es seine zweite Haut. Er sitzt am Strand von Merlimont, strickt Pullover für seine Freunde und lernt seine Lektion über Stahlbeton. Seine Augen nehmen einen verklärten Blick an, als hätte er einen Joint geraucht, wenn er über Gott spricht – das ist seine Marotte, und er redet dauernd darüber.

Ich frage mich wirklich, was er auf dem Bau zu suchen hat, er, der aussieht wie ein vergeistigter, mystischer Künstler.

Eines Tages bildet sich auf dem Hof eine kleine Gruppe um ihn. Jean-Marie spricht wieder mit seiner ansteckenden Begeisterung von Gott. Alle sind fasziniert. Das nervt mich, dieser Typ läuft mir den Rang ab, noch dazu mit einem solchen Thema! Ich spreche ihn an.

»Und du behauptest, Gott wäre für die Armen auf die Erde gekommen?«

Er antworte mit flammenden Augen: »Ja, aber ja!«

»Für alle Armen?«

»Ja, oh ja, für alle Armen!«

»Und wo war dein Gott gestern?«

»...«

»Hast du die Zeitung gelesen?«

»...«

»Die Frau, die mit vierzehn Messerstichen niedergestreckt wurde? Das Kind, das geschlagen und vergewaltigt wurde? Wo war denn dein Gott der Armen zu der Zeit? Auf den Balearen?«

Der Eiferer schweigt. Ich genieße meinen Schlag. Ich hoffe, ihm ein für alle Mal das Maul gestopft zu haben. Aber nein, er redet weiter. Er gibt nicht nach, spricht wieder leidenschaftlich von seinem Glauben. Er behauptet, Gott liebe die Menschen unendlich, das sei die gute Nachricht, und er als Christ habe die Aufgabe, diese Liebeserklärung zu verbreiten.

Er versichert, Gott würde mit jenen weinen, die weinen, und sein Christus am Kreuz hätte alles Leid auf sich genommen. Allen Verrat der Menschen. In einem Anfall wahnsinniger Liebe. Seine Auferstehung verspreche das ewige Leben. Und so weiter. Und noch mehr unverständliches Zeug.

Jean-Marie ist mit Leib und Seele bei der Sache. Man kommt sich blöd vor, wenn man ihm zuhört. Mich nervt und interessiert er zugleich, dieser mutige Christ, der auch bei Anfeindungen seinen Gott nicht im Stich lässt. Der nicht aus der Arena flieht, wenn man die Löwen des Widerspruchs auf ihn loslässt. Er bleibt seinem Engagement treu.

Dieser Junge ist anders als die anderen. Er macht mich neugierig. Ich spüre, dass er Anforderungen an sich selbst stellt und von einer inneren Freude erfüllt ist, einer tiefen Gelassenheit, die mich aufhorchen lässt.

Zu jener Zeit steht Gott nicht in meinem Adressbuch. Mehrmals habe ich den unbekannten Gott, den allmächtigen Retter angerufen, wenn ich im Dreck gesteckt habe. Aber es ist niemand vom Himmel heruntergestiegen. Das geschlagene, verlassene Kind, der Kranke, der in Einsamkeit dahinsiecht, die gebärende Frau, der verunglückte Mann, sie alle rufen ein höheres Wesen um Hilfe an, selbst, wenn sie es nicht Gott nennen.

Das habe auch ich getan, doch niemand hat mir geantwortet. Ich habe Gott als abwesend abgehakt.

Jean-Marie zieht mich an und stört mich zugleich. Ich provoziere ihn gerne, versuche, ihn zum Rückzug zu zwingen. Eines Tages klopft er zum Beispiel an meine Zimmertür. Ich werfe das Messer nach ihm, mit dem ich trainiere. Es dringt genau neben seiner Hand in den Türrahmen. Ich lache, er nicht. Er ist fassungslos. Ich bin stolz auf meinen Blödsinn. Doch er lässt sich nicht entmutigen. Am nächsten Tag kommt er wieder. Das verblüfft mich.

Er erstaunt mich auch, weil er sich nicht wie die anderen verhält. Während einer Pause ziele ich mit dem Karabiner auf die Katze des Nachbarn, um ihn zu ärgern. Jean-Marie bittet mich, ihm die Waffe kurz zu leihen. In diesem Augenblick kommt der wütende Bauer aus seinem Haus, vermutet in ihm den Schützen und hält ihm eine Standpauke. Jean-Marie lässt sich anbrüllen, ohne sich zu rechtfertigen, ohne die Schuld auf mich zu schieben. Aber nicht nur das, nein, er bittet den zornigen Nachbarn auch um Verzeihung. Ich fühle mich etwas mies, ihm die Schuld in die Schuhe geschoben zu haben. Er ist mir nicht böse.

An einem Montagmorgen frage ich ihn, was er am Wochenende gemacht hat. »Eine Wallfahrt nach Chartres«, antwortet er. »Wir waren fünftausend Jugendliche, wir sind gewandert, haben gebetet und Musik gemacht, es war großartig.«

»Ach ja, und wozu soll dieser Quatsch gut sein?«

»Ich habe übrigens für dich gebetet, Tim, für alle Jugendlichen der Welt.«

»Ach ja? Ich habe dich um nichts gebeten. Trotzdem danke. Und wie viel Ärger gab es bei der Sache?«

»Ärger? Was soll das heißen, Ärger?«

»Schlägereien, Prügeleien, wenn dir das lieber ist.«

»Nichts. Keine Schlägerei, keine Prügelei.«

Ungläubig lasse ich ihn wiederholen. Der Typ macht sich über mich lustig, da bin ich mir sicher:

»Keinen Streit? Schwörst du mir das beim Leben deiner Mutter?«

»Keinen, das brauche ich nicht zu schwören, damit es wahr ist.«

Ich beobachte seinen Mund, lese in seinen Augen, er lügt nicht. Jean-Marie sagt die Wahrheit. Das ist unglaublich, ganz unmöglich, dass es keine Auseinandersetzungen gegeben hat. Ich war an diesem Wochenende auf dem Volksfest in Compiègne, dort waren tausendfünfhundert Personen, und ich habe mich siebenmal geprügelt, hinzu kommt die kleine Boxeinlage an Samstagabend. Bei lauter Musik und Alkohol, der das Blut aufheizt, gibt es immer jemanden, der einsteigt, und der Tanz beginnt. Menschenansammlungen sind für mich gleichbedeutend mit Streit, Provokation, Prügelei. Zack, boing, bum! Das geht schnell, ein bisschen wie beim Sex. Man macht sich an, man reibt sich aneinander. Ist der Typ nett, kann er ein Kumpel werden. Ist er blöd, schlägt man noch mal zu. Das sind Erinnerungen in der Einsamkeit. Das füllt den Kopf, wenn man nichts anderes hat.

Jean-Marie unterbricht meine Überlegungen.

»Warum starrst du mich so an? Ich bin doch kein Marsmensch!«

»Doch. Viertausendfünfhundert Menschen und keine einzige Schlägerei, ihr seid ja verrückt! Jeder von euch hätte sich zwanzigmal prügeln können!«

»Keine Schlägereien, du hast mein Wort!«

Die ganze Woche über geht mir diese Sache nicht aus dem Kopf. Ein Pilgerzug, ein Menschenauflauf ohne Prügelei? Ich habe im Leben wirklich noch nicht alles erlebt.

Und wieder stelle ich ihm Fragen über diese Wanderung. Er erklärt mir, er habe Behinderte hingebracht. Ja, er lebt mit Behinderten. Be-hin-der-ten!

Nein, dieser Typ will mir allen Ernstes weismachen, dass er umsonst für Verrückte arbeitet und noch dazu seine Wochenenden mit ihnen verbringt!

Ich bedränge ihn, will mehr über diesen Außerirdischen erfahren. Jean-Marie lebt in Compiègne in der christlichen Lebensgemeinschaft der Arche. Er erklärt mir, dass diese Gemeinschaft von dem Kanadier Jean Vanier, der zuerst Marineoffizier war, dann Philosophielehrer, gegründet wurde. Dieser großartige Mann war schockiert, wie bestimmte geistig Behinderte von der Gesellschaft abgelehnt, in psychiatrische Kliniken abgeschoben und wie willenloses Gemüse behandelt werden. Er hat dann zwei von ihnen zu sich genommen. Sie heißen Raphael und Philippe.

Als Kind war Raphael an Hirnhautentzündung erkrankt; er kann nicht mehr sprechen, und sein Gleichgewichtssinn ist gestört. Er hat, wie man so sagt, »nicht alle Tassen im Schrank«. Dasselbe gilt für Philippe. Nach dem Tod ihrer Eltern wurden sie in eine Klinik hinter hohe Mauern verbannt, als wären sie Aussätzige. Jean Vanier hat sie herausgeholt. Mit seinen beiden neuen Freunden ist er in ein Häuschen in Trosly-Breuil, zwanzig Kilometer von Compiègne, gezogen. Der ehemalige Seemann mit dem großen Herzen hat begriffen, wie sehr Raphael und Philippe unter der Ablehnung durch ihre Umgebung und unter der Enttäuschung, die sie ungewollt bei ihren Familien ausgelöst haben, gelitten haben. Er hat gespürt, wie sehr sie Freundschaft und Vertrauen brauchten. Er ist auf sie eingegangen.

Jean Vaniers Idee wurde aufgegriffen und verbreitete sich. Seit 1964 leben in Frankreich und in vielen anderen Ländern geistig Behinderte mit sogenannten »Assistenten« in Wohngemeinschaften zusammen.

»Das ist nicht immer leicht«, sagt Jean-Marie leidenschaftlich. »Dieses gemeinsame Leben verändert uns. Wir entdecken das Wesentliche. Wir kommen, um den Schwachen zu helfen, und schnell bemerken wir, dass sie es sind, die uns helfen.«

»Und was ist das Wesentliche?«

»Wir erfahren, dass wir geboren sind, um zu lieben. Wir setzen all unsere Fähigkeiten ein, um eine liebevollere Gesellschaft zu gründen, in der jeder seinen Platz hat.«

»Eine Gesellschaft der Liebe, machst du Witze?«

»Nein, Tim. Die Communauté de l'Arche beweist, dass die Menschen nicht dazu verdammt sind, sich zu prügeln, wie du sagst. Nicht zum Krieg, nicht zum Kampf, wo der Stärkere über den Schwächeren siegt. Die Liebe ist möglich. Jeder Mensch ist wertvoll und heilig.«

Sprach- und fassungslos höre ich ihm zu. Der Typ ist total verrückt. Er spricht von einer anderen Welt, die für mich unverständlich und doch faszinierend ist. Insgeheim ahne ich, dass dort mehr Aufrichtigkeit herrschen muss als in meiner Welt. Für mich gibt es nur Angeberei und Gewalttätigkeit. Ich habe beim Boxen und Kämpfen mehrere Titel erobert. Man umringt mich, man schmeichelt mir. Noch nie hatte ich so viele Freunde. Cafés, Restaurants, Nachtclubs, alles ist gratis für mich. Dieses Ansehen hat meine Clique vergrößert, sie zählt jetzt etwa fünfzig Jugendliche. Mein Ruhm färbt auf sie ab. Sie nennen mich Boxon oder den Matador. Wir machen die Gegend in einem Umkreis von sechzig Kilometern unsicher. Ich bin jetzt jemand. Mein zweiter Traum ist in Erfüllung gegangen.

Aber ich bin nicht glücklich. Ich weiß nicht warum.

Mein Leben ist so unruhig, dass ich nicht die Zeit habe, mir große philosophische Fragen zu stellen.

Eines Tages, als ich mich mit Freunden auf der Straße unterhalte, hält ein eleganter Wagen neben mir. Ein vornehmer Herr steigt aus. Sein Chauffeur wartet draußen und hält ihm die Tür auf. Einer meiner Freunde flüstert mir zu:

»Sieh mal, was für ein hohes Tier da zu dir kommt!«

Kléber hat Recht. Der elegante Herr geht tatsächlich auf mich zu. Er sagt:

»Guten Tag, Monsieur …«

Das ist ungewohnt für mich, es ist das erste Mal, dass man mich mit »Monsieur« anspricht. Er beglückwünscht mich zu meinen Siegen und fügt hinzu:

»Es wäre meiner Frau und mir eine Ehre, sie am nächsten Donnerstag zum Essen bei uns zu haben.«

»Ja, vielleicht. Ein gutes Essen schlägt man nicht aus. Wer sind sie denn eigentlich?«

»Der Präfekt.«

Er verabschiedet sich und steigt wieder in seine Limousine. Ich bin baff. Ehe ich ein kleiner Champion war, war ich ein kleiner Gauner. Heute nennt mich der Präfekt »Monsieur« und lädt mich zum Essen ein. Die Freunde necken mich.

»Monsieur wird also mit der hohen Gesellschaft speisen?«

Ich lasse sie reden.

Am folgenden Donnerstag begebe ich mich zu der angegebenen Adresse. Ein Bediensteter öffnet mir und nimmt mir meine Lederjacke ab. Er schaut etwas komisch, als er auf meinem Rücken den Adler sieht, dessen Schnabel in einen Totenkopf pickt. Das ist das Emblem unserer Clique. Dann fasst er sich wieder und zeigt mir den Weg. Ich trete in einen großen Salon, in dem sich mehrere Gäste befinden. Alle wenden sich um, um mich zu begrüßen. Der Präfekt stellt mir den Bürgermeister, einen Senator, einen Industriellen, einen Bankier vor. Alle im edlen Zwirn, sie sind gekleidet wie Lords. Ich bin der Einzige ohne Krawatte, ich trage Jeans, ein Hemd mit Maokragen, einen Schal um den Hals, Motorradstiefel mit sechs Schnallen und ein nietenbesetztes Lederarmband, das praktisch bei Schlägereien ist.

Madame, die ganz nach meinem Geschmack ist, weist mir den Platz neben sich zu. Noch nie habe ich so viele Teller und Bestecke auf einem Tisch gesehen. Man könnte meinen, sie hätten ihren ganzen Schrank ausgeräumt. Vor mir drei Teller, zwei Messer, zwei Gabeln, zwei Löffel. Alles aus Silber. Ich verbringe das Essen damit, die Tischutensilien zu betrachten. Zu raten, welches Besteck ich nehmen muss. Und die gutgebaute Frau des Präfekten zu beobachten. Die anderen »Persönlichkeiten« gehen mir auf die Nerven. Sie schmeicheln mir schamlos, das ist widerwärtig. Der Industrielle meint, ich sei »extra«, der Bankier findet mich »super«. Ich denke: »Die beiden haben ja einen Knall. Warum sprechen sie von ›Extra‹-Margarine und ›Super‹-Benzin?«

Als ich meinen Freunden von dem Essen erzähle, sind ihre Augen so groß wie die Flügeltüren im Salon des Präfekten. Wir lachen Tränen. Es tut gut, sich gehenzulassen nach der steifen mondänen Gesellschaft. Meine wahren Freunde sagen mir:

»Los, Mylord, du bist einer der Großen der Gesellschaft, darauf trinken wir einen.«

Angeberei ist meine Droge. Sie hilft mir, den Mangel an Vertrauen zu akzeptieren, der aus meiner Andersartigkeit resultiert. Mein Leben ist ein Wirbelsturm, eine Theaterbühne. Doch hinter der Fassade des vor Gesundheit und Stärke strotzenden Typen ist mein Herz traurig. Mein Leben ist ebenso fade wie eine Kirmes ohne Prügelei. Die Emotionen beim Boxen und die Schmeicheleien befriedigen mich nicht.

Jean-Marie hingegen ist authentisch. Er spielt kein Theater. Er sagt, was er glaubt, und lebt, was er sagt. Das verunsichert mich eigenartigerweise.

An einem Freitag treffe ich ihn im Umkleideraum des Fortbildungszentrums. Wir ziehen uns nach der Arbeit um. Ich frage ihn:

»Nimmst du mich dieses Wochenende mit zu deiner Wallfahrt nach Chartres?«

Er antwortet mir, die finde nur einmal im Jahr statt, ich müsse mich also ein Jahr gedulden. Ich raste aus.

»Habe ich mir doch gedacht, dass deine Geschichte erfunden ist! Jetzt machst du einen Rückzieher, das war alles nur erstunken und erlogen!«

Wütend und enttäuscht versetze ich ihm einen Schlag in die Magengrube und knalle die Tür hinter mir zu. Auf dem Hof verkündet die Glocke das Ende des Unterrichts. Außer mir vor Wut verschwinde ich.

Das Wochenende verbringe ich wie immer zwischen Einsamkeit und Trubel, zwischen der Stille des Waldes und lauten Jahrmärkten, Dorfbällen und Kneipen. Diese beiden Welten sind ein Zwang für mich und bilden einen Widerspruch in mir. Ich brauche den körperlichen Kontakt mit der Natur, die langen Märsche durch den Wald, wo ich den sanften unschuldigen Blick der Rehe kreuze. Ich lausche dem Plätschern der Bäche. Lautlos gleite ich zwischen den Stämmen hindurch, durch das Unterholz und nähere mich den Rehen und Hirschen, manchmal bis ich sie fast berühren kann. Nach diesen Stunden in der Natur treffe ich meine Clique, und die übliche Samstagabend-Unterhaltung beginnt. Wilde Tänze, ohrenbetäubende Musik, Alkohol in Strömen, Rasen auf dem Motorrad, Schlägereien unter den bewundernden Blicken der Mädchen. Nur Exzesse können die Woge meiner Vergangenheit vertreiben, die mit aller Macht in mir aufsteigt, wenn mich das Glück der anderen ohrfeigt.

Am Montagmorgen werfen mir meine Kurs-Kameraden offen vor, gegenüber Jean-Marie zu weit gegangen zu sein. Sie meinen, ich sollte mich bei ihm entschuldigen. Hochmütig erkläre ich:

»Da kann er lange warten!«

Ich bin stolz und werfe ihm vor: »Alles, was er mir erzählt hat, war Bluff.« Im Grunde meines Herzens bin ich mir da nicht ganz so sicher.

Am selben Abend beschließe ich, mich davon zu überzeugen, ob er wirklich mit Behinderten zusammenlebt. Ich parke mein Motorrad vor dem kleinen Haus in Compiègne. Ich höre Freudenschreie und Gelächter. Ich klopfe an die Tür. Ein behindertes Mädchen öffnet mir und fragt:

»Wer bist du? Wie heißt du?«

Leicht verlegen schweige ich. Sie stellt die Frage dreimal, und ich, der eingebildete Boxchampion, weiß nicht, was ich antworten soll. Schließlich taucht Jean-Marie auf.

»Das ist mein Freund Tim. Ein Supertyp, du wirst sehen!«

Ich denke mir: »Der spinnt ja wirklich. Ich schlage ihn grundlos nieder, und er verkündet, ich sei sein Freund, ein Supertyp!«

Jean-Marie bittet mich herein. Ich fühle mich unwohl. Die Dinge entgleiten mir, ich habe die Situation nicht mehr im Griff. Ein behinderter Junge kommt die Treppe herunter und fragt mich nach meinem Vornamen. Ich sage ihn. Er legt die Hand auf sein Herz und erklärt:

»Tim, du bist lieb!«

Wumm! Seine Worte treffen mich mit der Heftigkeit eines Schlages, doch sie sind voller Zärtlichkeit. Seit meiner Geburt bin ich nur ein Bastard oder ein Rotzjunge; jetzt bin ich Landesmeister und plötzlich »extra« und »super« geworden. Und ein Behinderter mit seiner zarten Stimme und seiner undeutlichen Aussprache schenkt mir dieses Wort, dieses Wort, das mich in die Knie zwingt.

Ja, es ist der erste K. o. meiner Laufbahn, ein Knockout durch einen Behinderten.

Zum ersten Mal in meinem Leben bin ich innerlich in die Knie gegangen.

»Ich heiße Philippe«, bringt er mühsam hervor.

Er nimmt mich beim Arm.

»Isst du mit uns?«

Ich schaffe es nicht abzulehnen und lasse mich zum Tisch ziehen. Das Essen ist einfach, die Stimmung gut. Die einen helfen den anderen. Nie werde ich das Gericht vergessen: Gefüllte Tomaten.

Während ich sie beobachte, überlege ich. Dieser Behinderte hat mich zum Essen eingeladen, weil er mich nett fand und nicht weil ich Boxchampion bin. Er weiß nichts von meinen Siegen, meinem Lebenslauf, meinem Elend und meinen Rückschlägen.

Die Leute in der Arche sind wie Außerirdische. Sie ähneln den anderen Menschen nicht. Bei ihnen gelten einfache und direkte Regeln: Gefällst du ihnen, dann sagen sie es dir, gefällst du ihnen nicht, ignorieren sie dich. Sie sind von einer wundervollen Spontaneität in einer Welt der Berechnung. Keine Angeberei, kein Theater, erfrischend.

Ich erinnere mich an Jean-Maries eigenartigen Worte: Die Lebensgemeinschaft Arche, das ist eine große Familie. Sie ist vom Heiligen Geist geschaffen worden, um in unserem Zeitalter deutlich zu machen, dass das Wesen der Menschen nicht in Wissen, Intelligenz oder Technik liegt, sondern in der Liebe. Darum hat Gott sich entschieden, sich durch jene zu manifestieren, die leiden, durch Schwache, Arme und einfache Gemüter.

Ich beginne zu verstehen.

Nach dem Essen machen sich alle ans Abspülen, dabei werden Witze erzählt. Philippe, mein neuer Freund, fragt mich:

»Kommst du mit, Jesus besuchen?«

Warum nicht. Ich fühle mich wohl mit ihnen. Plötzlich wird mir bewusst, dass ich, um Jesus zu besuchen – das muss einer ihrer Freunde sein, ein Portugiese, dem Vornamen nach zu urteilen –, mit ihnen durch die Stadt gehen muss. Halt mal, ich, Boxon, der Matador, der Anführer einer gefürchteten Clique, der einen Adler und einen Totenkopf auf dem Rücken hat, soll inmitten einer Prozession Debiler durch die Stadt laufen? Mit Leuten, die ich noch vor zwei Stunden als Mongos bezeichnet habe? Ich glaube, ich spinne.

Doch es ist zu spät, um mich zurückzuziehen. Jacqueline, die mir vorhin die Tür geöffnet hat, fasst mich an einer Hand und Sophie bei der anderen. Und schon geht's los, untergehakt, mühsam schleppend. Jacqueline hinkt und klammert sich an mir fest. Sophie flüstert spuckend und lispelnd, wenige Zentimeter von meinem Gesicht entfernt: »Ich hab dich gern, Tim, ich hab dich gern.« Hinter mir ein Tollhaus in Freiheit. Hoffentlich treffe ich keinen von meinen Freunden, welche Schande!

Eine halbe Stunde später, nachdem wir durch die ganze Stadt gelaufen sind, erreichen wir unser Ziel, den Kirchplatz. Ein Engländer empfängt uns und begrüßt jeden Einzelnen: »Guten Tag, mein Bruder, guten Tag, kleine Schwester.« Ich denke: »Was für eine zahlreiche Familie!« Er wendet sich an mich:

»Wie geht's, Bruder?«

He, ich kenne den Typen gar nicht, und ich bin nicht sein Bruder. Ich habe Brüder und Schwestern, aber man hat uns getrennt. Ich ertrage es nicht, dass ein Fremder dieses Wort zu mir sagt, das mir meine Familie nicht bieten kann

Ich werde ihm eine scheuern, diesem Engländer! »Die Herren Franzosen schlagen als Erste zu!«, höre ich Monsieur Léon sagen. In diesem Augenblick zupft mich mein Freund Philippe am Ärmel.

»Komm, wir gehen zu Jesus.«

Er taucht gerade zur rechten Zeit auf. Endlich lerne ich den vielzitierten Kumpel Jesus kennen. Ist er Hausmeister in der Kirche?

Wir betreten die Kapelle. Es herrscht Stille. Ich erkenne rund hundert Personen, die im Dämmerlicht knien. Verblüfft bleibe sich stehen. Vor mir erhellt ein Scheinwerfer ein großes Kreuz. In dem, der daran hängt, erkenne ich den Typen, den ich so oft am Wegesrand, an den Kalvarienbergen auf dem Land gesehen habe, diesen Straßenräuber mit den langen Haaren, halbnackt, schmerzverzerrtes Gesicht, ein Loch in der Brust und Nägel in Händen und Füßen.

Ich habe mich geirrt. Jesus ist kein portugiesischer Kumpel, sondern der, den man Christus nennt.

Was mich noch überrascht, ist die Tatsache, dass die Leute nicht dem Kruzifix in der Mitte zugewandt sind, sondern alle nach links schauen. Ich sage leise zu Philippe:

»Die sind ja blöd, sie sehen alle nach links, dabei ist Jesus doch auf der anderen Seite. Was ist denn los mit denen?«

Hinter uns höre ich »Pst, pst!« Die regen mich auf. Philippe flüstert mir ins Ohr:

»Das ist Jesus, das ist der Körper Jesu, das heilige Sakrament.«

Dabei deutet er mit dem Finger auf einen sonnenförmigen, golden schimmernden Gegenstand, der auf einem weißbedeckten Tisch liegt.

Wenn er gesund wäre, das heißt normal, würde ich ihm sagen: »Hör auf mit dem Quatsch, was erzählst du mir da für einen Mist?« Aber er ist so nett und geduldig mit mir, dass ich lieber schweige.

Ich langweile mich. Ich wende den Kopf und beobachte. Einige der Gemeindemitglieder haben sich niedergeworfen wie meine muslimischen Freunde, wenn sie auf der Baustelle beten. Andere knien mit geschlossenen Augen. Merkwürdig.

Ich betrachte die goldene Sonne. Ich kann kaum glauben, dass die Leute kilometerweit gelaufen kommen, um schweigend vor einer weißen Scheibe zu hocken, die sie Jesus nennen. Man stelle sich einen Nachtclub ohne Musik und Alkohol vor, in dem sich niemand bewegt! Hostien, ich weiß, die kenne ich, als Kind habe ich Hunderte aus dem Kirchentabernakel meiner schrecklichen Pflegemutter gegessen – das ist nichts anderes als Brot. Außerdem verstehe ich ihr Kauderwelsch nicht, Sakramente, Monstranz und das ganze Zeug. Für mich böhmische Dörfer. Oder Latein.

Was mir imponiert, ist der Ausdruck ihrer Gesichter. Von einigen geht ein Leuchten aus. Alle sind friedlich, ruhig und abgeklärt. Ich sage mir: »Wenn sie Jesus darin sehen können, warum dann nicht ich? Ich bin auch nicht blöder als die anderen. Ich werde es versuchen. Ich setze mich in Positur, und hopp, dann müsste es klappen.«

Ich werfe mich fünf Minuten lang auf den Boden, aber ich sehe noch immer nichts. Offenbar habe ich die Gebrauchsanweisung nicht verstanden. Ja klar, die Augen schließen ... Versuchen wir es noch einmal ... Ich schließe die Augen ... fünf Sekunden ... zehn Sekunden ... fünfzehn Sekunden. Noch immer nichts. Ich will doch nicht die ganze Nacht so dasitzen! Ich öffne die Augen wieder. Nichts hat sich verändert. Nur die kleine weiße Hostie, schimmernd wie eine Sonne, die mich weiter anstarrt.

Langsam bekomme ich Krämpfe in den Beinen. Ich möchte mich bewegen. Da erhebt sich ein Typ in einem weiten weißen Gewand, nimmt die Sonne und trägt Jesus hinter einen Pfeiler. Ich schreie:

»Eh, lassen sie ihn da, ich habe ihn noch nicht gesehen!«

Stimmt doch, er könnte vorwarnen. Der Typ in Weiß dreht sich zu mir um, die hundert versammelten Personen drehen sich zu mir um, und ich habe den Eindruck, dass sich selbst der Christus zu mir umdreht. Alle Augen haben denselben belustigten, freundlichen Ausdruck. Sie müssen sich sagen: »Da ist ein Behinderter, der mehr behindert ist als die Behinderten!« Der Typ in dem Gewand packt Jesus in einen Safe und schließt ihn ab.

Komisch, warum dreht er den Schlüssel zweimal um? Es schockiert mich, dass man ihn einsperrt. Ich würde ihm gerne beim Ausbruch helfen.

Was noch eigenartiger ist, mir fällt auf, dass ich dieses fast durchsichtige Stück Brot Jesus nenne. ... Warum?

Wir verlassen die Kirche. Es ist das erste Mal, dass ich in einer Menschenmasse nicht den Drang habe, mich zu prügeln. Der Engländer, den ich beinahe geohrfeigt hätte, kommt zu mir.

»Nun, hat es dir gefallen, mein Bruder?«

Jetzt fängt der Idiot schon wieder damit an! Ich antworte:

»Ja, es ist komisch. Sehr komisch. Witzig.«

Er muss mich eigenartig finden und geht, ohne etwas zu sagen.

Dieser Abend mit Jesus und den Behinderten hat mich schön verwirrt. Was ist los? Im folgenden Monat gewinne ich meine Kämpfe weniger schnell. Ich hoffe, Jesus verwandelt mich nicht in eine
Memme.

Und als Krönung des Ganzen bietet mir an jenem Abend der
Jesusanbetung ein Mädchen namens Karin, eine Österreicherin,
an, mich nach der Messe nach Hause zu bringen. Ich habe mein
Motorrad bei der Arche stehen lassen. Ich sage ihr:

»Danke, Karin, das ist nicht nötig.«

Sie besteht darauf. Sie will sehen, wo ich wohne, was ich nicht
will. Ich bin noch immer in dem Baucontainer mit den Stockbetten und den Pornopostern. Vergeblich versuche ich, Sie von ihrem
Vorhaben abzubringen.

»Du willst also wirklich mein Luxus-Hilton sehen? Na, dann
los, du wirst nicht enttäuscht sein.«

Sie fährt. Wir parken vor dem Lattenzaun. Leicht verunsichert
fragt sie sich, wo wir sind. Wir betreten die Baustelle. Ich öffne die
Tür zum Container und bitte sie herein. Der Winter ist kalt. Der
Raum ist eisig und nur von einer nackten Glühbirne erhellt. Die
Besichtigung ist schnell beendet.

Die Porno-»Tapete« lässt mich erröten. Karin ist ein reines Mädchen, das spüre ich, und ich will sie nicht schockieren. Ich will vor
allem nicht, dass sie mich nach diesem Zimmer beurteilt, das nach
allzu einsamen Männern riecht. Aber sie hat ja darauf bestanden.
Karin gefällt mir. Sie ist anders als die anderen Mädchen. Sie hat
etwas Strahlendes an sich, etwas Sanftes und doch Entschlossenes.

Ich will mich nicht gleich schon von ihr trennen. Wir gehen
etwas trinken. Wir unterhalten uns. Sie ist Jüdin, zum Katholizis-
mus übergetreten und leitet bei der Arche eine christliche Lebensgemeinschaft. Sie möchte ihr Leben den Ärmsten widmen und
träumt davon, in Honduras ein Zentrum zu eröffnen. Honduras?

Das kenne ich von Monsieur Léon. Also ziehe ich eine große Show ab und trage einen kompletten Vortrag über das Land vor. Das beeindruckt sie sehr. Komisch, ich habe keine Lust, sie aufzureißen.

In der Folge treffe ich mich oft mit Karin. Sie fürchtet meine Halbstarken-Allüren nicht. Ihre Freundschaft ist weder schmeichlerisch noch unterwürfig. Sie ist genau richtig. Karin gefällt mir. Sie ist ein anständiges Mädchen, bei dem man nicht ans Verführen denkt.

Als sie mich eines Abends »nach Hause« bringt, treffen wir Mohammed. Ich stelle sie ihm vor, und wir unterhalten uns ein wenig. Als sie sich verabschiedet hat, frage ich meinen algerischen Freud, dessen Vorliebe für Frauen ich kenne:

»Wie findest du sie?«

Auch er ist bezaubert von ihr. Als ich ihm erkläre, dass sie ihr Leben den Armen in Honduras widmen will, ruft er aus: »Oh, là là«, und nach einem Seufzer fügt er hinzu: »Das ist ein klasse Mädchen.« Ich bin zufrieden, dass Mohammed meine Einschätzung teilt.

Im September 1975 fliegt Karin nach Honduras, um in den Elendsvierteln von Tegucigalpa zu leben. Ausnahmsweise treffe ich mal eine, die weder eine Prostituierte ist noch eine jener leichten Eroberungen, die mich mit Rehaugen ansehen! Und sie verschwindet! Um mit den Armen am anderen Ende der Welt zu leben. Bin ich nicht auch arm?

Im Laufe der Tage legt sich mein Zorn. Mir wird bewusst, welch ein Glück ich hatte, auf meinem steinigen Weg dieser jungen Frau zu begegnen, die meine eher harte Einschätzung des weiblichen Geschlechts verändert hat. Karin war meine erste christliche Schwester.

Kurz vor ihrem Abflug vertraut sie mich einem Herzensbruder namens Fernand an. Dieser kräftige Typ, ebenfalls Mitglied der Arche, ist Rugbyspieler und trainiert die Jugend. Alle nennen ihn Toto. Er gefällt mir sofort. Er feiert gerne und hat ein gutes Herz.

Er nennt mich »kleiner Bruder«, und ich habe keine Lust, ihn deshalb zu verprügeln. Beim Rugby spielen wir gegeneinander. Er hat gute Freunde, richtige Männer, aufrechte Typen.

Toto versucht, mir meine Dummheiten auszutreiben. Da hat er ganz schön zu tun. Er hilft mir mit Engelsgeduld, wenn ich wieder Mist baue. Bisweilen raste ich aus, aber er ist immer da, wartet immer auf mich.

Meine Clique zählt jetzt mehr als achtzig Mitglieder. Auf unseren Motorrädern fahren wir bis Maubeuge oder Pontoise, um auf den Dorfbällen Unfrieden zu stiften. Nebenbei handele ich ein bisschen, was mein durch die Preisgelder ohnehin gut bestücktes Bankkonto weiter füllt.

Die Mitglieder der Arche sind arm, und ihre Lebensumstände erstaunen mich stets aufs Neue. Ich besuche sie immer wieder, um ihr eigenartiges Universum zu verstehen. Ich lebe in zwei gegensätzlichen Welten und fühle mich immer zerrissener. In mir ist eine tiefe Kluft.

Mehrere Mitglieder der Arche haben mir von einem Priester erzählt, einem gewissen Thomas Philippe, der zusammen mit Jean Vanier Begründer der Bewegung ist. Er lebt in Trosly. Offenbar ist sein Herz voller Liebe für alle jene, die das Leben verletzt hat. »Du wirst sehen, er ist ein Heiliger! Du musst ihn unbedingt treffen«, versichert man mir.

Ich frage:

»Ein Heiliger wie Don Bosco oder Vinzenz von Paul?«

»Ja, ja, ein Mann voller Liebe.«

Ich beschließe, den Heiligen von Trosly aufzusuchen. Das Leben von Don Bosco und dem heiligen Vinzenz von Paul habe ich im Alter von vierzehn Jahren in Comics entdeckt. Ich habe sie verschlungen, wieder und wieder gelesen und jedes Mal vor Rührung geweint. Diese großen Männer haben mich fasziniert. Einer, ein Bär von einem Mann, widmet sein Leben den Straßenkindern.

Er verzaubert ihr Leben, und seine eigene Mutter wäscht und bügelt die Wäsche. Der andere, Vinzenz von Paul, nimmt den Platz eines Galeerenruderers ein, kauft die Sklaven frei und nimmt verlassene Kinder auf. Beides Helden!

Ich fahre also zum »heiligen« Thomas Philippe und erwarte eine Art Don Bosco zu treffen. In Trosly angekommen, erkundige ich mich.

»Der Pater? Der liest gerade die Messe.«

Ich trete in die Kapelle der Arche. Gerade wird die Kommunion ausgeteilt. Ich stelle mich als Letzter in die Schlange. Dann trete ich vor einen kleinen Mann in Priesterkleidung, das Gesicht wie Pergament, ein Haarkranz auf dem sonst kahlen Schädel wie die Mönche auf den Camembertschachteln. »Der Leib Christi«, sagt er und will mir die Hostie reichen in der Annahme, dass ich zur Kommunion komme. Ich berühre seine Schulter, das ist der Gruß der Straße, und spüre das Schlüsselbein – ein schwächlicher Typ. Enttäuschung. Dieser Thomas ist nur ein kleiner, verhutzelter Mann, und ich sage mir: »Der da ist kein Heiliger!« Er ist eine Miniatur neben dem Koloss Don Bosco. Heilige, das sind kräftige Kerle, muskulös, große Nummern. Das weiß ich, schließlich verbringe ich meine Tage in der Abtei Riquier unter ihnen, wo ich die Statuen von Johannes dem Täufer, von Petrus, Judas oder dem heiligen Stefan restauriere. Keine Winzlinge wie Thomas Philippe.

Verwundert steht der Pater mit der Hostie in der Hand da. Ich wende mich ab und verlasse die Kapelle. Fest entschlossen, von hier zu verschwinden, gehe ich zu meinem Motorrad, als ein Behinderter, eine lange Latte, mich anspricht und mir stolz sein Fahrrad zeigt:

»Ich heiße Didier. Mein Fahrrad ist schön, findest du nicht?«

Er spricht schnell und lacht dabei, verschluckt seine Worte und seinen Speichel. Ich verstehe nichts, und sein Fahrrad ist mir auch wurscht.

»Sieh dir mein Fahrrad an, sieh dir mein Fahrrad an!«

Okay, okay, ich werfe einen Blick auf Didiers Fahrrad, an dem er herumwienert. Ich habe keine andere Wahl, er lässt mir keine Ruhe. In diesem Moment taucht Pater Thomas auf. Er kommt auf mich zu, ich weiche seinem Blick aus und steuere auf mein Motorrad zu. Er folgt mir. Ich bin verlegen. Ich finde, dass er eigenartig gekleidet ist in seiner weißen Kutte. Dieser kleine Mann schüchtert mich plötzlich ein. Die Augen unter den buschigen Brauen sind sanft und gut.

Ich lasse die Maschine mit einem kräftigen Tritt auf den Kickstarter an. Er kommt zu mir und fängt an, über Motorräder zu reden. Das wundert mich. Meine Freunde von der Arche hatten ihn so beschrieben: »Der ist ein heller Kopf, ein super Philosoph und Theologe, einer der intelligentesten Männer der Welt!«, und mit vielen anderen Superlativen. Und nun interessiert sich der »helle Kopf« für meine Maschine! Ich sage mir: »Dich kriege ich!«

»Wollen Sie eine kleine Spritztour mit mir machen, Pater?«

»Ja, gerne. Ich liebe das.«

Verdammt, jetzt bin ich selbst in die Falle getappt. Ich hatte angenommen, er würde kneifen. Ich kann nicht mehr zurück. Er steigt hinter mir auf, und ich rufe ihm zu:

»Halten Sie sich fest!«

Ich gebe Vollgas. Ich denke: »Warte nur, du hast mich in die Enge getrieben, das wirst du mir büßen! Ich sitze mit einem Mönch in weißer Kutte auf meiner Maschine – hoffentlich sieht mich keiner von meinen Freunden! Mal Behinderte, mal ein Priester, ich pflege ja wirklich eigenartigen Umgang im Moment. Aber du, Herr Pfarrer, wirst diese kleine Sause so schnell nicht vergessen!«

Ohne die Geschwindigkeitsbegrenzungen zu beachten, brausen wir bis nach Compiègne. In der Stadt biete ich ihm das Rodeo, das ich ausgearbeitet habe, um die Bullen abzuhängen oder einer Flamme zu imponieren: Treppen herunter, Slaloms über die Bürgersteige, Einbahnstraßen auf dem Hinterrad, rote Ampeln, Vollgas auf der Umgehungsstraße: Der ideale Parcours, um meine »Errungenschaften« frösteln zu lassen. Ich spüre, dass sich der kleine Priester an mir festklammert. Er sagt nichts. Er muss grün im Gesicht sein, halbtot vor Angst.

Durch den Wald fahren wir zurück nach Trosly. Er zeigt mir ein Haus in der Nähe der Kapelle. Ich halte an. Er steigt ab. Ironisch frage ich ihn:

»Na, hat Ihnen die Tour gefallen?«

Seine kleinen feuchten Augen blinzeln, und er antwortet mit seiner feinen Stimme:

»Sehr gut, sehr angenehm!«

Ich bin baff! Ich frage mich, was ihn zu beeindrucken vermag, als er meine Hand ergreift, in seine faltige legt und mich sanft fragt:

»Willst du nicht die Vergebung Jesu?«

Ich starre ihn fragend an.

»Die Vergebung ... Was erzählen Sie mir da?«

Er lässt meine Hand los, tritt einen Schritt zurück, denkt kurz nach und sagt dann den magischen Satz:

»Das könnte gut für dich sein ...«

Ich bin nur ein unglücklicher Rowdy, und ich wäre schön blöd, wenn ich nicht jede Gelegenheit, mir Gutes zu tun, nutzen würde. Ich bin wild entschlossen, alle Angebote anzunehmen.

Er ergreift wieder meine Hand. Plötzlich wird mir bewusst, dass ich kein Christ bin. Ich ziehe sie zurück.

»Hören Sie auf, ich bin nicht von Ihrem Ufer. Ich bin nichts. Nicht einmal getauft ...«

Er sieht mich verwundert an, dann berührt er mit seiner linken Hand mein Herz.

»Jesus kennt dein Herz. Sprich in deinem Herzen leise zu ihm. Er kennt dich und er liebt dich.«

Man braucht keine Uni absolviert zu haben, um das zu kapieren. Der Pater schließt die Augen. Ich folge seinem Beispiel. Ich langweile mich im Dunkeln, also mache ich wieder Licht. Ich öffne sie und betrachte ihn. Seine Lippen murmeln stumme Worte, die Augen bleiben geschlossen. Er ist schön.

Es ist das erste Mal, dass ich einen Mann schön finde. Dabei ist Pater Thomas alles andere als Delon, Redford oder Schwarzenegger. Ich sage mir: »He, Tim, du wechselst das Ufer!«

Er öffnet die Augen, die strahlen, und murmelt:

»Ich spüre, dass es dir gutgeht.«

Stimmt, es geht mir nicht schlecht. Ich fühle mich sogar eigenartig friedlich.

Als ich aufbrechen will, fasst er mich beim Arm und sagt:

»Du kannst zu mir kommen, wann du willst, ich lege den Schlüssel hierher. Pass auf dich auf!«

Leicht verunsichert durch diese Begegnung, dieses Gebet, fahre ich los.

Fünfundsiebzig Kilometer entfernt bin ich mit meiner Clique zum Zug über die Dorffeste verabredet, um meine Beinarbeit etwas zu trainieren. Auf der Erde ist Samstag. Noch ehe ich Christ bin, werde ich schon heuchlerisch. Ich suche nach einem Vorwand, um meine zweieinhalbstündige Verspätung zu erklären. Ich werde meinen tätowierten Jungs schließlich nicht gestehen, dass ich eine Messe besucht, einen Priester auf meinem Motorrad spazierengefahren habe und dass er mir die Vergebung Jesu erteilt hat!

Ich brauche nicht zu lügen, meine Freunde fragen mich nichts. Während der nächtlichen Sause entsteht gegen vier Uhr morgens eine Idee in meinem umnebelten Hirn. Und wenn ich zurück zu Pater Thomas fahren würde? Hat er mir nicht gesagt, ich könnte kommen, wann ich will? Also los. Ich werde ja sehen, ob seine Worte von Herzen kommen oder ob alles nur Bluff ist. Ich teste alle meine künftigen Freunde zuerst, um auszusieben und mich nicht mit falschen Fünfzigern zu umgeben.

Ich verlasse meine Kumpel. Richtung Trosly. Nächtliche Straße, Höchstgeschwindigkeit. Das Dorf schläft. Ich finde den Schlüssel an der angegebenen Stelle, aber die Tür ist offen. Auf Zehenspitzen schleiche ich hinein. Der kleine Priester schläft friedlich und vertrauensvoll. Ich trete an sein Bett. Ohne Angst wacht er auf. Stellt die Füße auf den Boden und lächelt. Und mit seinen strahlenden, schelmischen Augen fragt er mich um halb fünf morgens: »Willst du noch einmal die Vergebung Jesu?«

Und ich hatte gedacht, er würde ausrasten, aber nein, er empfängt mich wie ein Vater seinen Sohn empfängt.

Dieser Priester haut mich wirklich um!

Der Elektroschock der Vergebung

Thomas Philippe, mein kleiner Pfarrer.

Das Bedürfnis, ihn zu sehen, überkommt mich ganz spontan. Einfach so am Morgen, und ich presche nach Trosly. Pater Thomas erteilt mir jedes Mal die Vergebung Jesu. So empfange ich, quasi gratis, so wie man einen Aperitif nimmt, ganz ohne zu wissen, was ich erlebe, eine wunderbare Streicheleinheit der Liebe. Sie baut mich unsichtbar wieder auf.

Gern sehe ich dem Vater zu, wenn er mit geschlossenen Augen betet. Ich nenne ihn Vater, weil er es ist. Aus dem Kumpel ist ein Freund geworden. Und diesen Freund habe ich zum Vater auserkoren. Ich hatte einen gewalttätigen Vater, und Gott gibt mir in diesem Pfarrer einen Vater der Barmherzigkeit, der mich ganz zu sich nimmt. Er krempelt mein Bild von einem Vater völlig um. Ich beginne, mir die Idee eines Gottvaters vorstellen zu können, ohne die Lust zu verspüren, gleich loszuboxen. Ich sage mir: »Wenn Gott unendlich ist, so ist er noch besser als Pater Thomas. Ist das möglich? Es wäre unglaublich!«

Diese Begegnungen stellen mein Herz auf den Kopf. Ich spüre den Hass gegen meinen Erzeuger-Vater nach und nach schwinden. Ich würde sie gerne erhalten, diese Flamme der Rachlust, sie weiter nähren. Sie lässt mich leben, aufrecht stehen, noch fester zuschlagen. Sie ist mir wichtig. Dennoch, und gegen meinen Willen, fühle ich, dass sie kleiner wird. Was passiert da mit mir?

Ich wurde von meiner Familie nicht aufgenommen. Ich wurde gewaltsam verstoßen. Ich würde meinen Vater am liebsten umbringen, so stark ist mein Rachebedürfnis. Pater Thomas heilt diese Wunden, indem er mir die Arme öffnet. Er bringt in meinem Herzen einen Tropf der Liebe an, der mich zu verändern beginnt.

Bei jeder Begegnung die Vergebung Jesu. Augenblicke des Friedens.

Ich sage nichts zum Priester, nichts zu Jesus. Ich halte meine große Klappe. Pater Thomas betet still an meiner Seite, eine Hand auf meiner Schulter. Ich mache immer vor ihm das Licht an, um ihn beten zu sehen. Er ist so schön, so unverfälscht, so von innen her erleuchtet. Ich werde zum unersättlichen Konsumenten der Barmherzigkeit. Zum Hungernden nach Vergebung. Das Häuschen von Pater Thomas ist meine Tankstelle der Liebe. Ich tanke voll, so oft wie möglich.

Eines Tages, ich bin eben dabei, meinen Ölwechsel des Herzens vorzunehmen, klopft jemand an die Tür. Der Pater öffnet und sagt:

»Ein kleines Minütchen noch, bitte!«

Die »kleinen Minütchen« von Pater Thomas stehen in dem Ruf, äußerst dehnbar zu sein, und nähern sich mehr einer halben Stunde als den eigentlichen sechzig Sekunden. Es wartet schon eine Schlange vor dem Haus. Die Menschen kommen von weit her, um seinen Rat, sein Mitgefühl und seinen Trost zu erbitten. Seine Besucher sind sehr unterschiedlich, was Look, Lebenserfahrung, soziales Milieu und Kultur angeht.

Plötzlich kommt mir die Erleuchtung, der Elektroschock in der Seele des großen Sünders, als ich sehe, dass dieser Mann jedem diese Minütchen gewährt. Er schenkt sein Leben, all die kleinen Minuten, seine ganze Verfügbarkeit denen, die an seine Tür klopfen, selbst wenn es vier Uhr morgens ist. Er ist für alle geöffnet, die ganze Zeit. Er lässt sich von allen verschlingen – demütig, diskret und leuchtend wie eine Hostie.

Der junge Angeber, der tief in mir steckt, ist durch diesen Heiligen plötzlich zutiefst aufgewühlt. Dieser Fahrkartenknipser Gottes, der einem dabei hilft, das Himmelreich zu betreten, ohne Ticket noch Taufschein zu verlangen. Er hat mich, den ungehobelten Klotz, aufgenommen, ohne mich nach meinem Äußeren zu beurteilen, ohne über meine Lederjacke, meine schwarzen ölverschmierten Jeans, meinen langen Zopf nach gesellschaftlichen Klischees zu beurteilen. Er hat mich im ICE erster Klasse mit zu Gott Vater genommen, dem lebenden Gott, dem Gott der Liebe. Er weckt mein Verlangen, Ihn kennenzulernen und mich nach dem Sinn des Lebens zu fragen. Er betrachtet mein Unwissen mit Respekt. Er antwortet mit unendlicher Geduld auf meine Fragen. Ohne jemals über mich zu urteilen.

Bisweilen greife ich ihn an, überschütte ihn mit meinen Einwänden, wehre mich, ich will mich nicht so leicht überzeugen lassen.

»Wenn euer Gott Liebe ist, Pater, warum gibt es dann das Leid des ausgesetzten Kindes, das Leid der Frau, die ihren Sohn sterben sieht?«

Manchmal antwortet er mit Worten, manchmal antwortet er mit Schweigen. Oft, wenn er schweigt, betrachtet er das Kruzifix.

Eines Tages sagt er zu mir:

»Jesus hat nicht auf alle Fragen geantwortet. Seine Apostel und die Menge, die ihm folgte, waren nicht imstande, alles zu verstehen. Wir müssen uns damit abfinden, nicht auf jede unserer Fragen Antworten zu bekommen. Was uns nicht davon abhalten soll, uns alle Fragen anzuhören, die Menschen stellen.«

Je häufiger ich die Vergebung Jesu erlange, desto mehr wird mir in meinem tiefsten Innern klar: Ich muss meine Lebensweise ändern. Ich kann meine Zukunft unmöglich auf den »Werten« aufbauen, die mich überleben ließen, auf Rache, Misstrauen, Gewalt. Vor mir liegt ein unbekannter Weg. Der wahre Kampf erwartet mich dort. Er beginnt.

Nach und nach besänftigt Pater Thomas meine inneren Turbulenzen und heilt durch die Vergebung meine Blessuren der Verlassenheit. Er ist ein wahrhafter Missionar des lebendigen Gottes, ein Apostel des Feuers. Ein gewöhnlicher, außergewöhnlicher Mensch. Ich bin von Christen und von Priestern verletzt worden. Und so beginne ich jetzt, sie durch ihn zu lieben.

Ein Jahr lang sehe ich ihn jeden Tag für fünf Minuten. Wenn ich bei ihm bin, möchte ich mich ändern. Ich spüre, wie viel Arbeit noch zu tun ist. Doch ich verzweifle nicht. Er tröstet, beruhigt mich, allein schon durch seine Gegenwart. Manchmal bricht dieser Wunsch der Umwälzung kläglich zusammen. Ich raste aus. Er aber bleibt gelassen. Er nimmt mich bedingungslos an. Er muss etwas von Gott haben, der ja stets eine Sprosse tiefer steigt, damit der, der stürzt, ihm in die Arme fällt.

In meinem Elend werde ich von Pater Thomas' Güte aufgefangen. Es ist immer er, der die Vergebung anbietet. Ich selbst bin zu armselig, um ihn darum zu bitten.

Von ihm erhalte ich drei Schätze: die bedingungslose Annahme, die Vergebung und die Hoffnung.

Ich komme aus dem Nichts und habe nur die Nacht in meinem Herzen. In dieser Finsternis hat der kleine Priester, knotig wie ein Rebstock, zerbrechlich von der Erscheinung her, stark wie ein Felsen in seiner Seele, begonnen, die Sterne zu säen. Dann hat er die Morgenröte der Hoffnung geweckt. Er lässt in mir diese Gewissheit aufkeimen, dass ich für das Glück der Liebe geboren bin, für die Ewigkeit der Liebe, und dass dies selbst für einen Rowdy wie mich erreichbar ist. Er nimmt mich so, wie ich bin, und versucht nicht, mich zu ändern. Dieser Priester ist der Kanal der Liebe.

Die Hoffnung kommt nicht wie mit einem Zauberschlag. Männer guten Willens, Frauen, Kinder, Alte kämpfen gegen die Verzweiflung, die die Welt einschnürt, und helfen der Hoffnung zu wachsen. Begegnet man ihnen, so kann man sie nicht übersehen. Sie strahlen. Es sind diese Menschen und ihre Lebensweise, die Fragen aufwerfen. Nicht die Theorie.

Nur Taten können das Räderwerk der Gewalt umkehren. Taten des Friedens, Gesten der Liebe, verankert in Aufrichtigkeit. Die Großzügigkeit, die keine Gegenleistung verlangt, schaltet den Zorn aus und entschärft die Bombe der Rachlust. Eines Tages wirst du dich an diese Geste erinnern, die dir gegolten hat. Und du wirst nicht verzweifeln. Gott hat mir ein großartiges Geschenk gemacht, indem er mich auf Pater Thomas hat treffen lassen.

An dem Tag, als er mein Vater geworden ist, wollte ich zu seiner Familie gehören. Und ich habe beschlossen, Christ zu werden. Als ich ihm das mitteile, errötet er vor Freude. Seine Augen leuchten.

Ich muss jedoch einen letzten Einwand vorbringen, eine Frage, die in meinem Körper brennt, wenn ich so sagen darf:

»Was machen Sie mit Ihrer Sexualität. Wenn ich sie nicht ausleben kann, tun mir die Eier weh. Und wie ist das bei Ihnen?«

Er presst die Lippen zusammen, ringt kurz nach Worten und erwidert dann ganz natürlich:

»Deine Sexualität ist wie dein Motorrad. Um die Treppen hinunterzufahren, hast du trainiert, du bist gestürzt, wieder aufgestanden, du hast dir Zeit genommen, und schließlich hattest du deine Maschine im Griff. An diesem Tag warst du glücklich. Die Beherrschung der Sexualität erlernt sich nicht an einem Tag, auch nicht innerhalb von zwei Wochen. Sondern in einer Folge von kleinen Akten der Selbstkontrolle. Welch ein Glücksgefühl, wenn es einem gelingt, die Stufen zu bewältigen!«

Ganz offensichtlich hat er unsere Spritztour nicht vergessen. Ich bohre weiter, bin nicht zu bremsen:

»Ich habe zu viele schlechte Gewohnheiten! Ich bin den Frauen mit Haut und Haar verfallen.«

»Hast du dir nicht irgendwann angewöhnt, bei jeder Ampel auf dem Hinterrad zu starten? Wenn du etwas ändern willst, musst du dir zunächst dieser Gewohnheit bewusst werden. Dann kannst du wenigstens einmal versuchen, anzufahren, ohne das Vorderrad hochzureißen. Nach dem ersten Mal gewöhnt man sich langsam daran. Dann hast du fast schon gewonnen. Probier's einfach, du wirst schon sehen.«

Daran habe ich nie gedacht. Ich bin baff und voller Hoffnung. Doch er hat die Frage nicht ganz beantwortet:

»Aber Sie, Pater, wie gehen Sie mit Ihrer Sexualität um, wo Sie sie doch nicht leben dürfen?«

Er sieht mich liebevoll an, steht auf und holt ein Buch aus seiner Bibliothek.

»Lies das, dann wirst du verstehen. Ich leihe es dir.«

Ich verlasse ihn, meinen Wälzer unter den Arm geklemmt. Ich bin nicht sicher, die Antwort auf meine Fragen in diesem Buch zu finden, das den Titel trägt *Die mystische Liebe von Johannes vom Kreuz und der heiligen Teresa von Ávila.* Noch am selben Abend versuche ich, mich hineinzuvertiefen. Ich habe den Eindruck, Latein zu lesen. Ich verstehe kein Wort.

Eine Woche später bringe ich ihm das Buch zurück – niedergeschlagen und ohne eine Lösung für mein Problem:

»Ihr Meisterwerk ist Mist, Pater. Erstens liest es sich wie Latein, und dann …? Also bei mir ist das anders. Pater, ich liebe die Frauen, ich liebe sie wirklich!«

Er lächelt, denkt eine Weile nach, lässt einfach zu, dass ich anders bin und erteilt mir Vergebung.

In dem Augenblick, als ich gehen will, sagt er mir, er würde mich lieben, und als würde er mir ein Geheimnis anvertrauen, fügt er hinzu:

»Man muss immer das Schönere anstreben.«

Diese Erklärung reiner Zuneigung wühlt mein Herz auf. Es gibt so wenige Menschen, die es wagen, dieses große Geschenk des Glücks zu machen. Sich geliebt zu fühlen und es gesagt zu bekommen. Das ist die Zauberformel gegen die Gewalt, den Zorn, die Revolte.

Seine homöopathische Behandlung verändert mich Tag für Tag. Ich werde zum »Bekehrten«. Ein Gottbesessener in jedem Sinne des Wortes. Das ist nicht gerade bequem für die anderen. Ich begeistere mich, will das Evangelium im buchstäblichen Sinne leben und die Kirche wie der heilige Franz von Assisi neu aufbauen. Ich finde, die Katholiken bewegen sich nicht genug.

Janine, eine Schülerin von Pater Thomas, weiß meine mystischen Begeisterungsstürme zu besänftigen. Diese Frau hat einen wachen Geist, das Herz einer Künstlerin, sie kann den unterschiedlichsten Menschen zuhören und das Beste aus jedem herausholen. Im Gegensatz zu den anderen Mitgliedern der Arche, die Argwohn gegen mich hegen, schenkt sie mir ihr Vertrauen. Das ist ein kostbares Geschenk. In meiner inneren Hitliste kommt Janine gleich nach Pater Thomas Philippe, dem das große goldene Herz zukommt. Sie ist verantwortlich für den Empfang und die Gebetsstätte der Lebensgemeinschaft von Trosly-Breuil, dem Bauernhaus, in dem der Pater wohnt. Sie hat mir im Garten des Gehöfts einen kleinen Wohnwagen zur Verfügung gestellt, der zu meinem Palast wird. Ein Raum für mich, für mich ganz allein! Ich fühle mich wie ein Prinz in diesem Zuhause, das mir hilft, mich ganz langsam einzugliedern.

Die Verantwortlichen der Arche kennen meine handwerklichen Talente und bieten mir kleine Gelegenheitsjobs an. Ich teile mein Leben zwischen Boxhalle – ich bin fortan Profi – und Trosly, wo ich in verschiedenen Häusern Reparaturen vornehme. Ich versuche, auf Abstand zu meiner Clique und gewissen obskuren Aktivitäten zu gehen. Ich will mein Leben verändern.

In der Arche nähre ich mein Herz und baue mich wieder auf; im Boxring beruhige ich meine Feuer der Begierden. Ich praktiziere den Sport immer distanzierter. Der eigentliche Grund zu boxen – mich an meinem Vater zu rächen – tritt langsam in den Hintergrund. Je mehr ich gegen meine gewalttätige Vergangenheit ankämpfe, desto strenger werde ich zu mir selbst. Ich muss lernen, diese Vergangenheit zu lieben. Das wird mein großer Kampf sein.

Ich schockiere nicht wenige Leute in den Wohngemeinschaften. Pater Thomas verteidigt mich. Ich bin tatsächlich unberechenbar. Als jemand, der ohne innere Strukturen aufgewachsen ist, bin ich äußerst impulsiv. Ich mache mir einen Boxkampf zunutze, um urplötzlich auf Reisen zu gehen. Wenige Tage später sieht man mich mit einem Revolver auf Tauben schießen, die im Dachstuhl der Kapelle der Arche nisten, und neue Assistenten in diese Jagdform einführen. Das hindert mich allerdings nicht daran, verletzte und kranke Tiere zu beherbergen und gesund zu pflegen.

Manchmal, wenn die Gegenwart mich kränkt, holt mich die Vergangenheit ein. Am blauen Himmel ziehen dann umgehend Gewitterwolken auf.

Eines Nachmittags verfalle ich plötzlich in Trübsinn. Meine Freundin Martine hat mich versetzt. Diese adrette Pariserin mit dem sonnigen Gemüt kommt dreimal die Woche, um am Empfang auszuhelfen. Sie hat versprochen, mir nachmittags um drei Uhr Nachhilfe in Französisch zu geben, und ich warte schon eine halbe Stunde auf sie. Um halb vier fahre ich voller Wut mit dem Motorrad los. Ich suche meine Kumpel auf. Das Wiedersehen ist herzlich, ja, sogar bewegend, wie bei Kriegsveteranen, die sich von ihren Heldentaten erzählen. Wir wollen uns gar nicht mehr trennen. Wir klauen ein paar Hühner, Enten und Kaninchen und organisieren eine Grillparty. Die Fête dauert die ganze Nacht lang.

Um fünf Uhr morgens schnappe ich mir das Geflügel, das die

Orgie überlebt hat, und will es Pater Thomas schenken. Der Tag bricht an. Vor seiner Tür, meine gackernde Beute im Arm, wird mir meine Idiotie plötzlich bewusst. Ich wecke ihn. Er empfängt mich, und als er die Tiere erblickt, fragte er mich:

»Willst du, dass ich ihnen den Segen des heiligen Franz von Assisi erteile?«

»Nein, Pater, lachen Sie nicht, es ist sehr schlimm.«

»Was ist denn so schlimm?«

Er lässt mich Platz nehmen und lächelt freundlich, indem er meine Hand tätschelt.

»Aber nein, das ist nicht schlimm, das ist kein R4!«

»Ein R4? Was hat ein Auto mit meinen Hühnern und meiner Depression zu tun?«

»Moment mal, ich erkläre es dir. Jemand, der im Dorf auf der Durchreise war, hat gestern einen R4 gestohlen. Ich will nur sagen, dass man die Dinge relativieren und nicht strenger urteilen muss, als es der Herr täte. Sich selbst lieben, ist von allen Dingen das Schwierigste.«

Er erteilt mir die Vergebung Jesu, während ich darauf gefasst war, verurteilt und geächtet zu werden.

An diesem Morgen wird mir dank der Güte und Geduld des Paters klar, dass Jesus mich nicht verlässt und mir die Dummheiten und Missetaten meiner dubiosen Vergangenheit vergibt. Wenn mir Pater Thomas vergeben hat, dann hat mir Gott alles vergeben. Plötzlich möchte ich zur Kirche gehören, zur großen Familie. Ich akzeptiere alles, selbst den Gehorsam, ich nehme alles, bin auf alles begierig.

Ich möchte in die Clique der Christen aufgenommen werden.

Ich bewerbe mich bei der Leiterin der Arche um eine Assistentenstelle in einer der Wohngemeinschaften. Ich bin Steinmetzgeselle und möchte fortan Geselle des Christentums sein. Sie schenkt mir ein freundliches Lächeln und erwidert:

»Melden Sie sich in einem Jahr noch einmal.«

Die Enttäuschung ist verheerend. Ich bin dabei, mein Leben neu zu verputzen, und da bricht mein Baugerüst zusammen. Ich beschließe, mich zu verändern, mich zu bekehren, und man erklärt mir von oben herab: »Nein, nicht sofort!« In einem Jahr bin ich vielleicht tot, Madame! Wissen Sie, wie viel Mist man in einem Jahr bauen kann?

An diesem Tag fluche ich auf Gott und seine ganze Clique. Diese Frau kriegt gehörig eins aufs Dach. Du willst dich aus dem Dreck ziehen, doch diese alten Christen, diejenigen, die das Geheimnis, den Schatz, das Wort Gottes kennen, drücken dir den Kopf unter Wasser, statt dir die Hand zu reichen! In meinem inneren Aufruhr schreit es:

»Alles nur leeres Geschwätz, alles nur leere Worte!«

Wütend und aufgebracht verlasse ich die Arche. Hier setze ich nie mehr einen Fuß hinein, das steht fest. Mich wird man nicht für dumm verkaufen.

Eineinhalb Jahre später soll mir bewusst werden, dass mir die Leiterin einen riesigen Dienst erwiesen hat.

Mein erstes Geburtstagsgeschenk

Von meinen alten Freunden habe ich mich getrennt und meine christlichen Freunde haben mich fallen lassen. In beiden Welten bin ich ein Außenseiter. Wieder einmal stehe ich allein da. Verbittert streife ich durch die Hauptstadt und versinke in meiner Verbitterung und Auflehnung.

Die Vergangenheit legt sich wie ein Krake auf mich und streckt seine Tentakel der Verzweiflung nach mir aus. Sie winden sich um mich herum, schnüren mich ein, nehmen mir die Luft. »Nein, du wirst dich niemals ändern!«

Am dritten Tag, an dem ich ziellos umherirre, führt mich mein Weg zufällig zur Porte d'Orléans. Ich sehe einen Anhalter, der, den Rucksack zu seinen Füßen, den Daumen hebt. Ich sage mir: »Warum eigentlich nicht? Ich probier es einfach.« Ich hebe ebenfalls den Daumen. Ein anderer Tramper stürzt sich gleich auf mich.

»He, du bist als Letzter gekommen, stell dich gefälligst hinten an. Verschwinde hier!«

Was mischt sich die Niete ein? Der Typ regt mich auf. Ich gehe auf ihn zu, um etwas anderes als meinen Daumen gegen ihn zu erheben, doch dann fällt mir wieder ein, dass ich Gott mein Wort gegeben habe. Murrend stelle ich mich ans Ende der Anhalterschlange.

»Du kannst Gott danken, du Niete!«

Noch ehe ich die Hand wieder heben kann, hält eine Ente neben mir. Der Fahrer, Typ Hippie-Peace-and-Love, fragt mich:

»Wohin soll die Reise gehen?«

Ich wollte das mit dem Trampen einfach nur mal ausprobieren, habe mir aber noch kein konkretes Ziel überlegt. Also frage ich zurück:

»Wohin fährst du denn?«

»Natézé.«

Ich frage nach. Wohin? Natézé? Noch nie gehört. Oder ich verstehe ihn nicht richtig. Ich sage mir: »Der kommt bestimmt vom Land und spricht Dialekt wie ich.« Ich hake nach:

»Und was willst du dort machen, in Natézé?«

»Campen.«

»Gut, na, dann steig ich mal ein.«

»Hast du keinen Rucksack?«

»Nein, nichts. Ich habe nichts.«

Nichts außer meinen nackten Händen in meinen zerschlissenen Taschen. Mein Fahrer ist ein etwas durchgeknallter Achtundsechziger, freundlich und friedlich. Nach fünfstündiger Fahrt über Nebenstraßen erreichen wir knatternd ein Dorf im Burgund mit dem Namen Taizé. Er ruft:

»So, da wären wir!«

Jetzt endlich begreife ich, dass Nataizé »nach Taizé« bedeutet und er nicht irgendeinen Dialekt gesprochen hat. Ein Dinosaurier hätte das schneller kapiert.

In diesem Dorf im Burgund unweit von Cluny hat sich eine christliche ökumenische Gemeinschaft niedergelassen, die Frieden, Versöhnung und brüderliches Miteinander predigt. Jugendliche aus aller Herren Länder begegnen sich hier in einer sehr »coolen« Atmosphäre. In der Arche habe ich zum ersten Mal ein solches Klima kennengelernt. Mir sind hier alle sofort sympathisch. Ich schließe mich einer Gruppe von Italienern und Belgiern an. Zu ihnen gehört ein behinderter sechzehnjähriger Junge, Fredo. Ich empfinde große Zuneigung für ihn. Seine Beine versagen ihm ihren Dienst, also trage ich ihn in meinen Armen, ihn und seinen Rollstuhl, denn der bleibt in diesem Zeltdorf im Schlamm stecken. Außerdem kann ich mich auf diese Weise während der Gebete, die für einen unruhigen Geist wie mich endlos scheinen, beschäftigen. Ich habe eine Aufgabe und einen Halt.

Am Tag vor meiner Abreise, wir haben Anfang September, fragt Fredo: »Kommst du mich an Weihnachten in Belgien besuchen?«

Ich tue so, als müsste ich nachdenken, und sage dann:

»Weihnachten habe ich schon was vor, aber ich könnte am 27. Dezember kommen.«

Weihnachten ist für mich ein Horror. Ein Familienfest, wenn man keine Familie hat, ist für mich die reine Tortur. Du betrachtest die Geschenke unter dem Weihnachtsbaum, und dein Gastgeber will nett sein und erklärt dir: »Sieh doch nur den schöngeschmückten Weihnachtsbaum. Das da ist ein Geschenk meines Vaters, das ist von meiner Mutter. Und hier, das haben mir meine Großeltern mitgebracht. Und das mein Patenonkel.« Und du, du sagst nichts. Nicht nur, dass du keine Geschenke hast, sondern du hast auch keinen Vater, keine Mutter, keine Großeltern. Dann nagt die Wut an mir, anders zu sein, und auch der Wunsch nach Zerstörung steigt in mir auf. Geschmückte Weihnachtsbäume nerven mich.

Bei unserem Abschied verspreche ich Fredo:

»Abgemacht, wir sehen uns also am 27. Dezember. Ciao!«

Vier Monate später treffe ich zum vereinbarten Termin in Brüssel ein. Ich sehe meinen behinderten Freund wieder und verbringe drei tolle Tage mit ihm in seinem Zuhause. Auch er lebt in einer Wohngemeinschaft der Arche, die ein Priester in der belgischen Hauptstadt begründet hat. Nach diesen Tagen voller Freundschaft bereite ich mich auf meine Abreise nach ich-weiß-nicht-wohin vor, als der Priester, Pater Roberty, mich fragt:

»Willst du nicht noch ein bisschen bleiben, um mir zu helfen? Ich könnte einen Mann wie dich gebrauchen.«

Während ich so schnell nachdenke, wie es mir möglich ist, fügt er hinzu:

»Ich glaube, dich hat die Heilige Jungfrau geschickt.«

Ich muss lachen und sage:

»Ich werde Ihnen meinen Stammbaum zeigen, dann können Sie mir sagen, ob Sie noch immer der Ansicht sind, dass mich die Heilige Jungfrau geschickt hat!«

Ich gebe ihm eine Kurzfassung meines bisherigen Lebens. Gut, ich bin bekehrt, doch ich habe noch nicht alle meine merkwürdigen Gewohnheiten aufgegeben:

»Heute bin ich in Form, ich mache Gott große Liebeserklärungen, ich habe gute Vorsätze, ich bin Feuer und Flamme. Und am nächsten Tag schon habe ich alles vergessen und werde rückfällig.«

Pater Roberty, ein gutaussehender, hochgewachsener Mann, hört mir aufmerksam zu. Sein Blick verschleiert sich, und ich fühlte mich an meine Richterin erinnert. Ich denke: ›Merkwürdig, ein Richter und ein Priester, die zu Tränen gerührt sind, weil sie mir zuhören!‹

Das geht mir nahe. Ich empfinde Zuneigung für diesen Priester und beantworte seine Frage:

»Okay, ich bin Ihr Mann. Wenn ich Ihnen irgendwie helfen kann.«

Eineinhalb Jahre bin ich für die Behinderten in der Wohngemeinschaft »La Branche« da und lebe mit ihnen. Gelegentlich helfe ich auch in »La Ruche«, einer zweiten Einrichtung, aus. Ich trage sie, ich ziehe sie an, ich wasche sie, ich füttere sie, ich bringe sie auf die Toilette, ich gehe mit meinen neuen Herzensbrüdern und -schwestern spazieren. Ich bete auch mit ihnen diese langen, spontanen Liturgien, für die sie eine Vorliebe haben. Ich ersetze ihre Beine und ihre Arme; sie sind die Ursache meiner Gesundung. In meinem Kopf erlebe ich einen Luxusumzug. Ein ungeheures Geschenk.

Morgens beim Aufstehen ist im Herzen eines jeden stets Musik. Außer bei Jean-Paul. Dieser Bergsteiger, Bezwinger des Himalaja, ist nach einem idiotischen Sturz in ein Loch unweit seines Hauses gelähmt. Seine Frau stirbt kurz darauf bei einem Autounfall. Er hat alles verloren, auch seine Mobilität. Ohne seinen Rollstuhl ist er völlig hilflos. Wenn ich morgens zu ihm komme, um ihn zu waschen, schimpft er. Er ergeht sich in seinem Leid. Manchmal mutlos und deprimiert, lässt er sich gehen.

Eines Tages halte ich ihm eine Standpauke:

»Jean-Paul, hör endlich mit dem Theater auf! Du beklagst dich, weil du nichts allein machen kannst, nicht mal aufs Klo gehen. Es würde reichen, dass du deine Armmuskulatur ein wenig aufbaust, dann könntest du dich aus deinem Rollstuhl stemmen und würdest etwas Intimität zurückgewinnen.«

Das bringt ihn auf Trab. Jean-Paul steigt ein. Täglich trainiert er Arm- und Schultermuskulatur. Um ihn zu motivieren, binde ich mich in einem Sessel fest, bin so unbeweglich wie er und trainiere mit den gleichen Gewichten.

Nach drei Monaten wäscht er sich allein, tanzt Rock and Roll auf den Hinterrädern seines Rollstuhls, fährt Auto und klappt seinen Rollstuhl selbst zusammen.

Sechs Monate später hat er Muskeln wie ein Holzfäller und fängt wieder zu studieren an. Heute ist Jean-Paul Dolmetscher und Meister im Gewichtheben.

Er bringt Leben in die Tanzabende im Heim, wir haben jede Menge Spaß. Ich bin sicher, dass Gott uns zusammengebracht hat, damit wir uns gegenseitig helfen. Ich habe ihm den Anstoß gegeben, doch die Anstrengungen und Träume von Jean-Paul sind ein geheimer Antriebsmotor für mich. Wenn ich am liebsten alles hinschmeißen würde, meint er lachend:

»Tim, du ermutigst uns alle, nicht aufzugeben und weiterzumachen, aber weil du dich mal über eine Erzieherin aufregst, willst du dich gleich aus dem Staub machen? Wenn du jetzt gehst, bist du ein Arsch. Du musst dich der Herausforderung stellen. Außerdem liebe ich dich! Ist dir das etwa egal?«

Was kann man gegen solche Argumente schon ausrichten? Danke, Jean-Paul, für deinen Anschiss. Ich folge seinem Rat und rede mit der Erzieherin, die mich nervt. Wir sprechen uns aus, und dann schubse ich sie in voller Montur in eine Badewanne. Ein Riesenspaß für alle, und der Konflikt ist ausgestanden. Eine Taufe für einen Neuanfang.

Ich bleibe anderthalb Jahre in Belgien, in dem Heim der Arche. Eine außergewöhnliche Zeit des Aufbaus. Ich, der eingebildete Widerspenstige, der Box-Champion und Macho, der Bauchnabel der Welt, ich lerne, den Schwächeren zu Diensten zu sein. Man glaubt es nicht! Die Behinderten sind meine Lehrmeister. Ich gehorche ihnen. Man kann sich vorstellen, dass mir das bei meinem Temperament nicht gerade leichtfällt. Es ist ein innerer Kampf, mir diese Disziplin aufzuerlegen. Diese Unterordnung.

Eines Nachts werde ich mehrmals geweckt, um Leute hinunter auf die Toilette zu bringen. Schließlich bin ich mit den Nerven am Ende, erschöpft.

»Wenn jetzt noch mal einer klingelt, schmeiß ich ihn die Treppe runter.«

Es dauert nicht lange, und wieder verlangt jemand nach mir. Ich stehe auf. Ich gehe zu dem Bett, hebe das Mädchen hoch, sie fragt sich, warum ich so lange brauche, um sie in meine Arme zu nehmen. Ich nähere mich dem Geländer, und in dem Augenblick, als ich sie die Treppe hinunterwerfen will, spüre ich, wie sich ihr verkrüppelter Arm um meinen Nacken schlingt. Plötzlich wird mir bewusst, dass diese behinderten Menschen zu zärtlichen Gesten mir gegenüber in der Lage sind, die ich von meinen Eltern nie gekannt habe.

Deshalb bringe ich sie zur Toilette. Danach lege ich mich mit unglaublichen Kopfschmerzen wieder schlafen. Wenn man zulässt, dass sich die Wut in einem aufstaut, entlädt sie sich körperlich: bei mir in Form von Kopfschmerzen.

Als ich am nächsten Morgen meinen Beschäftigungen im Haus nachgehe, werde ich von einem merkwürdigen Geräusch hinter einer Tür angezogen. Es ist ein Geklapper, das in regelmäßigen Abständen zu hören ist. Tack … tack … tack … Ich betrete das Zimmer und entdecke Frédéric, einen Jungen mit einer sehr schweren Behinderung, der versucht, auf einer Schreibmaschine zu schreiben. Sein Gesicht ist verzerrt, sein Mund auf der linken Seite hochgezogen, seine Augen verdrehen sich in alle Richtungen. Ich habe Frédéric gern. Wenn ich ihn wecke, streicht er mit seinen Händen sanft durch mein Haar, um mir einen guten Morgen zu wünschen. Manchmal hat er seine Muskeln nicht unter Kontrolle, seine Hand rutscht ab, und er zieht mich an den Haaren oder peng! versetzt mir ungewollt eine Kopfnuss. Trotz seines Handicaps, das ihm jede mündliche Kommunikation unmöglich macht, hat Frédéric einen Weg gefunden, mit anderen in Kontakt zu treten: die Schreibmaschine.

Ich habe ihn bisher nie schreiben sehen. Dieser Anblick hat etwas Unwirkliches. Sein im Rollstuhl zusammengesunkener Körper schießt wütend vor auf die Maschine zu. Es ist ein wohlkalkulierter Satz nach vorn, ganz darauf konzentriert, mit einem Finger seiner verkrümmten rechten Hand eine einzige Taste zu erreichen, denn mehrere kann er nicht auf einmal anschlagen. Dann schnellt sein Körper wieder zurück. Nach jedem Anschlag, nach jedem Buchstaben schiebt sich der Rollstuhl gut einen Meter nach hinten, und Frédéric macht sich für den nächsten Sprung bereit. Diese unglaubliche Anstrengung ist zugleich großartig und ergreifend.

Meine erster Gedanke ist: ›Er ist verrückt, kann er denn nicht endlich aufhören, die arme Schreibmaschine zu traktieren! Er macht sich völlig fertig. All diese sinnlosen Anstrengungen für nichts!‹ Ich gehe zu ihm hinüber, um sie ihm wegzunehmen. Er knurrt, gibt mir zu verstehen, dass ich ihn allein lassen soll. Ich werfe einen kurzen Blick über seine Schulter. Überraschung: Das

Geschriebene ist fehlerfrei, hat Punkte, hat Kommata, wie es sich gehört. Deshalb lasse ich ihn an der Schreibmaschine sitzen und weiter seinen mysteriösen Text verfassen.

Frédéric tippt zwei Tage lang. Jedes Mal, wenn ich an der Tür vorbeigehe, versetzt mir dieses Tacktack einen schmerzhaften Stoß, und ich leide mit ihm. Ich stelle mir die Vor- und Rückwärtsbewegungen des kleinen, zusammengekrümmten Körpers vor. Sein unbeugsamer Wille, sich auszudrücken, verdient Respekt und Bewunderung, diese unendliche Geduld. Ich schäme mich, wenn ich mich an die Schreibmaschine erinnere, die ich in der Erziehungsanstalt an die Wand geworfen habe, nur weil ich nicht gleich den dritten Buchstaben meines Namens auf der Tastatur gefunden habe.

Es ist seltsam, das Leid anderer zerreißt mich, zerfleischt mich, obwohl ich mir selbst nie eingestanden habe, dass vielleicht auch ich leide.

Am Abend des 9. August rollt Frédéric vor dem Essen auf mich zu. In seinen Augen ein verschmitztes Leuchten. Er kommt und reicht mir, so gut er das mit seinen angewinkelten und ineinander verschränkten Armen eben kann, ein Stück Papier. Es ist ein fünfzeiliger Brief. Den hat er also so inbrünstig getippt. Fünf Zeilen in zwei Tagen, zwei Tage aufreibendes Maschineschreiben, zwei Tage Vor- und Zurückgleiten des Rollstuhls, zwei Tage angestrengter Konzentration.

Fünf Zeilen, um mir zu meinem Geburtstag zu gratulieren. Fünf Zeilen voller Liebe. Das erste Geburtstagsgeschenk meines Lebens.

Ich nehme meinen Liebesbrief und schleiche mich wie ein Dieb in mein Zimmer davon. Ich ziehe meine Boxhandschuhe an – das einzige Relikt aus meiner Vergangenheit – und lese noch einmal sein Gedicht. Er sagt mir Sachen über mich, die noch nie jemand gewagt hat, mir zu sagen.

Angesichts dieses Geschenks ziehe ich mich in mein Schnecke-nkenhaus zurück. Frédéric hat mich überrascht. Seine Geste trifft mich völlig unvorbereitet. Ich lege meinen Panzer an, ich wehre mich gegen dieses unvorgesehene Eindringen der Liebe in mein Leben. Ich bin sogar regelrecht wütend, denn ich habe etwas ohne jede Gegenleistung bekommen. Das gefällt mir nicht. Normalerweise bin ich derjenige, der gibt. Sogar im Übermaß. Ich habe mit dem Boxen viel Geld verdient, und ich gebe es für Geschenke aus. Ich genieße es, in den Augen meiner Freunde das Funkeln zu sehen, wenn ich ihnen meine Päckchen überreiche.

In meinem Zimmer mache ich meinem Ärger Luft, indem ich auf ein Stück Holz schlage. Der Zorn weicht einer großen Leere. Ich setze mich auf die Bettkante und betrachte diese fünf Zeilen. Sie sind nicht im schönsten Französisch geschrieben, und es ist auch keine große Literatur, aber es kommt von Herzen. Aus tiefstem Herzen. Keine Heuchelei.

Frédéric hätte es nie auf die Titelseite einer Zeitung oder eines dieser Hochglanzmagazine geschafft. Sein Aussehen verstört. Doch in seinem Herzen ist Frédéric ein Apoll. Wie viel Hingabe braucht es, um einen solchen Brief zu schreiben! Er leidet darunter, dass er nicht sprechen kann. Das einzige Wort, das er von Zeit zu Zeit sagt, ist »Ka-tof-fel«. Diese drei Silben kosten ihn unendlich viel Kraft. »Ka-tof-fel«, wenn er einem dabei in die Augen sieht, bedeutet das: »Ich liebe dich.«

Viele Menschen glauben, dass es Wesen wie Frédéric nicht geben dürfte. Ich danke Gott dafür, dass er dem beschränkten Gesetz der gesunden Menschen entwischt ist. Mit seinen sechzehn Jahren und trotz seines, wie manche vorschnell annehmen, »verpfuschten Lebens« hat Frédéric das Wesentliche verstanden: selbstlose Liebe, Anstrengung, Großzügigkeit. Er ist für mich ein Vorbild. Dieses Geschenk lässt mich in meinem Herzen einen Kniefall vollziehen. Ich betrachte diesen Brief, diese fünf Zeilen voller Liebe. Mein Blick verschleiert sich, meine Kehle brennt, meine Wut weicht den Tränen. Ich flenne wie ein Kind. Mein Leben ist soeben ins Wanken geraten.

Pater Thomas hat mich nur ein einziges Mal angefahren: Als ich mich weigerte, ein Geschenk von ihm anzunehmen. Er nahm mich bei der Hand und sagte:

»Du darfst niemals ein Geschenk ablehnen, das kann die Großzügigkeit des anderen hemmen. Es kann ihn daran hindern zu wachsen, ihn entmutigen. Durch das Geschenk will Gott uns die Gnade lehren, etwas anzunehmen, und beim anderen die Fähigkeit zum Geben wachsen lassen.«

Die Liebe ist ein Bumerang: Du bekommst mehr als du gibst. Annehmen können ist ebenso wichtig wie geben können.

Sosehr ich mich auch bemühe, den Tränenfluss zu stoppen, indem ich mich als »Weichei« beschimpfe: Es hilft nichts. Ich weine haltlos. Nach langen Minuten versiegt der Strom, mein Blick hellt sich auf. Ich fange an nachzudenken. Frédéric ist es gelungen, etwas Schönes zu schaffen. Seine körperliche Behinderung ist für ihn keine Entschuldigung, nicht Schöpfer eines Lebens voller Liebe zu sein. Ich leide an einem anderen Handicap. Meine Kindheit ist verkorkst, nicht mein Körper. Und wenn ich meine bewegte Vergangenheit vergessen will, springt mir eine tief in meinem Inneren verborgene Gewalttätigkeit an die Gurgel. Das Adrenalin will wieder durch meine Venen schießen. Die Wut verwandelt meine Augen in zwei zornige Schlitze. Ich sehe nur noch rot und schlage zu.

Ich möchte mich ändern, zu liebevollen Gesten fähig sein, die anderen mit den Augen der Liebe sehen. Mein Leben in ein Leben voller Liebe verwandeln.

Ich möchte das Schöne und Gute in mein Leben einbinden.

Meine behinderten Freunde zeigen mir den Weg. Den kleinen Weg. Ihr schönstes Geschenk ist ihr Leben.

Ich nehme dieses Geschenk an, bewahre es in meinem Herzen.

Für mich hat jetzt ein Kampf begonnen, den ich niemals gewinnen werde.

Fünf Zeilen voller Liebe haben mein Leben gerade ins Wanken gebracht.

Ich bin nie geliebt worden? Egal, ich werde die anderen so lieben, wie ich gerne geliebt werden möchte. Wenn ich darauf warten will, etwas zu bekommen, um geben zu können, sitze ich hier noch am Sankt-Nimmerleins-Tag. Bei meinen nächsten Kämpfen wird es darum gehen, das zu leben, woran man mich bisher gehindert hat.

Ich will die anderen so sehen, wie ich gerne von ihnen gesehen werden möchte. Mit Liebe, Geduld, Barmherzigkeit, und nicht länger mit dem gefährlich scharfen Blick dessen, der kämpft, um zu überleben. Ich will lernen, von Herzen zu geben.

Das ist beschlossene Sache.

Plötzlich steigen diese unsäglichen Worte, die mir meine Kindheit vergiftet haben, in meiner Erinnerung wie stinkende Blasen nach oben: »Kinder, die geschlagen wurden, schlagen später auch ihre Kinder, das ist genetisch vorbestimmt.« »Kinder von Alkoholikern werden selbst zu Trinkern, das ist genetisch vorbestimmt.« »Kinder, die im Stich gelassen wurden, werden auch ihre Familien im Stich lassen, das ist genetisch vorbestimmt.« »Scheidungskinder werden sich ebenfalls scheiden lassen, das ist genetisch vorbestimmt.«

»So viel ist sicher, mein Lieber, Hunde kriegen keine Katzen! Die armen Kinder, fünfundsiebzig bis achtzig Prozent von ihnen werden die Fehler ihrer Eltern wiederholen. Sie können nichts dafür, das ist genetisch vorbestimmt!«

An jenem Abend, allein mit Gott in meinem Zimmer, beschließe ich, die Genetik Lügen zu strafen, die Vergangenheit in den Schrank zu sperren und mein Gedächtnis aufzupolieren. Nicht länger auf das Gerede der Leute zu hören, die immer alles besser wissen, oder auf den Unsinn der Schwarzseher.

Man kann den Zähler wieder auf null stellen, man muss es nur wollen.

Lieben heißt nicht nur, einem Menschen zu sagen, dass er schön ist, sondern auch, dass er es schaffen wird. Wenn man zu jemandem, der von Schlägen lädiert ist, sagt: »Du bist wundervoll«, bedeutet das auch: »Hab keine Angst vor dir und deiner Vergangenheit, hab keine Angst vor deinen Eltern. Du bist frei, du kannst dich ändern, du kannst dein Leben neu gestalten.« Lieben ist die Überzeugung, dass jeder in seiner Erinnerung, seinem Herzen oder an seinem Körper verletzte Mensch seine Blessuren in einen Lebensquell verwandeln kann. Lieben bedeutet, für den anderen hoffen und ihm den Virus der Hoffnung zu übertragen.

Das geschlagene Kind, der Verlassene, der Alkoholiker, der Drogenabhängige und alle anderen Leidenden – nichts ist genetisch vorbestimmt. Jeder hat das Recht, sich zu ändern. Man muss sich an die Vergangenheit erinnern, nicht, um sich in ihr zu verstricken, sondern um wachsam zu bleiben: Nein, ich werde nicht den Sirenen des Fatalismus nachgeben.

Da wir alle einzigartig sind, sollten wir uns dies zunutze machen. Eine einfache liebevolle Geste ohne jeden Hintergedanken kann einen entmutigenden genetischen Code ins Wanken bringen, die angeblich vorprogrammierten Chromosomen durcheinanderwirbeln.

Frédérics Geschenk ist eine Injektion der Hoffnung. Ihm habe ich es zu verdanken, dass ich an jenem Tag beschließe, einmal zu heiraten. Und dass ich Kinder haben will. Heiraten fürs ganze Leben und nicht auf Probe mit einem Notausgang und der Perspektive, sich beim ersten Krach, bei der ersten Enttäuschung aus dem

Staub zu machen. Ich verspreche, meine Kinder nicht im Stich zu lassen. Ihnen das zu geben, was ich nie bekommen habe.

Meine Träume sind schon gigantisch. Ich bin ein Angeber und will immer gerne zu hoch hinaus. Aber es ist besser, hochtrabende Pläne zu haben, wenn man von ganz unten kommt.

An jenem 9. August, abends in meinem kleinen Zimmer bin ich in meinem Kopf und in meinem Herzen so glücklich, als hätte es der liebe Gott dort Frühling werden lassen. Was für ein Geburtstag!

Am nächsten Tag schwebe ich förmlich vor Glück. Von Liebe gedopt, trunken vom Leben. Beseelt von dem Wunsch, all meine Vorsätze zu erfüllen, gut zu erfüllen.

Man ändert sich nicht einfach so, als hätte man einen Schalter im Kopf. Die alten Gewohnheiten sitzen fest, bleiben auf ihrem Posten wie die aufständischen Wachen, die sich trotz des Befehls ihres Herrschers weigern, die guten Vorsätze in die Festung vordringen zu lassen.

Gemeinsames Leben heißt, ständig ein offenes Ohr für den Wetterbericht des Herzens der anderen zu haben. Ich bin häufig taub dafür und ungeschickt. Ohne es zu wollen, verletze ich die, die mir nahe stehen. Wie kann man solche unnötigen Probleme vermeiden? Eines Tages baue ich ein Geschirrbord zusammen, wobei ich mich genau an die Montageanleitung des Herstellers halte. Ich betrachte das fertige Möbel voller Stolz, und unversehens ist es mir klar: Was bin ich doch für ein Idiot! Der Mensch ist wie ein Möbel: Es gibt für jedes Modell eine entsprechende Gebrauchsanweisung. Man muss sich nur trauen, jeden nach seiner persönlichen Anleitung zu fragen und ihm die eigene geben.

Sehr stolz auf meine Entdeckung teste ich sie zwei Wochen lang. Ich gehe zu allen, mit denen ich zu tun habe, und sage ihnen: »Wenn ich dich nicht genug liebe, sag es mir, damit ich es ändere. Wenn ich dich so liebe, wie es deiner Meinung nach sein sollte, sag es mir bitte auch, damit ich so weitermachen kann. Nicht erst in sechs Monaten, sag es mir sofort, damit ich keine Zeit verliere!«

Die Liebe muss man, wie so vieles im Leben, testen. Die anderen lieben, wie man selbst geliebt werden möchte. Die anderen sehen, wie man selbst gesehen werden möchte. Geben, was man selbst bekommen möchte. Probier es zwei Wochen lang aus. Wenn du nicht zufrieden bist, schick das Ganze zurück an den Absender.

Die Liebe testen heißt sie annehmen. In den Monaten, die auf diesen denkwürdigen Geburtstag folgen, ändert sich mein Leben von Grund auf. Ich knüpfe Freundschaften mit Leuten aus unterschiedlichsten Milieus, Rassen und Kulturen. Ohne sie abzustempeln, suche ich ihre Verschiedenartigkeit. Diese Menschen sind für mich wie unbekannte Länder, die ich entdecken darf; weniger eine Hürde, die es zu nehmen, als ein Geheimnis, das es zu erforschen gilt. Ich werde zum Globetrotter der Andersartigkeit. Ein Mann, der frei ist zu lieben, der nicht mehr in seinem kleinen Dorf mit den zu engen Bindungen gefangen ist. Ein Mann, der das Universum bereist. Meine Freunde erinnern mich an den Wald, den ich liebe und in dem es viele unterschiedliche Arten zu entdecken gilt. Die krummen Bäume lassen mehr Licht durchscheinen als die makellos aufgereihten Stämme.

Die Luft, das Blau! Bezaubert vom Herzen eines Menschen, möchte ich seine Heimat und seine Kultur kennenlernen, das Land, das ihn geprägt hat. Ein Freund weckt in mir den Wunsch, ihn zu besuchen.

Ich breche auf. Ich weiß nicht genau, was ich eigentlich suche. Ich reise als Mitfahrer in Lastwagen durch ganz Europa. Ich belade und entlade, ich bewache die Fernlaster, während die Fahrer sich ausruhen. Ich fahre mit und steige aus, wenn ich Lust dazu habe. Belgien, die Niederlande, Schweden, Norwegen, Dänemark, Italien, das ehemalige Jugoslawien.

Ich liebe es, Grenzen zu überschreiten. Als wenn mich das symbolisch von allen Beschränkungen befreit, die mir in meiner Kindheit auferlegt wurden.

Ich mag es, Unbekannte anzulächeln und sich nur über einen Blick oder ein paar einfache Gesten miteinander verständigen zu können. Ich lerne, dass ich nichts weiß, aber dank jener Jungen und Mädchen, die ein Stück ihrer selbst mit mir teilen, erfahre ich, dass jeder ein Schatz ist. In Griechenland, in der Türkei, im Libanon, in Israel, in den USA, in Kanada.

Bei meinen vielen Reisen, den Rucksack auf dem Rücken, lerne ich Länder, Leute und verschiedene Gebräuche kennen, all das bestärkt mich in meinem Glauben an den Menschen. Ich bin berührt von dem Empfang bei den Armen, die mir ihre Türen öffnen und das Wenige mit mir teilen. Im Grunde beschäftigt mich nur eine Frage, die ich jedem menschlichen Bruder stelle, dem ich begegne, indem ich meine Hand auf seine Brust lege: »Wie ist es um dein Herz bestellt?«

Ich stelle fest, dass offenkundig für jeden Menschen das eigene Leid das größte ist. Das Leid kennt keine sozialen Schichten. Die Armen erkennt man. Sie tragen auf ihren Schultern den Mantel des Elends. Du reichst ihnen die Hand aus Barmherzigkeit, und deine Geste kann zu Liebe werden.

Man begegnet aber auch wohlsituierten Leuten, die auf die Frage »Geht es dir gut?« mit »Ja, ja« antworten. Sie können nichts anderes sagen, denn sie sind in ihrem Verhalten und den gesellschaftlichen Konventionen gefangen. Sie können nicht über ihr Leid sprechen, das ihnen den Atem nimmt und an dem sie zu zerbrechen drohen. Und wir gehen an ihnen vorüber, ohne ihren Blick zu bemerken, der einer Warnblinkanlage gleicht, ohne den stummen Schrei zu hören, und erst recht sehen wir nicht, dass das Barometer ihres Herzens auf »Sturm« steht.

Alle diese Freunde aus aller Welt sind für mich wie brennende Lampen. Durch sie habe ich begriffen, dass Gott beim Menschen nicht auf den kurzen Moment achtet, in dem er fällt. Gott betrachtet den Zeitraum, in dem er sich wieder aufrappelt. Die Stunden, Tage, Monate, Jahre, in denen Männer und Frauen daran arbeiten, bessere Menschen zu werden. Leben, die an verborgene Schätze erinnern.

Zu oft hört der Mensch erst dann auf, tiefer zu fallen, wenn er die anderen sieht.

Man darf nie über andere richten.

Vier Monate nach meinem Geburtstag bin ich Heiligabend bei den Eltern einer Freundin eingeladen. Die Tafel ist mit feinstem Porzellan und Kristallgläsern prächtig gedeckt. Cathys Mutter serviert mir eine sämige Suppe, dann bietet sie ihrem Mann einen Teller an. Sie siezen sich, das finde ich völlig verrückt und tue die beiden als »gaga« ab. Ein köstliches Gericht folgt unter fröhlichem Gelächter und angeregtem Geplauder dem nächsten, und plötzlich registriere ich in einem ruhigen Moment, in einer Hundertstelsekunde einen Blick, den sich dieser Mann und diese Frau zuwerfen. Auch wenn sie sich siezen, sie lieben sich zärtlich, ein solcher Blick kann nicht täuschen. An jenem Abend lerne ich, dass es wohl besser ist, sich zu siezen und zu lieben, als sich zu duzen und zu ignorieren. Manches »Sie« bringt einander näher, während ein »Du« tödlich sein kann.

Nach der Mitternachtsmette sagt der Mann zu mir:

»Wir trinken die heiße Schokolade im Salon. Kommen Sie, sehen Sie sich den Weihnachtsbaum an.«

Der Weihnachtsbaum, wie schrecklich! Ich habe keine andere Wahl, ich sitze in der Falle. Ich kann nicht ablehnen. Verfluchter Weihnachtsbaum! Schleppenden Schrittes und schweren Herzens gehe ich hin. Ich hadere mit mir – »Du hättest diese Einladung auf gar keinen Fall annehmen dürfen, du weißt doch, dass Heiligabend Kindern ohne Familie nicht gut tut!« –, als Cathys Mutter plötzlich sagt:

»Tim, ich habe etwas für Sie.«

Habe ich richtig gehört? Ja, sie reicht mir ein in rotes Papier eingeschlagenes Geschenk, das mit einem goldenen Band verziert ist. Beim Öffnen lasse ich mir Zeit, versuche die Verpackung nicht zu beschädigen. Ich erinnere mich an das Krankenhaus, das Geschenkpapier, durch das ich Laufen und Zeichnen lernte. Dieses hier enthält drei Kerzen – eine grüne, eine gelbe, eine rote – und eine Seife in einer schönen Schachtel, die mit einer Gravur verziert ist. Mir stockt der Atem, meine Kehle ist wie zugeschnürt. Diese Aufmerksamkeit hat für mich einen unschätzbaren Wert. Gott beweist Humor: Ich habe mich ein wenig über ihre Andersartigkeit mokiert und sie verwöhnen mich. Darauf war ich nicht gefasst!

Ich übernachte bei ihnen, mein Weihnachtsgeschenk im Arm, wie das Kind, das ich gerne gewesen wäre.

Die Abenteurerinnen Gottes

Eines Morgens komme ich in Rom an, an der Stazione Termini. Wie stets auf der Suche nach ungewöhnlichen Begegnungen. Ich bemerke eine winzige alte Dame am Bordstein, die in ein merkwürdiges weißes Gewand gehüllt ist. Sie traut sich nicht in die Arena des Verkehrs, das Chaos verstört sie. Ich gehe auf sie zu.

»Kann ich Ihnen helfen?«

Sie sieht mich mit lebhaften, sehr hellen Augen inmitten eines runzligen Gesichts an und lächelt. Sie nimmt mein Angebot auf Englisch an. Wir überqueren die Straße. Sie hakt sich bei mir ein. Auf der anderen Seite angekommen, klingelt sie an der Tür eines Wohnhauses. Drei Männer öffnen. Ihre Gesichter strahlen.

»Oooh, Mother!«, rufen sie.

Die kleine Dame an meinem Arm scheint sie zu hypnotisieren. Ein Inder mit sehr dunkler Haut meint zu mir:

»Was haben Sie für ein Glück, mit der Mutter zusammen zu sein!«

Die alte Dame unterbricht ihn mit einem freundschaftlichen Klaps auf den Arm. Sie fragt mich, noch immer mit ihrem freundlichen Lächeln, ob ich sie zu ihren anderen Freunden begleiten will. Ich habe nichts vor, lebe den Augenblick. Also los. Diese Dame, nicht größer als ein Pilz, schrumplig wie ein Weinstock, die die Männer herumkommandiert, gefällt mir. Ich folge ihr.

Alle Menschen, die wir an diesem Nachmittag besuchen, sagen mir:

»Was haben Sie für ein Glück, dass Sie mit Mutter Teresa zusammen sein dürfen!«

Ich zucke mit den Schultern, mir ist es egal, ich weiß nicht, wer Mutter Teresa ist. Ich weiß nur, dass diese Frau ein unendlich gutes Herz hat, das spüre ich. Ich ahne nicht im Mindesten, dass sie die Mutter der Armen und vermutlich eine Heilige ist. Mein Wissen über Ordensschwestern ist doch sehr beschränkt. Ich stammle auf Englisch herum, und wir amüsieren uns prächtig in den römischen Bussen.

Wir halten an der Basilika Santa Maria Maggiore. Ich begrüße meine Freunde, die Stadtstreicher Francisco aus Bergamo und Mario, den Neapolitaner. Ich stelle sie »Ma« vor – so der Beiname von Mutter Teresa. Mario verspeist gerade ein Lunchpaket, das er von den Missionaren der Nächstenliebe bekommen hat (ich weiß nicht, dass sie diesen Orden begründet hat). Während er versonnen seine Orange schält, deutet er auf die riesige Treppe vor der Basilika und erklärt:

»Setzt euch doch, es gibt noch Platz.«

Wir lachen schallend und hocken uns auf die Stufen. Großzügig teilt Mario seine Orange mit uns. Er ist ein enger Herzensfreund. Er lebt schon seit Jahren auf der Straße. Wenn wir nicht einer Meinung sind, fängt er an, Neapolitanisch zu reden und ich Ch'timi, den nordfranzösischen Dialekt. Diese unbegreiflichen Streitereien enden stets mit einem Scherz und dem Digestif der Straße, einem ordentlichen Schluck Wein.

Wir verlassen Francisco und Mario, um unsere Besuche fortzusetzen. Reiche Geldgeber, denen sie danken will. Und wieder beobachten mich die Leute neidisch und wiederholen denselben Satz:

»Was haben Sie für ein Glück, dass Sie mit Mutter Teresa zusammen sein dürfen!«

Meine kleine Mutter Teresa sieht meiner Ansicht nach ziemlich erschöpft aus. Wir laufen schweigend nebeneinander her, sie hakt sich bei mir ein. Im Laufe der Stunden geht sie immer gebeugter. Doch sobald man sich an sie wendet – es hört nicht auf, die Menschen defilieren an ihr vorüber –, spüre ich, wie sich ihr Körper aufrichtet und ihre Hand sich strafft. Was für eine Energie diese Frau hat! Ich sage mir: »Können sie sie nicht in Ruhe lassen? Sie ist in dem Alter, in dem man sich von allem erholen sollte. Lasst ihr ihren Frieden!« Sie sagt nichts und absolviert gutmütig lächelnd zahlreiche weitere Besuche.

Wir verlassen das Viertel rund um die Stazione Termini und fahren mit der U-Bahn bis nach Trefontane. Endlich Ruhe. Wir erklimmen einen Feldweg, der an einem Männerkloster entlangführt. Am Ende der Steigung stehen wir vor einer wunderschönen und ebenso überraschenden Landschaft: Vereinzelte Bungalows im vietnamesischen Stil liegen inmitten einer üppig wuchernden Vegetation. Durch diesen Garten Eden weht eine leichte Brise. Die Schwüle und der Lärm Roms sind weit weg.

Ordensschwestern umringen uns und begrüßen respektvoll »Ma«. Diese stellt mir eine schöne Frau in einem Jeanskleid vor, deren Haar von einem Schleier verhüllt wird. Sie heißt Mutter Madeleine. Mit ihrem besonderen Radar blickt sie tief in mein Herz und reicht mir die Hand, um mich zu führen. Sie ist am heutigen Tag die erste Person, die mir nicht sagt, was ich für ein Glück habe, mit Mutter Teresa zusammen sein zu dürfen. Ihr Zartgefühl erobert mein Herz. Wir trinken Tee. Die beiden Frauen entfernen sich, um miteinander zu sprechen. Ich gehe.

Bevor sie uns verlässt, überreicht Mutter Madeleine mir ein Geschenk und sagt: »Komm bei mir vorbei, wenn du mal wieder in Rom bist. Versprochen?« Ich nicke, denn mir fehlen momentan die Worte. Diese Abenteurerin Gottes schüchtert mich doch sehr ein. Ich öffne das Päckchen: Es ist eine tönerne Figur des Jesuskindes.

Mutter Teresa küsst mich. Sie fährt mit den Nonnen im Auto weg. Und ich, ich bin wieder frei.

Erst zwei Jahre später begreife ich das Glück dieser Begegnung. In Trosly sehen wir eines Abends im Fernsehen eine Reportage über die Kleinen Schwestern Jesu, eine Charles de Foucauld-Frauengemeinschaft. Die Ordensschwestern dieser jungen Kongregation haben sich dazu entschlossen, unter ärmlichsten Bedingungen zu leben, in den Elendsvierteln und Slums. Die liebende Präsenz des Herrn inmitten der Ärmsten der Armen. Der Journalist spricht mit einer schönen, willensstarken Nonne, der Gründerin dieses wundervollen Ordens. Ich rufe:

»Ich kenne sie! Das ist Madeleine, meine Freundin Madeleine!«

Natürlich glaubt mir kein Mensch, außer Pater Thomas.

»Ich schwöre es euch, das ist die Frau aus Rom, von der ich euch erzählt habe!«

»Wenn du schon mal dabei bist, dann kennst du doch sicher auch Mutter Teresa!«, amüsieren sich die anderen Assistenten.

»Nun, hm, genaugenommen ja! Es war Mutter Teresa, die mich Mutter Madeleine vorgestellt hat.«

Ich höre auf, sonst glauben sie noch, ich will ihnen einen Bären aufbinden. Dabei ...

Der Macho, der ich noch immer bin, bleibt von diesen beiden willensstarken Frauen tief beeindruckt, die sich verdammt abgerackert haben, um ihren Weg zu finden. Diese Pionierinnen haben widrige Ereignisse und die Schwerfälligkeit der Institutionen gemeistert, um ihrer inneren Überzeugung treu zu bleiben.

Mutter Madeleine ist ein wertvoller Bestandteil meines Lebens geworden. Ich besuche sie gelegentlich in Rom; sie ist meine spirituelle Mentorin. Sie strahlt eine zärtliche, friedliche Präsenz aus. Sie ist das weibliche Gegenstück zu Pater Thomas. Jedes Mal, wenn ich heimfahre, geht es mir besser. Mutter Madeleine spricht von Jesus in so einfachen, so liebevollen Worten und mit einer so glühenden Inbrunst, dass sie das Packeis eines feindseligen Herzens zum Schmelzen bringen könnte.

Sie behandelt mich, als sei ich ihr Sohn, und verwöhnt mich bei meiner Abreise mit Kuchen und Sandwichs, die sie in meinen Rucksack packt, aber auch mit Nahrung für meinen gefährdeten Geist.

Ihre weibliche Sicht der Dinge hat meine Einstellung zu Frauen verändert. Es ist eine Sicht voller Schönheit, Güte, Respekt und Zärtlichkeit, die dafür nichts im Gegenzug verlangt. Meine spirituelle Armut ist für sie kein Hindernis. Im Gegenteil.

»Nur die Leere kann gefüllt werden; sei nie ganz erfüllt von dir«, sagt sie zu mir.

Was mich bei den Frauen ebenso wie bei Pater Thomas verwirrt, ist ihre Keuschheit. Diese Menschen sind rein, sie machen dir nichts vor. Und ihre Reinheit richtet nicht über meinen Schmutz. Sie beeindruckt mich, mich, der ich einen großen Verschleiß an Frauen habe. Bei den Dorfbällen sinken mir die Mädchen förmlich in die Arme. Häufig spielen sie das Blümchen Rührmichnichtan, aber sind nicht unzufrieden, wenn man ihnen ein anderes Ständchen zum Besten gibt als die Kleine Nachtmusik ... Ich nehme sie mit in den Wald, um dem Röhren der Hirsche zu lauschen, was gelegentlich eher einem Schwanengesang ähnelt.

Einer meiner Freunde beeindruckt mich ebenfalls sehr. Joël,

Vermesser von Beruf, den ich bei einem Praktikum kennengelernt habe. Der Mann ist seit über fünf Jahren verlobt. Eines Tages, als ich ihn mit Sex aufziehe, erwidert er mit großem Ernst:

»Ich habe Annie noch nie angerührt. Wir werden erst dann miteinander schlafen, wenn wir verheiratet sind. Das ist der schönste Liebesbeweis, den ich ihr erbringen kann.«

Ich wäre fast in Ohnmacht gefallen. Seine Reinheit und Aufrichtigkeit haben mich tief beeindruckt!

Nun, was mich betrifft, so versuche ich, das Tier zu zähmen – ohne großen Erfolg.

Eines Tages verlasse ich voller guter Vorsätze Pater Thomas. Da mein Motorrad eine Panne hat, trampe ich, um nach Compiègne zu kommen. Eine Frau hält an und nimmt mich mit. Sie ist Ärztin, wir unterhalten uns. Eine halbe Stunde später liege ich in ihrem Bett und meine Vorsätze unter dem Kopfkissen. Ich kann nichts dagegen machen! Ich weine noch immer die Tränen meines Körpers. Von Gewissensbissen geplagt, bitte ich Jesus um Vergebung und verspreche, so etwas nie wieder zu tun. Drei Stunden später gehe ich voll der guten Vorsätze ein Bier auf der Terrasse eines Cafés trinken, und dann setzt sich ein Mädchen zu mir. Wir unterhalten uns, sie spricht voller Zuneigung mit mir. Ich lande auch diesmal in ihrem Bett. Es ist wie ein Fluch, eine Krankheit. Ich brauche eine starke Injektion gegen meine Verzweiflung.

Ich fahre unverzüglich zu Pater Thomas zurück. Niemand da. An der Tür hängt ein Zettel: »Bin verreist«. Ich gehe in die alte Kapelle neben seinem Zimmer. Ich lasse mich in seinen durchgesessenen Ledersessel sinken. Ich betrachte das Sanktissimum auf dem Altar, dann die Ikone der Heiligen Jungfrau. Ich spreche zu beiden, sage ihnen mit einfachen Worten, dass ich es satt habe, dauernd einen Steifen zu haben und serienmäßig Mädchen zu vernaschen. Ich erzähle es unter Tränen, ohne Wut, doch mit unendlicher Trauer. Ich spreche, dann schweige ich. Ich sitze noch immer im Sessel des Paters – im Angesicht Gottes und der Ikone der Jungfrau Maria. Die Nacht verstreicht, ebenso der nächste Morgen, der Nachmittag. Es herrscht eine unglaubliche Stille.

Gegen Abend, kurz bevor die Messe von Pater Thomas beginnt, der gerade zurückkommt, sage ich aus einer plötzlichen Anwandlung heraus zur Jungfrau Maria:

»Ich verpflichte mich zu einem Jahr Abstinenz. Liebe ja, aber keinen Sex für die Dauer eines Jahres, das verspreche ich Dir!«

Was ist bloß in mich gefahren? Mein Enthaltsamkeitsrekord liegt bei drei Tagen!

Während der Messe des Paters sitze ich neben einem wunderschönen Mädchen, das neu in der Arche angefangen hat. Ich zische der Heiligen Jungfrau zu:

»Mein Gelübde fängt ja richtig gut an, danke!«

Ich senke den Blick, schotte mich ab und mache mich nach der Messe sofort aus dem Staub.

»Kann ich dich kurz sprechen?«

Das Mädchen ist mir nachgelaufen. Ich sage zu ihr:

»Nein, nein, ich muss den Tisch decken und außerdem habe ich keine Zeit, weil ...«

Ich bin entwaffnet, ich spüre ihre Reinheit.

»Gut, okay, wir können uns ja nach dem Essen sehen, ich wollte die Rehe bei Einruch der Nacht beobachten.«

Insgeheim verfluche ich mich: »Du begibst dich in die Höhle des Löwen, du bist verrückt! Vergiss dein Gelübde nicht!«

An jenem Abend gehen wir unter dem Sternenhimmel spazieren, ohne uns zu berühren. Am nächsten Tag das Gleiche und am übernächsten Tag auch. Ich habe meinen Enthaltsamkeitsrekord gebrochen! Sieg auf der ganzen Linie! Während meiner einjährigen Abstinenz werde ich die Schönheit einer Freundschaft ohne jeden Hintergedanken entdecken, und die Freude darüber, den Mädchen das schönste Geschenk zu machen, das ein Mann einer Frau geben kann: Respekt.

Da mein Hunger nach Entdeckungen und Begegnungen noch immer nicht gestillt ist, fliege ich auf der Suche nach meinen Wurzeln nach Kanada. Ich lasse mich bei der Arche für ein Jahr freistellen, das ich später um sechs Monate verlängern werde. Nachdem ich lange den Spuren meiner Ahnen gefolgt bin, was tiefgreifende Veränderungen in mir ausgelöst hat, erreiche ich schließlich die Senke von Oka, rund sechzig Kilometer von Montréal entfernt. Ich beschließe, mich hier für eine Zeit in ein Kloster zurückzuziehen.

Durch die Aufmerksamkeiten von Pater Lucien, einem Zisterziensermönch mit einem frischen und strahlenden Lächeln, genieße ich hier die Wohltaten Gottes. Ich unternehme mit ihm lange, schweigsame Wanderungen. Nach drei Monaten sagt er mir nach einem solchen Spaziergang:

»Was möchtest du werden, Zisterzienser- oder Dominikanermönch?«

Er weiß, wie sehr ich Pater Thomas Philippe zugetan bin. Ich sehe ihn an und sage:

»Pater, morgen Mittag werde ich Ihnen sagen, wie ich mich entschieden habe. Die Heilige Jungfrau wird mir die Antwort geben.«

Warum habe ich das gesagt? Das ist doch gar nicht meine Art.

Am nächsten Tag kommt mich eine junge, hübsche Frau namens Sonia besuchen:

»Ich habe ein großes Haus und nehme bei mir behinderte Menschen auf. Ich habe gehört, dass Sie auf diesem Gebiet Erfahrung haben, dass Sie mehrere Monate in der Arche von Jean Vanier verbracht haben. Wollen Sie mir helfen?«

Ich treffe mich, wie versprochen, mit Pater Lucien und sage ihm:

»Nun, die Heilige Jungfrau hat zu mir gesprochen. Ich werde weder Zisterzienser- noch Dominikanermönch. Ich werde mit behinderten Menschen zusammenleben.«

Er sieht mich mit seinem sanften Lächeln an, begleitet mich

zum Auto und segnet mich. Während wir uns von Oka entfernen, sehe ich ihn, wie er auf dem Weg steht und uns mit beiden Händen zum Abschied nachwinkt. Auch dieser Pater hat einen festen Platz in meinem Herzen bis an mein Lebensende. Der Himmel verwöhnt mich unglaublich.

Ein Jahr lang lebe ich mit Sonia und fünf Behinderten in Sainte-Marthe, an einem See in der Nähe von Oka eine intensive Beziehung zur Natur und zu meinen versehrten Brüdern und Schwestern. Doch eines Nachts, urplötzlich, fühle ich, dass ich nach Frankreich zurück muss. Am nächsten Tag startet in Montréal meine Maschine Richtung Belgien. Acht Stunden später lande ich in Brüssel. Ich nehme meinen Rucksack in Empfang, stelle mich an den Straßenrand und hebe den Daumen. Zwei Autofahrer nacheinander nehmen mich mit, und bald nähere ich mich dem Bauernhof in Trosly-Breuil. Wie freue ich mich, den guten Pater Thomas und meine christlichen Freunde wiederzusehen: Janine, Régine, Tante Agnès, Simone, Guy, Jean-Bernard, Dominique und die anderen. Meine Herzensfamilie.

Die Freude ist riesengroß. Dennoch, trotz der Euphorie spüre ich, dass etwas fehlt. Dass jemand fehlt. Ich weiß auch wer. Nach dem Mittagessen stehle ich mich mit einer Entschuldigung davon.

»Ich geh mal zu meiner Freundin.«

Etwas verlegen hält Janine mich auf:

»Tim, deine Freundin ist im Krankenhaus. Sie möchte niemanden sehen, sie will sterben.«

Das Blut stockt mir in den Adern, ich renne raus, in der Garage finde ich mein Motorrad. Es springt sofort an. Ich rase zum Krankenhaus von Compiègne.

»Sie können nicht zu ihr, sie liegt auf der Intensivstation, wir kämpfen um ihr Leben.«

»Darum geht es, sie braucht mich zum Leben.«

Ich schiebe die Krankenschwester freundlich beiseite und mache mich auf die Suche nach ihr. Die alte Dame liegt leichenblass mit geschlossenen Augen in ihrem Bett, überall sind Schläuche. Bei ihrem Anblick verlassen mich meine Kräfte, Traurigkeit überkommt mich. Ich nähere mich dem Bett und flüstere ihr ins Ohr:

»Ihr Kanadier ist wieder da.«

Ich küsse sie sanft auf ihre faltige Wange. Sie öffnet die Augen und sieht mich an, als sei ich ein Geist.

»Sie machen mir Spaß, ich habe den Ozean überquert, um Sie zu sehen, und finde Sie im Krankenhaus. Sie kommen hier wieder raus und werden gesund, nicht wahr?«

Ich ertrage Krankenhäuser nicht. Zu viele schlechte Erinnerungen, ich habe genug gegeben. Auf einmal bin ich unbeholfen, mir fehlen die Worte. Meine Freundin streichelt meinen Arm. Mit schwacher Stimme murmelt sie, dass sie mich liebt, aber zu ihrem Ehemann will. Diese vertrauliche Mitteilung, ihr Wunsch, die Große Reise anzutreten, das ist zu viel für mich. Ich liebe sie und habe keine Lust, sie mit dem Himmel zu teilen oder auf das Ewige Leben zu warten, um sie wiederzusehen. Ich küsse sie noch einmal und laufe aus dem Zimmer, fliehe vor dieser weißen, beängstigenden Welt.

Ich bin außer mir! Ich schreie Gott an. Ich bin dabei, ihm die Leviten zu lesen, als ich von einem Auto gestreift werde. Ich greife mir den Fahrer durch das Fenster und schüttle ihn wie einen Pflaumenbaum. Dabei kann er gar nichts dafür, der Arme, ich bin mitten auf der Straße herumspaziert! Der Schmerz ist so stark, dass ich ausraste.

Die Heimkehr ist hart. Man hat meine Sachen aus der Scheune des Bauernhofs gestohlen. Alles ist weg, mein Geschirr, meine Boxhandschuhe, aber auch die Fotos von meinem Vater. Jetzt, wo ich praktisch meinen Frieden mit ihm geschlossen habe, kann ich ihn mir nicht einmal mehr ansehen.

Der zweite Schlag: Mein Trainer hat sich meine Ersparnisse unter den Nagel gerissen. Er hat mein Bankkonto geplündert. Ich habe nichts mehr.

Einen Monat lang besuche ich Tag für Tag meine alte Freundin aus Trosly. Jeden Tag spüre ich, dass sie uns ein bisschen mehr verlässt. Jeden Tag sagt sie mir, dass sie mich liebt, ich sie aber nicht aufhalten kann. Als sie stirbt, hält sie meine Hand. An jenem Abend weine ich still neben dem Leichnam meiner Freundin, der alten Dame aus Trosly. Mein einziger Trost ist, zu wissen, dass sie nicht mehr leiden muss und dass sie im großen Hause Gottes ihren Mann wiedersieht, den sie über alles liebt. Dieser Gedanke, der mich zunächst irritierte, tröstet mich jetzt.

Draußen kann sich mein Herz nicht entscheiden. Einerseits bitte ich Gott, sie mit großem Pomp zu empfangen. Andererseits hadere ich mit Ihm, dass Er sie zu sich genommen hat.

Diese Frau wohnte schon sehr lange in Trosly. Als ich hierher kam, hatte man mich gewarnt:

»Pass bloß auf, sie ist schwierig, sie mag keine Behinderten.«

Eines Tages, als ich mit behinderten Jungen spazieren gehe, kommen wir an ihrem Grundstück vorbei. Allgemeine Bewunderung für diesen Blumengarten, der so manche Fachzeitschrift vor Neid erblassen ließe. Den Vögeln gefällt es hier, sie nisten zu Dutzenden in ihren Bäumen und liefern mit ihrem Gezwitscher und Gurren ein kostenloses Konzert.

Wir bleiben stehen und bewundern die Pracht. Sie ist dabei, den Boden für ein neues Beet umzugraben, als sie uns bemerkt. Oha! Sogleich lässt sie eine Flut von Beschimpfungen los, die selbst Kapitän Haddock beschämt hätten. Ich sehe ihr direkt in die Augen. Sie tut das Gleiche. Dann gräbt sie weiter.

Wir setzen unseren Spaziergang fort. Ich bringe die Jungen nach Hause, hole mir einen Spaten und gehe zu ihr zurück. Ich betrete ihren Garten und fange am anderen Ende des Blumenbeetes zu graben an, bis sie mich bemerkt.

»Was machen Sie da?«, ruft sie. »Ich habe Ihnen nicht erlaubt, mein Grundstück zu betreten!«

»Ich möchte Ihnen helfen, ich liebe Gartenarbeit.«

In kürzester Zeit grabe ich ihr Beet um. Sie will mich bezahlen, ich lehne ab.

»Warum haben Sie mir geholfen?«

»Weil es mir Spaß macht ... Und vorhin sind Sie wie ein Gewitter über mich hinweggefegt. Ich wollte Ihnen den Regenbogen bringen. Jetzt, wo die Erde umgegraben ist, kann man von Gemüse und Blumen träumen!«

Sie lächelt und lädt mich zu einer Tasse Tee ein.

Auf diese Weise haben wir uns einander allmählich angenähert. Ich bin noch oft bei ihr gewesen, um mit ihr Tee zu trinken. Nach und nach hat sie mir ihr Herz geöffnet. Sie hieß Madame Herman. Seit sie vor fünfzehn Jahren Witwe geworden war, lebte sie allein und zurückgezogen. Im Dorf wurde sie von manchen mit dem alten Schimpfwort für Deutsche, »Boche«, tituliert. Dieser abscheuliche Beiname hatte sie zutiefst verletzt. Darum war sie beim ersten Kontakt abweisend. In Wirklichkeit glich ihr Herz ihrem Blumengarten.

Mein Aufbruch nach Kanada hatte sie traurig gestimmt. Sie schrieb mir lange, zartfühlende mütterliche Briefe. Wir teilten die Liebe zum Schönen und bestimmte Verletzungen der Seele.

Kurz bevor sie starb, bat ich sie in ihrem Krankenzimmer:

»Wenn Sie Gott sehen, erzählen Sie Ihm von mir. Seien Sie meine Fürsprecherin. Ich stehe tief in Seiner Schuld. Ich möchte mich ändern. Sagen Sie Ihm, Er möge mir helfen, ein aufrechter und liebender Mann zu werden und eine gute Frau zu finden.«

Meine Botin ist entschwebt. Sie hat über alle meine Erwartungen hinaus Wort gehalten.

Das Mädchen aus dem Haus des Glücks

Nach dem Tod von Madame Herman entbrennt erneut meine Reiselust. Ich fahre nach Rom, um Mutter Madeleine zu besuchen, anschließend zu einer englischen Kanadierin in Florenz. Von dort reise ich nach Österreich, genauer gesagt nach Salzburg, um eine deutsche Freundin, eine Musikerin, die ich in Trosly kennengelernt habe, wiederzusehen. Sie teilt ihre Wohnung und ihr Leben mit vier anderen Musikerinnen. Ich verliebe mich in dieses Frauenorchester und lebe fünf Monate mit ihnen in einem großen Haus, das sie in Salzburg gemietet haben. Meine Musen stammen aus fünf verschiedenen Ländern, und jede spielt ein anderes Instrument. Der Globetrotter der Andersartigkeit ist überglücklich.

Sie weihen mich in die Geheimnisse der klassischen Musik ein und lassen mich eine mir bis dahin unbekannte Welt der Harmonie entdecken. Diese geistreichen und kultivierten Botschafterinnen des Schönen nähren mich mit Kultur und Zuneigung. Ich lebe in perfektem Einklang an ihrer Seite, bis ich eines Nachmittags, ohne zu wissen warum, das Bedürfnis verspüre, nach Paris zurückzukehren. Ich informiere eiligst meine fünf Freundinnen über meine Reisepläne. Noch am gleichen Abend verabschieden sie mich traurig am Bahnhof von Salzburg.

Am nächsten Tag treffe ich um fünf Uhr morgens in Paris ein, erspähe die gute alte Dame Giraffe mit ihrem langen Hals. Ich frühstücke bei Christelle, einer Freundin, die im 15. Arrondissement wohnt.

»Eine gewisse Martine sucht dich«, erzählt sie mir. »Für Renovierungsarbeiten in ihrer Wohnung. Hier ist ihre Telefonnummer.«

Martine ist eine Freundin der Arche, ein Mädchen, das einfach geblieben ist, obwohl sie aus einer sehr guten Familie stammt. Ich rufe sie an.

»Hallo, kleiner Bruder, wo steckst du? In Paris?«

»Seit heute Morgen fünf Uhr. Was kann ich für dich tun?«

»In meiner Wohnung muss einiges gemacht werden, und ich könnte Hilfe gebrauchen.«

»Okay, ich komme, ich glaube, da bin ich genau der Richtige.«

Eine Stunde später stehe ich in der Rue Vineuse vor einem sehr schicken Wohnhaus. Ich steige die Treppe empor und klingele. Martine öffnet mir, sieht mich an und umarmt mich zur Begrüßung. Ich finde, sie hat sich während meiner monatelangen Abwesenheit nicht verändert. Vor mir steht eine hochgewachsene junge Frau mit braunem Haar, mit einer sehr direkten Art.

»Guten Tag, kleiner Bruder, danke, dass du so schnell gekommen bist.«

Sie erklärt mir, was sie vorhat. Wir machen uns an die Arbeit. Den lieben langen Tag streiche, säge, schleife und hämmere ich, ich baue Schränke auf. Am Abend habe ich gründlich die Nase voll und gönne mir eine kleine Pause. Ich setze mich, und in diesem Augenblick gesteht mir Martine ihre Liebe. Zum Glück sitze ich schon. Die Überraschung ist ihr wirklich gelungen.

Martine kenne ich seit drei Jahren. Seit eineinhalb Jahren bete ich für sie, sie möge einen guten Mann finden, den Mann fürs Leben. Ich hätte es nie gewagt mir vorzustellen, nicht einmal für eine Nanosekunde, dass ich dieser Mann sein könnte. Ich verliebe mich ja in so ziemlich jedes Mädchen, dem ich begegne, aber nicht in sie. Sie stammt aus einer sehr mondänen Familie und versteht sich mit jedem, ist sehr offen. Die Leute erzählen ihr ihr Leben und fragen sie um Rat.

Gehobene Preisklasse, in jeder Hinsicht. Unerreichbar für einen Typen meines Kalibers. Uns trennen Welten.

»Nein, Martine, das geht nicht mit uns beiden. Wir sind nicht vom gleichen Schlag. Du kommst aus einer gutbürgerlichen Familie, ich bin ein Straßenkind. Uns trennen nicht nur ein Stadtteil, sondern Abgründe.«

Sie verteidigt sich, argumentiert, provoziert: »Sind es die Unterschiede, die dich abschrecken? Dich, der du dich gerne als Globetrotter der Andersartigkeit siehst? Dass ich nicht lache.«

Trotz ihrer Argumente, und vor allen Dingen trotz ihrer Gefühle bleibe ich hart. Ich verabschiede mich und sage mir: ›Verlieb dich bloß nicht, Tim, tappe nicht in die Falle.‹

Aber, die Baustelle muss ja fertig werden. Ich sehe Martine jeden Tag. Und jeden Tag verliebe ich mich mehr in sie. »Nein, Tim, bleib hart, mein Junge, lass dich nicht von der Strömung mitreißen!« Ich habe meine Gefühle nicht mehr unter Kontrolle, ich bin der betrunkene Pilot eines navigationsunfähigen Flugzeugs.

Was soll ich tun, sie fasziniert mich. Witzig, fröhlich, begabt. Ich finde ihre Stimme sehr schön. Wenn sie singt und sich dazu auf der Gitarre begleitet, bin ich hingerissen. Und die Malerrolle gleitet wie von selbst dahin. Ich streiche die Fläche vier Mal ohne es zu bemerken. Für Martines schöne Augen und den Klang ihrer Stimme würde ich sogar den Eiffelturm streichen.

Als ich der Wand gerade die fünfte Schicht Farbe verpassen will, hört Martine zu singen und ich zu malen auf. Sie schlägt mir vor, den Abschluss der Wohnungsrenovierung in dem Ferienhaus ihrer Familie im Bordelais zu feiern.

Ein paar Stunden später stellt sie mich ihrem Vater vor, einem großen Herrn, sehr britisch, der aber auch etwas Bäuerliches hat, sehr sympathisch. Ihre Mutter, würdevoll und zurückhaltend, Typ Königinmutter, distinguierte Kopfhaltung und makellos frisiertes Haar, beeindruckt mich sehr. Dann sind da noch ihr großer Bruder

Antoine, der ein Doppelgänger des spanischen Königs Juan Carlos sein könnte, ihre ältere Schwester Evelyne, Sozialarbeiterin – das ruft Erinnerungen in mir wach –, und der jüngste der Brüder, allerdings ebenfalls älter als Martine, der mir vor allem durch seine Kämpfernatur auffällt. Wir haben Schwierigkeiten, uns anzunähern. Unsere Planeten gehören nicht zur selben Galaxie.

Wir setzen uns zu Tisch. Während des Essens beobachte ich sie alle genau. Ihr Lachen, ihre Aufmerksamkeiten, ihre Freundlichkeiten. Das nehme ich ihnen nicht ab. Ich bringe die Bestecke durcheinander.

Kaffee im Salon. Gleiches Theater. Innerlich explodiere ich. »Das ganze Getue ist nur aufgesetzt, mein Freund. Sie spielen dir die große Verbrüderung vor, um dir zu imponieren!« Eine komplette Familie, die sich offensichtlich liebt, das passt nicht in mein Klischee. Wenn ihre Zuneigung aufrichtig ist, ist es widerwärtig, dass ich so etwas nicht kennengelernt habe. Wenn das alles nur Theater ist, dann ist dieses Schauspiel mitleiderregend, scheinheilig und gemein. Auf jeden Fall halte ich es nicht länger aus. Ich verlasse den Raum, um Luft zu schnappen.

Ich gehe in den Garten. Die frische Luft beruhigt mich, der Mantel der Nacht besänftigt mich. Ich denke nach. Warum sollten sie mir etwas vorspielen? Was hätten sie denn davon?

Ich muss gestehen, ich bin von der feinfühligen Art von Martines Vater begeistert. Seine Bildung und sein erlesener Geschmack erinnern mich an Monsieur Léon. Ein Mann von Welt, im besten Sinne des Wortes, der es versteht, einem Gast zuzuhören, ihn ernst zu nehmen, ihm sein Wissen zu vermitteln, ohne seinen Zuhörer damit zu erschlagen, ein Gespräch zu führen, in dem die Ansichten aller Gehör finden. Dieser weise Mann erregt meine Bewunderung. Er ist ebenso intelligent wie herzlich. Von ihm geht eine faszinierende tiefe, innere Harmonie aus.

Martines Mutter ist etwas zurückhaltender. Um ihre verborgenen Facetten im Detail zu entdecken, muss man sich wie bei einem Edelstein etwas näher heranwagen. Los, geh wieder rein, Tim. Hör auf, herumzumaulen. Beobachte die Andersartigkeit, das ist doch dein Lieblingsspiel.

Ich gehe zurück in den Salon. Ich spüre Martines Erleichterung, mich entspannt und lächelnd zu sehen. Ich nehme mir vor, die Anwesenden mit Wohlwollen zu betrachten.

Nach diesem Wochenende auf dem Land ist die Heimfahrt nicht besonders amüsant. Es ist nicht leicht, sich in Martines knatterndem Käfer auszusprechen. Sie sagt mir, wir seien sehr verschieden und das bringe Probleme mit sich. Ich erwidere, dass das mein erster Einwand gewesen sei, nachdem sie mir ihre Liebe gestanden hatte. Und sie habe geantwortet, das spiele keine Rolle! Sie solle sich entscheiden!

Wütend mache ich nebenbei den lieben Gott zur Schnecke: Was will Er eigentlich?

Zehn Tage lang herrscht dicke Luft.

Ich mache Fehler über Fehler. Die Liebe macht mich dumm und unbeholfen. Das Telefon macht die Dinge nicht einfacher. Die Missverständnisse häufen sich.

Eines Morgens stehe ich auf und sage zu Gott:

»Ich gehöre nicht zu denen, die sich aus Liebe umbringen oder wie verrückt leiden. Wie die Sache im Moment aussieht, werde ich das Ganze nicht mehr lange ertragen.«

Am darauffolgenden Wochenende unternehmen wir eine Fahrt nach Chartres, um zur Heiligen Jungfrau zu beten. Ich plündere den Blumenstand am Bahnhof, um nicht etwa meiner geliebten Freundin, sondern der schwarzen Madonna einen riesigen Strauß zu Füßen legen zu können. Ich bete mit den Blumen in der Hand zur Heiligen Jungfrau:

»Wenn du kein Wunder vollbringst, sage ich Martine morgen Lebewohl und kehre nach Hause, nach Kanada zurück.«

Am nächsten Abend klopfe ich, das Flugticket schon in der Tasche, an Martines Tür. Sie öffnet mir. Und mit einem Mal haben wir beide eine unerwartete und starke Gewissheit. Gott will, dass wir zusammen sind. So einfach und klar ist das. Ja, Gott will, dass wir zusammen sind. Alle Bedenken Martines sind verschwunden, und wir beschließen uns zu verloben.

»Lass uns doch nach Montmartre, in die letzte Messe in Sacré-Cœur um zweiundzwanzig Uhr gehen!«, schlägt sie vor.

Ich habe meine Antwort. Während sie sich hübsch macht, suche ich das Gespräch mit meinem Himmlischen Vater, um Ihm zu danken und mich bei Ihm zu entschuldigen. Wir springen in ein Taxi. Mit einer so wundervollen Frau an meiner Seite bin ich stolz wie ein König. Meine Augen werden feucht. Eine unverhoffte Liebe in meinem Arm, fahre ich durch diese Straßen, die ich schon so oft verzweifelt entlanggelaufen bin. Wie schön ist doch Paris in dieser Mainacht des Jahres 1978!

Unsere Verlobungsfeier in der Basilika von Sacré-Cœur könnte nicht intimer sein. Nur Martine, ich und unsere beiden Zeugen, Gott und die Heilige Jungfrau Maria.

Unsere Unterschiede führen zu Heimlichkeiten. Wie sollen wir Martines Familie und unseren Freunde unsere Liebe beibringen? Sie werden es für einen Witz halten.

Drei Monate lang, beinahe jeden Sonntag unternehmen wir eine Wallfahrt durch Paris. Wir beten, dass die Herzen von Martines Eltern bereit sein mögen, wenn wir unsere Bombe platzen lassen! Wir beginnen unsere Wallfahrt an der Place du Trocadéro, direkt gegenüber der Dame Giraffe, und beten den Rosenkranz bis zur Chapelle de la Médaille miraculeuse in der Rue du Bac, dann geht es weiter nach Notre-Dame, bevor wir schließlich zu Sacré-Cœur auf dem Montmarte hinaufsteigen, wo wir die Abendmesse besuchen, bevor wir unsere Liebe mit einem guten Couscous in Pigalle feiern.

Nach diesen drei Monaten der geheimen Verlobung beschließen wir, unsere Hochzeit erst sechs Wochen vor dem vereinbarten Termin bekannt zu geben, damit ihnen keine Zeit bleibt, über unsere Standesunterschiede zu philosophieren. Wir treffen uns mit meinen zukünftigen Schwiegereltern in ihrem Haus in Arcachon. Sie ahnen nichts von der guten Nachricht, die wir ihnen überbringen wollen.

Martine zeigt mir ein großes weißes Haus in der Nähe der Mole. Das Haus ihrer Großmutter, in dem sie als Kind ihre Ferien verbrachte.

Mir schnürt sich die Kehle zu. Ein unbestimmtes Gefühl überkommt mich, eine starke und klare Erinnerung lässt mich wie angewurzelt stehenbleiben. Ich sehe mich wieder als Kind auf dieser Mole, mit meinem schwächlichen Körper noch unsicher auf meinen zusammengeflickten Beinen, den Kopf kahlgeschoren, vor diesem weißen Haus stehen und träumen, während der Wind in den Flügelhauben der Nonnen spielt, sie wie Kormoranflügel hin und her bewegt.

Die große weiße Villa, die mir Martine in der Nähe der Mole zeigt, ist das Haus des Glücks meiner Kindheit. Ich erkenne sie wieder. Ich sehe das geheimnisvolle Abzeichen vor mir, das mir eine der netten Nonnen aus dem Heim geschenkt hat. Ich erinnere mich an mein feierliches Gelöbnis von damals: »Später, wenn ich ein Mann bin, werde ich ein Mädchen von hier heiraten.«

Das Mädchen aus dem Haus des Glücks halte ich heute, fünfzehn Jahre später, an der Hand. Sie spielte auf dieser Terrasse, während ich träumend auf der Mole saß. Insgeheim, so gesteht sie mir, habe sie diese Waisenkinder immer bedauert.

Nach einem harmonischen Abendessen erklärt Martine ihren Eltern, dass wir uns lieben und bald heiraten werden.

Großes Schweigen.

Mein zukünftiger Schwiegervater, ein eleganter und gläubiger Gentleman, ruft aus:

»Aaaaah, was für eine gute Nachricht!«

Er, der seinen Kindern immer wieder predigte, dass »die Ehe eine ausreichend schwierige Angelegenheit ist, die man nicht noch durch Standesunterschiede komplizieren« müsse, empfängt seinen zukünftigen Schwiegersohn mit einer ganz außergewöhnlichen Herzlichkeit und Offenheit.

Martines Mutter steht unter Schock, ist völlig perplex. Zum Glück sitzt sie. Sie kann ihre Rührung nicht verbergen und sagt:

»Das ist eine Überraschung … Wirklich … Das ist etwas, das man erst verstehen wird, wenn man es lebt.«

Wir beglückwünschen uns zu der Wirksamkeit unserer Gebete.

Die Hochzeit des verlorenen Sohnes

Das fängt ja gut an. Am Morgen der standesamtlichen Trauung komme ich zu spät zum Rathaus. Um mich in einen schönen Prinzen zu verwandeln, habe ich meine langen Haare gewaschen und geflochten, meine Kosakenstiefel blank poliert, bis ich die Wolken in diesen Rückspiegeln vorbeiziehen sehen konnte. Darüber habe ich die Zeit vergessen. Ich renne, so schnell ich kann.

Schweißgebadet und mit nassen Haaren treffe ich im Rathaus des 16. Arrondissement ein. Der Standesbeamte fragt jeden, außer mir, ob er der Bräutigam sei. Schließlich tippe ich ihm mit einem unschuldigen Lächeln auf die Schulter und erkläre:

»Der Bräutigam, das bin ich!«

Er stiert mich ungläubig an, ich nicke strahlend. Schließlich fängt er sich wieder und kündigt mein Erscheinen feierlich an. Alle haben sich in Schale geworfen. Martine sieht hinreißend aus.

Ich sage das Ja, mit dem ich mich vor der Gesellschaft zu dieser Ehe bekenne, mit umso größerem Ernst, als ich zu dieser Stunde eigentlich nicht mehr am Leben sein dürfte.

Zwei Wochen zuvor biege ich mit dem Motorrad in die Place de La Motte Piquet ein, als ein Käfer die rote Ampel Ecke Rue du Commerce überfährt. Im Bruchteil einer Sekunde ist mir klar, dass ich dem Zusammenstoß nicht ausweichen kann. Ich denke: »Ich bin geliefert, ich sterbe.« Doch instinktiv gebe ich Vollgas. Das Motorrad bäumt sich auf und prallt gegen den Käfer. Ich fliege durch die Luft, über das Autodach hinweg und schlage auf der anderen Seite auf den Boden. Bums! Mein Bein ist um das Dreifache angeschwollen und meine Augenbraue blutet. Ich bin nicht tot. Ich bin sogar sehr lebendig und erleichtert zu sehen, dass mein Eintritt ins Paradies verschoben wurde. Ich habe nicht die geringste Lust zu sterben.

Meine Freundin Catherine hat uns ihr Herz und die Tür zu ihrem schönen Appartement in der Avenue de Breteuil geöffnet, damit wir dort mit unseren Trauzeugen essen und feiern können. Einige Jahre zuvor schlief ich noch ganz in der Nähe in einem Fahrradschuppen.

Meine Kosakenstiefel haben es Marc, Martines Trauzeugen, besonders angetan. Er schielt auf meine beiden bodennahen Rückspiegel, mustert mich neugierig und meint, mit einem Hauch von Neid in der Stimme, im blasierten Ton der Schickeria, als erkundige er sich nach dem Rezept für einen speziellen Cocktail:

»Sag mal, wie machst du das, so ... natürlich zu bleiben?«

So viel steht fest, wir haben sicher nicht den gleichen Herrenausstatter, und im Übrigen kauft er seine Schuhe ausschließlich bei Weston. Während wir uns unterhalten, dreht Marc seinen Arm, spielt an seinem Handgelenk und lenkt damit mein Interesse auf seine Armbanduhr. Wie von ihm beabsichtigt, frage ich ihn:

»Was ist mit deiner Uhr, stört sie dich?«

»Also, das ist doch keine Uhr, mein Lieber!«

»Das sieht aber verdammt nach einer aus! Was ist es dann?«

Marc ist entzückt, er plustert sich auf, lässt sich mit seiner Antwort Zeit, um die Spannung noch ein wenig zu steigern und meint dann:

»Hm ... Das ist eine ... hm ... eine Rolex!«

»Ja ... Und was kann sie mehr als eine Uhr, diese Rolex?«

»Du hast ja wirklich keine Ahnung, mein Lieber! Eine Rolex ist der Rolls-Royce unter den Uhren! Ein Schweizer Kleinod mit einem handgefertigten Uhrwerk, unverwüstlich, lebenslange Garantie und kostet immerhin schlappe zehntausend neue Francs.«

»Also, deine unverwüstliche Rolex mit lebenslanger Garantie, ich wette mit dir, dass ich sie anhalten kann, und zwar nur dadurch, dass ich sie am Handgelenk trage.«

»Du weißt nicht, was du da sagst, mein Lieber, eine Rolex bleibt nicht stehen!«

»Es gibt keine Uhr, die an meinem Handgelenk funktioniert!«

»Ja, aber eine Rolex ist eine Rolex. Die bleibt nicht stehen! Ich nehme die Wette an.«

Ich lege seine Uhr an. Tick-tack, tick-tack. Fünf Minuten verstreichen. Ich beginne, diesen Magnetismus anzuzweifeln, der bisher noch jede Uhr kaputt gemacht hat, die ich getragen habe. Tick-tack. Die Rolex bleibt unerschütterlich und Marc triumphiert. Tick-tack, tick-tack. Er will schon Hurra schreien, als der Sekundenzeiger immer langsamer wird ... Er wird blass.

»Nein, das ist nicht wahr ... Meine Rolex ...«

Eine Minute später ist die Rolex stehengeblieben. Marc ist aschfahl. Er sieht mich an, mich, den Großen Manitu, der die Rolexuhren anhält.

»Sei unbesorgt, sie hat ja lebenslange Garantie!«

Marc ist das krasse Gegenteil von mir. Später werden wir Freunde – danke, Rolex – und finden viele Übereinstimmungen. Je vertrauter er mir wird, desto mehr werde ich in die Leidenswelt derjenigen eindringen, die aus sogenannten »guten Familien« stammen. Wie viele Verletzungen verbergen sich hinter den äußerlichen Zeichen des Reichtums! Die Eltern geschieden, zwanzig Jahre Therapie, die Sicherheit eines Bankkontos und ein trauriges, untröstliches Herz. Durch Marc erkenne ich, dass Armut nicht immer materieller Natur sein muss und dass man viel stärker, wenn auch weniger sichtbar, an einem Mangel an Zuwendung und Spiritualität leidet.

Am Tag nach der standesamtlichen Trauung heiraten wir vor Gott und im Kreis unserer Freunde von der Arche in der Kirche von Trosly. Ihre Herzen sind rein. Das Fest ist wunderschön. Alle gratulieren mir:

»Hast du ein Glück, eine solche Frau zu haben!«

Stimmt. Ich wünschte mir nur, dass auch jemand zu meiner Frau sagt, sie habe mit ihrem Ehemann das große Los gezogen.

Die Bibelstelle für unsere Hochzeitsmesse scheint wie für mich geschrieben. Diese Seite, die vom Apostel Lukas vor über zweitausend Jahren verfasst wurde, scheint nichts an Aktualität eingebüßt zu haben. Es ist die Geschichte eines Sohnes, der sich mit seinem Vater streitet und von zu Hause weggeht. Erst nach vielen Jahren kehrt er zu seinem Vater zurück:

»… Dann brach er auf und ging zu seinem Vater. Der Vater sah ihn schon von weitem kommen, und er hatte Mitleid mit ihm. Er lief dem Sohn entgegen, fiel ihm um den Hals und küsste ihn.

Da sagte der Sohn: › Vater, ich habe mich gegen den Himmel und gegen dich versündigt; ich bin nicht mehr wert, dein Sohn zu sein.‹

Der Vater aber sagte zu seinen Knechten: ›Holt schnell das beste Gewand, und zieht es ihm an, … Denn mein Sohn war tot und lebt wieder; er war verloren und ist wiedergefunden worden.‹

Und sie begannen ein fröhliches Fest zu feiern.«

(Evangelium nach Lukas 15,20–24)

Gottes Wort ist lebendig. Es inspiriert mich.

»Philippe, wollen Sie die hier anwesende Martine zu Ihrer Frau nehmen?«

Wir sind so weit. Der schicksalhafte Moment. Ein Ja, das sind zwei Buchstaben, eine einzige auszusprechende Silbe, eine halbe Sekunde, die ein ganzes Leben halten soll.

Ja ist das Ja zum Leben.

»Ja.«

In diesem Augenblick, durch dieses Ja, ist es entschieden, ich werde die Genetik mit Hilfe des Heiligen Geistes und unserer Liebe Lügen strafen.

Dann feiern auch wir!

Nach unserer Hochzeit fahren Martine und ich mit dem fort, was wir bereits in unserer Verlobungszeit begonnen haben: den Abgrund unserer Andersartigkeit auszuloten. Ich bin wie ein Hobel, Martine eher wie Schleifpapier. Wir lieben uns und fügen uns unvermeidlich Leid zu. Martine ist offen und großherzig. Sie empfängt Gott und die Welt, während ich ein krankhaftes Bedürfnis nach Zurückgezogenheit habe. Sie backt mir freundlicherweise Kuchen – es ist meine naschhafte Phase –, und ich erkläre ihr zum Dank:

»Ich sehne mich nach mehr Zärtlichkeit und nicht nach einer Überdosis Zucker.«

Aufbrausend und grob wie ich bin, verletze ich sie häufig mit meinen schneidenden Sätzen und meinen Zornesausbrüchen.

Verschiedenartigkeit heißt auch, sich dem anderen anzupassen, seine Gebrauchsanweisung zu begreifen, sich Zeit zum Kennenlernen zu lassen und ständig Konzessionen zu machen. Das Sichaneinander-Gewöhnen benötigt viel Zeit, Geduld und Liebe.

Ich leide vor allem bei Treffen mit Martines Familie. Ich fühle mich von ihrem geheimen Einverständnis ausgeschlossen. Wir haben keinen gemeinsamen Bezugspunkt. Ich verstehe natürlich, dass es ihnen schwerfällt, einen komischen Kauz ohne Familie, mit Kosakenstiefeln und langen Haaren zu akzeptieren, aber ich kann es nicht hinnehmen, mich nicht aufgenommen zu fühlen. Mit ihrer Familie zusammen zu sein, ist mir unerträglich. Ich fühle mich nicht als Sohn, obwohl mein Schwiegervater an dem Tag, als wir unsere Liebe gestanden, zu mir sagte: »Sie sind wie ein Sohn für mich!«

Das Härteste ist immer »wie« zu sein, ohne es wirklich zu sein. Aber dafür kann niemand etwas.

Die Familientreffen zermürben mich. Ängste lähmen mich: Die Angst, nicht interessant zu sein, nicht wie die anderen zu sein, ungebildet zu wirken. Ich werde zu einem übellaunigen Einzelgänger. Meine Reaktionen sind übertrieben.

»Du hast dich ja auch noch nie anstrengen müssen«, sage ich zu Martine. »Du bist noch nie in deiner Schwiegerfamilie gewesen. Und das aus gutem Grund!«

In Paris ersticke ich, drehe wie ein Löwe im Käfig meine Runden. Mir fehlen meine Freunde, die Bäume und einige Tiere, die es zu zähmen gilt. Wir bekommen Angebote für Projekte in den Gebieten Les Landes oder in der Bretagne, die wir übernehmen könnten. Was meint mein Kumpel, der liebe Gott dazu? Wohin schickst Du uns? Einen Tag, nachdem ich Ihm diese Frage gestellt habe, will Marie-Hélène Mathieu, Leiterin des Office chrétien des Handicapés, der französischen Hilfsvereinigung für Behinderte, und Chefin meiner Frau, von ihr wissen:

»Möchtest du dich um unsere Außenstelle in Lourdes kümmern? Der bisherige Leiter muss aus gesundheitlichen Gründen aufhören.«

Das ist die Antwort meines Kumpels.

Es ist also beschlossene Sache, wir gehen nach Lourdes.

Kurz vor unserem Umzug begleite ich meine Frau in ein Foyer de la Charité in Châteauneuf-de-Galaure im Drôme, um dort an Exerzitien teilzunehmen. Ein großes Zugeständnis. Ich fahre mit, weil ich meine Frau liebe, denn ich kann mir nicht vorstellen, sechs Tage lang auf einem Stuhl sitzen zu bleiben, um einem Pfarrer zuzuhören. Auch wenn der Prediger kein Geringerer ist als der Bruder von Pater Thomas Philippe. Er heißt Marie-Dominique – ein merkwürdiger Name für einen Mann – und trägt das weiße

Gewand der Dominikaner, offensichtlich eine Familienkrankheit. Er ist nicht größer als sein Bruder. Seine Augen funkeln hinter Brillengläsern, so dick wie eine Lupe. Alle nennen ihn einfach Marie-Do. Das Thema der Exerzitien: Die Johannes-Apokalypse, das letzte Buch der Bibel. Mich erinnert das eher an Calypso, eine Diskothek.

Als Marie-Do mit den Exerzitien beginnt, wird es still im Saal. Sechs Tage lang wird er hier das Wort haben. Seine Referate sind fesselnd. Gebannt schreibe ich mit.

Ein Bad im Licht. Sechs Tage des Schweigens. Die Leute begegnen einander freundlich. Sympathien entstehen auf unerklärliche Weise, ohne dass ein Wort gesprochen wird.

Mitte der Woche wird den Teilnehmern, die es wünschen, ein Besuch bei Marthe Robin angeboten. Das ist eine Bäuerin aus der Gegend, eine einfache Frau, die in ihrem Körper, so versichert man, das Leiden Christi durchlebt und die eine besondere Aura der Güte und Wahrhaftigkeit umgibt. Schwer zu glauben für einen großen Sünder mit begrenztem Intellekt wie mich. Sie lebt zurückgezogen in einem Zimmer ihres Geburtshauses bei geschlossenen Fensterläden, denn ihre geschädigten Augen vertragen kein Licht mehr. Menschen aus aller Welt kommen, um ihr ihre Gebete anzuvertrauen und ihre Ratschläge entgegenzunehmen.

Die Leute müssen sich gedulden, um sie zu sehen, und die Warteliste ist schon lang. Martine möchte sich gerne eintragen; ich, der stolze Macho, behaupte:

»So was brauche ich nicht.«

Während eines Essens verliest eine Frau mit Mikrofon die Namen der ersten sieben Personen, die Marthe Robin noch am gleichen Nachmittag besuchen können. Zu meiner Verwunderung werden wir als Erste genannt. Ich sehe Martine an und kann nicht umhin, auszurufen:

»Aber ich denke, wir haben uns gar nicht eingeschrieben!«

Zweihundert Teilnehmer starren uns an. Ich werde puterrot.

Ich habe keine andere Wahl, ich folge meiner Frau. Wir steigen hinauf zum Bauernhof der Robins auf dem Plateau. Die rustikale Küche mit ihrem Holzofen hat man zum Wartezimmer umfunktioniert. Die Leute reden mit gedämpfter Stimme. Ein junges Mädchen bittet Martine und mich, in ein dunkles Zimmer einzutreten. Es wirkt sehr mysteriös. Wir setzen uns neben das Bett, das wir in der Dämmerung erahnen. Ich stelle mir vor, wie diese heilige Frau gleich in meiner Seele lesen und mich mit einem energischen »Weiche, Satan!« aus dem Zimmer vertreiben wird. Aber nein, eine klare, erstaunlich jung klingende Stimme dringt aus dem Dunkel und heißt uns willkommen. Wir vertrauen der unsichtbaren Frau an, dass wir jung verheiratet und sehr, wirklich sehr verschieden sind. Sie lacht!

Sie lacht und sagt:

»Das sind für Gott nur Nebensächlichkeiten. Eure Liebe muss auf Glauben, Hoffnung und Barmherzigkeit ruhen.«

Martine erzählt ihr, dass wir ein Kind erwarten. Sie freut und begeistert sich. Sie spricht von Kindern, als hätte sie ihr ganzes Leben welche großgezogen.

Ich erzähle ihr von meinen Ängsten, Vater zu werden angesichts der wenig ermutigenden Beispiele in meiner Vergangenheit, und von meiner Panik, die Verletzungen, die mir zugefügt wurden, zu wiederholen. Sie hört mich an, dann sagt sie:

»Eure Kinder werden wachsen wie eure Liebe.«

Dieser Satz hat sich mir in glühenden Lettern eingebrannt.

Als wir ihr von unserem Plan, nach Lourdes zu ziehen und dort ein Haus zu finden, berichten, unterbricht sie uns:

»Ein Haus, um die zu empfangen, die euch die Heilige Jungfrau schicken wird!«

Martine und ich sehen uns an. Seit unserer Verlobungszeit träumen wir von einem Haus, das wir gemeinsam betreiben können. Ohne uns zu kennen, bestärkt uns Marthe in unserem Vorhaben:

»Die Heilige Jungfrau wird euch den Weg weisen.«

Gegen Ende unseres Besuchs erkennen wir, trotz der Dunkelheit, einen kleinen zusammengekrümmten Körper unter den Laken, mit einer zarten, engelsgleichen Stimme und vielen weisen Worten.

Geblendet, ergriffen und verblüfft über das, was uns die Zukunft bringen wird, stehen wir später draußen auf dem Hof. Dieser einfache und so wichtige Moment unseres Lebens ist der Grundstein. Hier stehen wir fest geeint und voller Hoffnung. Marthe Robin wird immer einen großen Platz in unserem Leben einnehmen.

Am Ende der Exerzitien bittet mich ein begleitender Priester darum, von meinem Leben zu erzählen. Ich will nicht, ich sträube mich. Schließlich tue ich es doch.

Danach schweige ich. Dieses Schweigen dauerte elf Jahre. Bis zum Tod meines Vaters.

In Lourdes in den Händen
der Heiligen Jungfrau Maria

Lourdes ... Als Kind war dieses Wort Stoff meiner Träume. Ein magischer Name wie für andere die Kanarischen Inseln oder die Seychellen. Für mich beschwor er riesige Berge herauf, Wasserfälle, reine Luft, wilde Wälder, die Freiheit ...

Der Bürgermeister unseres Dorfes hat eines Tages allen kleinen Kindern ein Fünf-Franc-Stück geschenkt. Ich habe dieses gesamte Vermögen bei einer Tombola auf dem Gemeindefest verwettet. Der erste Preis war eine Reise nach Lourdes. Ich war sicher, den Hauptgewinn zu kassieren – mein Wunsch war zu dringend, um nicht in Erfüllung zu gehen. Die Enttäuschung war ebenso groß wie die Illusion. Ich hatte auf einen Schlag alles verloren. Der reichste Junge der Gemeinde hat die Reise nach Lourdes gewonnen.

An diesem Umzugsabend erinnere ich mich an die Geschichte. Die Scheinwerfer des Lieferwagens fallen auf das Ortsschild »Lourdes«, das an der kleinen Straße steht, die sich gegenüber von dem Heiligtum hinaufschlängelt. Es ist halb drei nachts, und auf der anderen Seite des Flusses Gave de Pau brennen vor der Grotte, in der Bernadette, der Müllerstochter, die Jungfrau Maria erschienen ist, noch unzählige Kerzen. Gott hat ein gutes Erinnerungsvermögen. Er schenkt mir nicht nur eine Reise, sondern auch ein Leben in Lourdes. Mein Kumpel gewährt stets mehr, als ich mir wünsche.

Wir haben eine Wohnung in der Rue de la Grotte mit Blick auf das Schloss. Mir wird es in den vier Wänden zu eng. Ich suche in der Nähe nach einer Ruine, die ich renovieren kann. Jeden Abend sage ich zu Martine:

»Komm, sieh dir das an, ich glaube, ich habe etwas gefunden.«

Jeden Abend folgt sie mir willig. Wir besichtigen. Und wir entscheiden uns dagegen. Falsche Fährte.

Wir haben es umso eiliger, als wir unsere Wohnung jetzt mit Roger, einem Jungen senegalesischer Abstammung, teilen. Er hat Weihnachten mit uns gefeiert. Zwei Monate später haben uns ein Richter und eine Sozialarbeiterin kontaktiert, um uns mitzuteilen, dass Roger fast an einer Überdosis gestorben sei und ihnen im Krankenhaus erklärt habe:

»Es gibt nur einen Ort, an dem ich es schaffen kann, das ist bei meinem Bruder Tim in Lourdes.«

Die Sozialarbeiterin hat uns gefragt, ob wir ihn aufnehmen würden.

»Wir nehmen ihn. Schicken Sie ihn her!«

Doch es gibt ein Problem. Ich habe Martine nicht nach ihrer Meinung gefragt. Und die teilt sie mir sofort mit:

»Wir haben ein Baby und nur zwei kleine Schlafzimmer. Glaubst du nicht, dass es ohnehin schon eng genug ist?«

»Églantine kann doch bei uns schlafen! Wo ist das Problem? Martine, wenn wir Roger nicht aufnehmen, gehe ich nicht mehr in die Kirche. Gott würde mir eines Tages sagen: ›Ich wollte zu dir kommen, aber du hast mich nicht hereingelassen.‹«

Die großherzige Martine hat zugestimmt. Sie hat aus ihrem tiefen Glauben heraus ja gesagt. Ich erweise ihr meine Referenz.

Mit Gott zu leben, ist nicht immer einfach. Mit Tim Guénard zu leben, auch nicht.

Roger ist also aufgekreuzt. Eine wandelnde Licht- und Tonquelle. Er ist zwei Meter groß und heroinsüchtig. Er schwingt seinen riesigen Körper, ein Radio auf der Schulter, durch die Gegend. Auf Entzugserscheinungen folgen Anfälle der Erregung, die wiederum von Depressionen gefolgt sind. Das Zusammenleben ist chaotisch. Rogers Vater war Senegalese, seine Mutter kam aus der Normandie. Beide Eltern und die kleine Schwester sind bei einem Autounfall ums Leben gekommen. Roger, der allein zurückbleibt, hat ebenfalls Verlassenheit und der Unwichtigkeit kennengelernt. Für die Familie väterlicherseits war er nicht schwarz, für die mütterlicherseits nicht weiß genug. Die große Sängerin Josephine Baker hat ihn adoptiert. Ihr Tod hat ihm das Herz erneut gebrochen. Edith Piaf, seine Patin, hat versucht, ihn in den großen Pariser Luxushotels als Boy unterzubringen, doch er trank die Champagnerflaschen auf den Fluren aus, statt sie den Gästen zu servieren. Dann hat Roger, der Schwarze, »den Schnee«, das Heroin, entdeckt, und sein Abstieg in die Hölle begann.

Martine und ich beten inständig zur Heiligen Jungfrau, dass wir eine geräumige, luftige Bleibe finden. Wir drehen langsam durch.

Ein Immobilienmakler bringt uns eines Tages über Feldwege zu einem großen, wenige Kilometer von Lourdes entfernt am Berghang gelegenen Haus. Liebe auf den ersten Blick! Es ist ein altes Bauernhaus, das zu einer Ferienkolonie namens Châlet Notre-Dame umgebaut ist. Mein Kumpel bedenkt uns mit einem wunderbaren Augenzwinkern. »Die Heilige Jungfrau wird euch leiten«, hatte Marthe Robin uns gesagt.

Wir schließen den Handel ab und taufen unsere künftige Wohnung auf der Stelle La Ferme Notre-Dame, den Bauernhof zu unserer Lieben Frau. Als Erinnerung an den Hof von Pater Thomas Philippe und an den von Marthe Robin und an das »Zeichen« der Heiligen Jungfrau Maria.

Es gibt jede Menge Arbeit. Das macht mir keine Angst. Tagsüber sind wir an der frischen Luft auf dem Bauernhof auf unserem Hügel. Roger beschallt uns mit Liebesliedern von Julio Iglesias. »Qué amore ...« Das nervt mich nach einer Weile, allerdings weniger als seine Erpressungsversuche.

»Was kriege ich, wenn ich eine Woche lang keine Drogen nehme?«

»Nichts, Roger, nichts. Du hörst um deiner selbst willen mit dem Zeug auf, nicht meinetwegen.«

»Ja, ich weiß, Tim, du liebst mich nicht, ich bringe mich um.«

Zu Anfang seines Aufenthalts war ich verunsichert. Morgens, gleich nach dem Aufwachen rannte ich in sein Zimmer, um mich zu vergewissern, dass er noch lebte. Dann habe ich mich daran gewöhnt und habe ihn reden lassen.

Eines Tages, ich weiß nicht warum, bringt Roger seinen Radiorekorder nicht mit auf den Bauernhof. Keine Liebeslieder? Kein Julio Iglesias? Welch unverhofftes Glück, Ferien für die Ohren, Stille. Endlich! Ich stehe auf der Leiter und streiche die Fassade des Hauses, als er hinter mir heraufklettert und mich umarmt:

»Tim, mein Bruder, ich liebe dich! Ich fühle mich wohl bei euch. Siehst du, wie schön das ist, die Stille, die Vögel ... Tim, willst du einen Kaffee?«

»Ja, gerne. Weißt du, Roger, ich mag diese Stille auch, es freut mich, dass es dir gefällt.«

Das haut mich fast um, ich kann es kaum fassen! Diese plötzliche Veränderung macht mich dankbar. Ich streiche also leichten Herzens weiter. Eine halbe Stunde vergeht. Ich finde, dass er lange braucht, um Kaffee zu kochen. Endlich kommt Roger. Er wankt und strauchelt. Seine dunkle Haut hat einen gelben Ton angenommen. Ich reibe mir die Augen und hoffe, dass die Wandfarbe meinen Blick getrübt hat. Er stammelt:

»Mein Br ... Bruder ... Der Kaffee ist fe ... fertig!«

»Danke, Roger. Sag mal, geht es dir nicht gut? Du bist so eigenartig!«

»Alles ... Alles okay ... Jaaaa ...«

Er dreht sich um und fällt der Länge nach in den Schlamm, er ist völlig betrunken. Er hat sich einen Cocktail aus Medikamenten und Alkohol einverleibt. Es tut weh, seinen großen, von den Drogen zerstörten Körper zu sehen. Ich richte ihn auf sage:

»Roger, wir fahren sofort nach Hause. Rühr dich nicht vom Fleck, ich hole das Auto!«

Als ich zum Lieferwagen laufe, höre ich plötzlich wildes Geknatter. Sobald ich ihm den Rücken zugewendet habe, hat Roger die Gelegenheit genutzt, um sein Mofa anzulassen, und prescht jetzt den abschüssigen Weg hinunter. Um Himmels willen! Mit vollem Tempo geht er in die erste Kurve. Verdammt, er lenkt geradeaus, ins Nichts. Ein Sprungbrett in den Tod. Ich verfluche mich, ihn einen Moment aus den Augen gelassen zu haben. Ich renne zum Abgrund, darauf gefasst, unten eine Leiche zu entdecken. Aber nein, Rogers Sturz wurde durch einen Busch aufgehalten, das Mofa liegt in prekärem Gleichgewicht auf ihm. Ich weiß nicht, wie lange das Ganze hält. Man könnte sich in einem Abenteuer von Tim und Struppi wähnen. Ich klammere mich an Zweigen fest und ziehe das Mofa hoch. Dann hole ich ihn. Er lacht wie ein Verrückter, ich überhaupt nicht. Ich habe die Nase voll.

Kaum steht Roger wieder auf seinen Füßen, steigt er erneut auf sein Mofa und prescht, natürlich ohne meinen Segen, laut lachend davon. Jetzt hat er mich zum zweiten Mal gelinkt, ich bin stinksauer. Mir bleibt nichts anderes übrig, als ihm hinterherzufahren, wobei ich das »Gegrüßet seist du Maria« rezitiere und mit improvisierten Worten vervollständige:

»Beschütz diesen Irren, Maria. Bewahre Rogers Leben. Mach, dass seine Todesstunde nicht kurz bevorsteht.«

Nach fünf Kilometern im Zickzack, das glücklicherweise in etwa mit dem Straßenverlauf übereinstimmt, hält Roger auf das Ortsschild Lourdes zu, als gelte es eine imaginäre Ziellinie zu durchfahren. Das Mofa rast unter dem Schild hindurch und endet im Graben, Roger bleibt an der Metallplatte hängen. Ich explodiere:

»Steig sofort ein, mir reicht's!«

Er schreit:

»Mein Mofa, mein Mofa, ich will es nicht hier im Graben liegen lassen!«

»Halt die Klappe, Roger! Du kannst es morgen holen.«

Ich verfrachte ihn auf den Beifahrersitz, und wir kehren gemeinsam zurück. Sobald wir die Wohnung in der Rue de la Grotte betreten, verschwindet er im Badezimmer, wo er zwei Stunden bleibt.

»Was ist los mit Roger«, fragt Martine, »hat er Schwierigkeiten gemacht?«

Ich erzähle ihr die Abenteuer vom Nachmittag. Und heute Abend soll eine Freundin zu Besuch kommen. Bei Tisch starrt Roger sie an wie ein Zombie und fragt sie ohne Unterlass nach ihrem Namen.

»Wie heißt du? Wie heißt du? Sag, wie heißt du?«

Er geht uns unglaublich auf die Nerven. Er kehrt ins Badezimmer zurück, doch an seiner Trunkenheit ändert sich nicht viel. Er schaltet Julio Iglesias ein.

Als Martine und ihre Freundin Églantine ins Bett bringen, explodiere ich. Ich renne ins Badezimmer, nehme den Spiegel ab und halte ihn ihm unter die Nase.

»Sieh dich an!«

»Nein, nein, ich will nicht, lass mich in Ruhe.«

Ich halte ihn dicht vor sein Gesicht.

»Nein, nein, du kannst mich nicht zwingen, ich will mich nicht sehen …«

Ich kann nicht mehr. Der Typ tötet mir den letzten Nerv. Den Spiegel in der Hand, verschwinde ich im Badezimmer. Dort setze ich mich auf den Badewannenrand und weine wie ein Kind. Er hat mich fix und fertig gemacht. Aber nicht nur, dass er mir alle Energie nimmt, nein, er kann mich auch keine Sekunde in Ruhe lassen! Schon geht die Tür auf. Ich glaube, ich bringe ihn um, ich bin wirklich ein Vollidiot, so einen schrägen Vogel aufzunehmen. Ich stehe auf, um ihm einen Faustschlag zu versetzen, da nimmt er mich in die Arme und sagt mir belegter Stimme:

»Tim, du bist der Einzige, der mich liebt, und ich liebe dich auch.«

Stille.

Ich habe das Gefühl, eine Nachricht zu hören, die nicht für mich bestimmt ist. Monatelang hat mich Roger mit seinen Selbstmorddrohungen erpresst, mit seinem »Du liebst mich nicht«, »Was gibst du mir, wenn ich mit den Drogen aufhöre?«, »Ich bin dir ja sowieso egal«, etc. Jetzt tröstet er mich mit einer Liebeserklärung und feuchten Küssen.

Plötzlich fügt er hinzu:

»Komm, mein Bruder, wir gehen zu ihr!«

Er erhebt sich und schießt wie eine Furie nach draußen.

Ich weiß genau, zu welcher Frau Roger gehen will. Das ist seine letzte Chance. Er hat sich in die gekrönte Madonna im Heiligtum von Lourdes verliebt, zu der ich ihn am Abend seiner Ankunft gebracht habe, als er vollständig entmutigt war. Ich hatte schon damals den Kanal voll. Den ganzen Tag über hatte er nur Mist gebaut. Ich war kurz davor auszurasten.

Von neun Uhr abends bis ein Uhr nachts waren wir zwischen der großen Marienstatue und unserer Wohnung in der Rue de la Grotte hin- und hergelaufen. In gewisser Weise eine Abfolge von Miniwallfahrten, unterbrochen von Krisen. Und ich sandte beständig stille und verzweifelte SOS-Rufe zum Himmel.

»Maria, ich kann nicht mehr, der Typ macht mich fertig, er verschlingt mich, nervt mich ... Er ist dein Kind. Ich halte das nicht aus, Martine hatte ganz recht. Man muss immer auf seine Frau hören! Maria, du bist meine letzte Rettung. Lass mich nicht im Stich, lass Roger nicht fallen.«

Unglaublich, aber wahr, um ein Uhr morgens kniete Roger vor der Statue nieder. Er war bekehrt.

Seit dieser denkwürdigen Nacht ging er oft alleine zu ihr. Er kniete sich vor die geliebte Statue, hob die langen Arme zum Himmel und rief inmitten all der Gläubigen ohne jeglichen Respekt:

»Ich liebe dich, Maria! Ich nehme dich mit! Oh, wie sehr ich dich liebe!«

Von diesen marianischen Huldigungen kehrte er gereinigt, geläutert und friedlich zurück. Das Gebet schien für ihn die beste Therapie gegen seine Entzugserscheinungen zu sein.

Am Tag nach diesem Abenteuer, am 11. Februar, feiern wir Notre-Dame de Lourdes, zum Gedenken an die erste Marienerscheinung. Zusammen mit Martine und unserer kleinen Églantine kehren wir zurück. Viele Menschen haben sich zu der großen Prozession eingefunden. Roger läuft vor uns her, drängt sich durch die Menge und schreit:

»Kommt, meine Brüder, kommt, meine Schwestern, folgt mir!«

Die Ordnungskräfte schirmen die Grotte ab, wo der Bischof betet. Roger lässt sich nicht einschüchtern und ruft mit seinem afrikanischen Akzent:

»Ich will den Bischof sehen, sofort, sonst gibt's Ärger!«

Die Ordner versuchen vergeblich, ihn zum Schweigen zu bringen.

»Ich will den Bischof sehen! Auf der Stelle! Es ist wichtig!«

Durch den Aufruhr neugierig geworden, nähert sich der Bischof. Roger ergreift seine Hand. Ohne ein Wort zu sagen, küsst der Riese andächtig den Ring, als handele es sich um eine Reliquie.

Durch dieses Treffen aufgewühlt, kehrt er nach Hause zurück. Was geht in ihm vor? Er ist nicht mehr derselbe. Ich glaube, an diesem Tag hat Roger durch die gekrönte Madonna und die Geste des Bischofs eine Heilung seiner zahlreichen inneren Wunden erfahren.

Roger ist eineinhalb Jahre bei uns geblieben, dann ist er nach Montélimar gegangen. Von Zeit zu Zeit rief er uns aus einer Kneipe an.

»Hallo, mein Bruder. Geht es der Mama gut? Bringt ihr ihr auch Blumen? Und geht es dem Bischof auch gut? Sag ihnen, dass ich sie liebe.«

Doch sein Herz ertrug das Leid nicht mehr. Die Drogen hatten seinen Körper zerstört. Kurz darauf ist Roger gestorben. Er ist zu seiner Mutter im Himmel gegangen, die ihn in ihre Arme geschlossen und zu Gottes liebendem Herzen getragen hat.

Mein Bruder Roger war unser erster »Gesandter«.

Heute bin ich ein glücklicher Mann. Das habe ich früher nicht sagen können. Ich bin dankbar für meine Vergangenheit. Sie hat mir diese Gegenwart beschert, diese unverhoffte Sanftheit.

Martine und ich haben vier Kinder. Es ist viel Wasser durch das steinige Bett der Gave geflossen. Ich habe meine Boxhandschuhe an den Nagel gehängt, um Honig zu machen. Das ist friedlicher.

Heute ist mein Herz der Ring. In jedem von uns findet zu jeder Zeit der Kampf der Liebe statt. Ich habe Tausende von Jugendlichen getroffen, in Schulen, in Gefängnissen, in Stadien.

Ich habe ihnen mein Lieblingsgleichnis erzählt, jenes, das mich das Leben gelehrt hat: Das Gleichnis vom Misthaufen.

Damit in unserem Garten schöne Blumen blühen, brauchen wir Mist. Das ist unsere Vergangenheit. Gott benutzt ihn, um uns wachsen zu lassen.

Wenn die Pferdeäpfel frisch sind, sind sie zu heiß, zu scharf, zu schwer. Sie stinken und sind widerlich. Verteilt man sie sofort auf den Blumen und dem Saatgut, verbrennen und erdrücken sie es.

Man muss den Mist ruhen lassen, damit er trocknet und kompostiert. Mit der Zeit wird er geruchlos, leicht und fruchtbar.

Dann bringt er die schönsten Blumen hervor.

Gott verwendet unsere Vergangenheit als Dünger für unser Leben. Damit wir wachsen.

Aber wenn dein Denken immer in der zu heißen Vergangenheit verhaftet bleibt, dann erstickst du.

Sie muss ruhen.

Durch die Zeit und die Gnade muss das, was uns weh tut, sich langsam zersetzen.

Wir müssen das lieben, was uns wehgetan hat und wofür wir uns geschämt haben. Dann wird es ein Quell der Fruchtbarkeit.

Unsere Vergangenheit, unser Leid, unser Elend, unsere Schreie, das ist der Gesang in der Sprache der Armen.

Man kann nicht heute existieren, ohne gestern gewesen zu sein.

Wer auch immer du sein magst, welche Wunden und welchen Schmerz du durchlebt hast, nie darfst du in deiner verletzten Erinnerung vergessen, dass dich eine Ewigkeit der Liebe erwartet.

Nicht siebenmal, sondern siebenundsiebzigmal
(Matthäus 18,21)

Ich hätte beinahe meinen Vater umgebracht. Allerdings unabsichtlich. Das war ganz zu Anfang meiner Begegnung mit Gott.

Pater Thomas Philippe fing gerade mit seinen Infusionen der Vergebung an, und ich fühlte mich irgendwie unbehaglich. Ich hatte noch nicht alle meine kriegerischen Gewohnheiten abgelegt.

An einem Samstagabend klappern meine Clique und ich wieder mal die Dorfbälle ab, und wir fassen den Entschluss, die Nacht in einer Disco der Region zu beenden. Kaum dass wir eingetreten sind und meine Augen sich an das Halbdunkel gewöhnt haben, erkenne ich zwei meiner Halbbrüder am Ende der Bar. Da die aufkommenden Erinnerungen nicht gerade erfreulich sind, ziehe ich es vor, mich zu verdrücken. In dem Augenblick, als ich gehen will, provoziert einer meiner Kumpel ungewollt eine Schlägerei. Die Sache artet schnell aus. Und bald prügeln sich meine Gang mit dem Rest im Saal.

Bei der matten Beleuchtung weiß ich nicht mehr, auf wen ich gerade eindresche. Meine Hiebe treffen, mein Gegner weicht zurück. Die gegnerische Bande haut mit ihren Wagen ab. Als ich sie wegfahren sehe, erfasst mich ein undefinierbares Unbehagen. Ich schlafe nicht gut in dieser Nacht.

Am nächsten Tag wird mir klar, warum. Es ist mein Vater, den ich verprügelt habe. Er hat sich nicht verteidigt. Diesen Vater, den ich habe umbringen wollen, den ich seit Jahren nicht gesehen habe, dem habe ich die Visage poliert. Ich fühle mich schlecht.

Noch vor wenigen Monaten hätte ich triumphiert. Diese Stunde der Rache, die ich so herbeigesehnt habe, lehne ich fortan ab.

Das Bedürfnis, ihm zu vergeben, kommt etwas später, dank Frédérics Geschenk. Seine fünf maschinegeschriebenen Zeilen haben mir das Herz geöffnet. Dank ihrer will ich das Leben bei null neu anfangen. Ein Leben, aufgebaut auf Liebe, nicht auf Hass.

Dank des Geschenkes von Frédéric und einiger Worte von einem kleinen Mädchen. Sylvie ist ein Küken von sechs Jahren. Ich begegne ihr, als sie ins Fürsorgeheim eingewiesen werden soll. Ihr Vater, ein schwerer Alkoholiker, schlägt sie. Doch sie will ihn nicht verlassen, sie hofft auf ihn, sie hofft für ihn. Eines Tages sagt sie mir: »Ich will bei meinem Papa bleiben, er ist lieb, wenn er nicht trinkt.«

Ihre Worte berühren mich. Zwei Jahre später wird dieser Mann abstinent. Die Hoffnung seiner Tochter hat ihn gerettet.

Dank Sylvie und Frédéric suche ich das Positive in meinem Vater. Und ich finde etwas. Mir wird klar, dass ich dank seiner Boxchampion geworden bin. Und ich verdanke ihm einen Teil des Glücks, das ich heute genieße.

Eines Tage in der Stadt begegne ich einem reizenden jungen Mädchen, begleitet von einem Jungen. Erschrocken erkenne ich meine Halbschwester und ihren Bruder. Ich beschließe, dieses Mädchen anzusprechen, das als Kind nie gehässig zu mir gewesen war. Ich pflanze mich vor ihr auf und frage:

»Weißt du, wer ich bin?«

Sie überlegt einen Augenblick, dann wendet sie sich ihrem Bruder zu:»Ich erkenne ihn; er ist der Sohn von Papa.«

Ich bin gerührt von der zärtlichen Art, wie sie »Papa« sagt. Sie spricht von diesem Mann mit solcher Liebe, dass er kein schlechter Mensch sein kann. Er muss sogar ein großartiger Vater für seine zweiten Kinder sein.

Ich erfahre beiläufig, dass er, als ich klein war, manchmal meine Windeln mit der Hand gewaschen hat. Mein Vater schlug mich, aber er wusch meine Windeln!

Ich bin also zu meinem Vater zurückgekehrt. Wie im Gleichnis des Evangeliums. Er bewohnte ein Einfamilienhaus in einem nördlichen Vorort von Paris. Ich habe an seiner Tür geläutet. Er hat geöffnet. Ich habe ihn trotz der langen Zeit wiedererkannt. Seine hohe Gestalt war noch nicht gebeugt. Er hat mich schweigend angesehen, schien überhaupt nicht überrascht. Er hat keine Sätze gesagt wie »Na, da bist du ja endlich nach all den Jahren« oder »Verschwinde, ich habe dich nie ausstehen können!« oder aber »Mein liebes Kind, verzeih mir«. Nein, er hat nichts gesagt.

Seine Augen haben stattdessen für ihn gesprochen.

Ich bin geradewegs aufs Ziel zugegangen, wohl um mein Lampenfieber in den Griff zu bekommen.

»Ich bin Christ geworden, ich vergebe dir. Lass uns einen Neuanfang machen!«

Ich habe den Fehler meines Lebens begangen.

Ich habe sofort gespürt, wie er sich verkrampfte. Seine Augen umwölkten sich, sein Blick verfinsterte sich. Er ist zusammengesackt, als hätte er einen Schlag in die Magengrube bekommen.

Ich habe diesen Mann in seine Hölle der Vergangenheit zurückgeschickt, die er verzweifelt zu fliehen gesucht hatte. Ich war nur ein Lump, ein Egoist, der in seinem Innersten nur an eines dachte: sich zu erleichtern. Die Vergebung für mich, allein für mich zu leben. Mir ein gutes, ganz neues Gewissen zu verschaffen.

Mein Vater hatte nicht die Chance, eine Frau wie die meine und Freunde zu haben wie die, die ich jetzt habe. Oft habe ich mir die Frage gestellt: warum? Warum hatte ich dieses Glück und er nicht? Er hat sicher versucht, den Klauen der Gewissensbisse und den schrecklichen Erinnerungen an seine Erbärmlichkeit zu entkommen. Er hat versucht wiedergutzumachen, was möglich war, indem er für die anderen Kinder ein gerechter und guter Vater war. Er konnte sich noch nicht selbst verzeihen. Er urteilte mit der ganzen Strenge des Skrupels über sich.

Ich bin nach Jahren der Abwesenheit vor ihn getreten und habe ihm meine Vergebung vor den Bug geknallt wie ein Urteil und eine Strafe.

Das Herz kann eine Entschuldigung gewähren, die der Mund bisweilen nicht aussprechen sollte.

Im Evangelium sagt Christus zu der ehebrecherischen Frau, die die Pharisäer steinigen wollen, nicht: »Ich vergebe dir deine sündigen Nächte.« Er schweigt. Er bückte sich und schrieb mit dem Finger auf die Erde.

Ich bin schnell und voller Schuldgefühle aufgebrochen. Ich habe versucht, die Kluft zwischen uns zu überbrücken, indem ich ihm in der Folge Postkarten geschickt habe. Das scheint idiotisch, nicht wahr – Postkarten? Kleine Bemerkungen, die von meiner Lebensfreude zeugten, hier und da ein eine Anspielung, ein gemeinsamer glücklicher Augenblick.

Nach einigen Jahren gab es mehr Gegenwart zwischen uns als Vergangenheit.

Da wusste ich, dass er mein Verzeihen hatte annehmen können.

Eines Tages erfuhr ich, dass er aufgehört hatte zu trinken. Für einen so starken Alkoholiker war das ein heroischer Akt. Ich habe begonnen, ihn zu bewundern.

Vom Tod meines Vaters habe ich rein zufällig erfahren. Im Jahr 1990.

Ich begegne auf der Straße einem Onkel und seinem Sohn. Der Mann erkennt mich, spricht mich an:

»Hallo, Tim, du musst ja glücklich sein.«

»Glücklich, ja. Aber warum sagst du mir das?«

»Wusstest du schon, dass dein Vater, dieser Mistkerl, tot ist?«

Ein Schlag in die Magengrube. Atemnot. Schweigen. Schmerz.

»... Nein! ... Seit wann?«

»Knapp drei Monate.«

Der Cousin ist nett. Er weiß, was mein Vater mir angetan hat. Er setzt noch eins drauf:

»Ach, dieser Dreckskerl ...«

Ich bin meinem Cousin nicht böse. Er weiß nicht, dass Gott in mein Leben getreten ist, dass Er alles auf den Kopf gestellt hat, von Grund auf. Allerdings bin ich Gott böse, dass Er mir einfach so meinen Vater genommen hat.

Meinen Vater, meinen Großvater, meinen Schwiegervater und meinen Vater Thomas. Sie alle sind innerhalb kurzer Zeit gestorben. Das sind viele. Gott hat mir einen Mengenpreis gemacht.

Zwei Jahre früher, am Morgen meines Geburtstags, ein Anruf zu Hause. Ein anderer Onkel, ein Bruder meiner Mutter, ruft an:

»Ich muss dich sehen, ich habe dir etwas zu sagen ... Etwas Wichtiges ... Ich würde es vorziehen, unter vier Augen mit dir zu sprechen.«

Wir verabreden uns etwas später in Lourdes. Zur vereinbarten Stunde fahre ich hinunter in die Stadt. Er und seine Frau erwarten mich.

»Deinem Großvater wurde auch das zweite Bein amputiert.«

Ich stecke den Schlag ein. Er gibt mir den Rest:

»Das Gangrän hatte sich schon ausgebreitet, die Ärzte konnten nichts mehr machen ... Er ist gestorben.«

Ich versuche, gefasst zu bleiben, doch die Vorstellung, diesen geliebten Großvater hier auf dieser Welt nicht mehr zu sehen, entlockt mir einen Klagelaut.

Der Onkel sagt zu seiner Frau:

»Siehst du, ich wusste doch, dass es ihm etwas ausmachen würde.«

Ich kehre ihnen den Rücken zu, mache mich auf den Weg zurück in die Berge, weine lange und streiche über die Baumstämme.

Aufgewühlt kehre ich zum Hof zurück. Martine fragt mich:

»Möchtest du, dass wir dein Geburtstagsessen auf morgen verschieben?«

»Nein, das ist das Leben. Ich liebe euch. Lasst uns richtig feiern.«

Am Nachmittag fahre ich in die Stadt zurück und kaufe für alle Geschenke. Ich schiebe den Hass beiseite, der den Hass nach sich zieht, welcher wiederum Hass nach sich zieht ... Ich muss diesen Teufelskreis um jeden Preis unterbrechen.

Mein Geburtstagsfest dauert bis spät in die Nacht. Diesen Hass in mir habe ich in Glück für die anderen verwandelt.

Mein Vater Thomas ist am 4. Februar 1993 gestorben. Er war siebenundachtzig Jahre alt. Er ist gestorben, so wie er gelebt hat. Und er hat gelebt, so wie er gepredigt hat. Er ist arm geworden, ganz klein – er, der so oft davon gesprochen hat, dass Gott vor allem bei denen ist, die leiden und in Angst leben.

Zwei Jahre zuvor hat er seine geliebte Arche verlassen müssen. Er konnte die Scharen an Menschen, die zum Gutshaus kamen, um Rat einzuholen, zu beichten und die Liebe des Herrn durch sein Mitgefühl zu empfangen, nicht mehr bewältigen. Als ich erfuhr, dass der gute Pater Thomas sich zu seinem Herrn gesellt hat, habe ich erneut geweint.

»Die Glückseligkeit der Tränen macht uns ganz klein, sie rührt unser Herz, indem sie all das schwinden lässt, was wir an Hartem und Verschlossenem haben«, sagte er. »Gott liebt das Schweigen anderen gegenüber, doch er liebt es auch, dass wir, wie die ganz Kleinen, unsere Tränen in Seiner Nähe fließen lassen.«

Die Vergebung ist nicht wie ein Zaubertrick: Es gibt den Wunsch zur Vergebung und die Fähigkeit zur Vergebung: Man will vergeben, aber man kann nicht. Wenn man es kann, wenn der Kopf und das Herz endlich einverstanden sind, bleibt die Erinnerung, diese schmerzhaften Dinge, die an die Oberfläche steigen, die den Hass neu beleben. Das ist die Vergebung der Erinnerung. Sie ist nicht die leichteste. Sie erfordert viel Zeit.

Zehn Jahre lang habe ich Martine jeden Morgen gefragt: »Liebst du mich?« Ich konnte nicht an ihre Liebe glauben. Meine Heilung hat viel Zeit gekostet. Ja, man braucht Zeit. Ich hatte das Glück, wertvollen Menschen begegnet zu sein. Sie haben mich trotz der Narben aus meiner Vergangenheit geliebt. Haben es gewagt, meine Andersartigkeit zu akzeptieren, die unberechenbaren Reaktionen des verletzten Mannes. Sie haben mein Leid mit angesehen und mich auch nach den Gewittern noch geliebt. Jetzt habe ich die Erinnerung, etwas bekommen zu haben.

Bei einem Ton, einem Wort, einem Geruch, einem Geräusch, einer Geste, einem flüchtig erblickten Ort kommt die Vergangenheit plötzlich hoch. Ein Nichts genügt, um die Erinnerungen zu wecken. Sie schütteln, ergreifen, krallen mich. Sie erinnern mich daran, dass ich noch immer empfindlich bin. Es schmerzt noch immer. Ich werde vielleicht nie wirklich Frieden finden.

Ich werde also sicher immer und immer wieder mit meiner Vergebung beginnen müssen. Ist es das »Nicht siebenmal, sondern siebenundsiebzigmal« (Matthäus 18,21), von dem Jesus spricht?

Vergeben ist nicht vergessen. Vielmehr ist es ein Akzeptieren, in Frieden mit der Kränkung zu leben. Gar nicht leicht, wenn die Verletzung das ganze Wesen erfasst, ja, den Körper wie eine Tätowierung des Todes gezeichnet hat. Ich musste neulich eine Operation an den Beinen über mich ergehen lassen: Die Schläge meines Vaters hatten irreparable Schäden hinterlassen. Der Schmerz flammt immer wieder auf und mit ihm die Erinnerung.

Um zu vergeben, muss man sich erinnern. Nicht die Wunde

verschließen, sie verbergen, sondern, im Gegenteil, sie offenlegen, ans Tageslicht bringen. Eine versteckte Wunde entzündet sich und scheidet ihr Gift aus. Sie muss gesehen, gehört werden, um sich zu einer Quelle des Lebens entwickeln zu können.

Ich bezeuge, dass es keine Verletzungen gibt, die nicht langsam durch die Liebe heilen können.

Bis zum Alter von sechzehn Jahren habe ich verzweifelt davon geträumt, dass meine Mutter mich wieder zu sich nehmen würde. Dann habe ich mich mit der unerträglichen Idee abgefunden, von der, die mich in sich getragen hat, ausgesetzt worden zu sein. Und so bin ich zu dem Entschluss gekommen, dass ich sie besser niemals wiedersehe.

Und doch ist es geschehen. Völlig unvermutet. Das war nach meiner Hochzeit. Eine Tante hatte mich zu einem Familientreffen eingeladen, ohne mir zu sagen, dass dort auch meine Mutter erscheinen würde. Plötzlich sah ich mich einer hübschen, immer noch jungen brünetten Frau gegenüber.

Sie hat, als sie mich sah, keine Miene verzogen. Keine Geste in meine Richtung gemacht.

Ich bin auf sie zugegangen und habe zu ihr gesagt:

»Mein einziger Traum, das ist ein Kuss von dir ...«

Sie ist unmerklich zurückgewichen.

»... oder deine Hand auf meiner Schulter, wenn es dir lieber ist. Eine einzige Geste. Mehr nicht ...«

»Du bist wie dein Vater ... die Ehre, nichts als die Ehre!«

Ich habe einige Sekunden auf eine Geste gewartet, die nicht kommen konnte. Ich wollte mich aus dem Staub machen, als mich meine Mutter auf dem Flur zurückhielt und fragte:

»Hast du deinem Vater vergeben?«

»Ja, ich habe ihm vergeben.«

Sie hat sich verschlossen. Ihr Gesichtsausdruck hat sich verhärtet. Sie konnte offenbar nicht akzeptieren, dass ich diesem Mann verzogen habe, der mich im Innern zerbrochen hat. Sie wollte nicht zulassen, dass ich sie beide auf die gleiche Rangstufe des Vergebens stelle. Und sie stieß hervor:

»Ja, du bist wie dein Vater. Du wirst ein schlechter Ehemann und ein schlechter Vater sein ...«

Es gibt Worte, die brutaler sind als Faustschläge. Giftige Worte der Verzweiflung, des Verhängnisses. Meine Mutter wusste das Gewicht der Worte nicht einzuschätzen.

Es bedurfte einer anderen Frau, meiner Ehefrau Martine, um mich von diesem tödlichen Gift reinzuwaschen. Tag für Tag hat sie mich mit Engelsgeduld geheilt.

Dank ihrer Hilfe kann ich heute diese unvorstellbare Sache sagen: Die Freude, die mir unsere Kinder bereiten, verdanke ich auch meiner Mutter. Sie ist es, die mir das Leben geschenkt hat, diesen unermesslichen Schatz. Heute kämpfe ich darum, ein guter Vater, ein guter Ehemann und ein guter Sohn ... Gottes zu sein.

Meine Kinder sind meine Wurzeln geworden. Durch sie hat der verletzte Mann, der ich bin, Heilung erfahren. Wenn sie mich »mein Papa« nennen, läuft mir ein köstlicher Schauer über den Rücken. Ein herrliches Gefühl. Ich will mich nicht daran gewöhnen, dass man mich Papa nennt. Es ist das Schönste auf der Welt. Ich erinnere mich an all diese »mein Papa«, die mir so gefehlt haben. Ich danke dem Herrn. Und ich vertraue Gottvater all die Kinder an, die niemanden haben, zu dem sie »mein Papa« sagen können.